गाँधी और अकथनीय

सत्य के साथ उनका अन्तिम प्रयोग

मूल अँग्रेज़ी में यह पुस्तक 'Gandi and the Unspeakable : His Final Experiment with Truth' शीर्षक से Catholic Foreign Mission Society of America द्वारा प्रकाशित है।

रज़ा फ़ाउण्डेशन | THE RAZA FOUNDATION

गाँधी और अकथनीय

सत्य के साथ उनका अन्तिम प्रयोग

जेम्स डब्ल्यू. डॅगलॅस

अँग्रेज़ी से अनुवाद
मदन सोनी

राजकमल प्रकाशन

रज़ा पुस्तक माला : गाँधी-विमर्श | अनुवाद
प्रधान सम्पादक : अशोक वाजपेयी | सम्पादक : पीयूष दईया
राजकमल प्रकाशन प्रा.लि. रज़ा फ़ाउण्डेशन का सह-प्रकाशन

ISBN : 978-93-89577-87-7

मूल्य : ₹ 350

पहला संस्करण : 2020
चौथा संस्करण : 2024

प्रकाशक : राजकमल प्रकाशन प्रा. लि.
1-बी, नेताजी सुभाष मार्ग, दरियागंज
नई दिल्ली-110 002

शाखाएँ : अशोक राजपथ, साइंस कॉलेज के सामने, पटना-800 006
पहली मंजिल, दरबारी बिल्डिंग, महात्मा गांधी मार्ग, प्रयागराज-211 001
1, अनमोल सोराबजी संतुक लेन, धोबी तलाव, मरीन लाइंस, मुम्बई-400 002

वेबसाइट : www.rajkamalprakashan.com
ई-मेल : info@rajkamalprakashan.com

मुद्रक : बी.के. ऑफसेट
नवीन शाहदरा, दिल्ली-110 032

GANDHI AUR AKATHANIYA
by James W. Douglass
Translated by Madan Soni

रिक एम्ब्रॉस के लिए
जिसने उस सत्य को जिया जिसमें उसकी आस्था थी।

हमारे लिए प्रार्थना करो।

आमुख
अशोक वाजपेयी

आमुख

कलाओं में भारतीय आधुनिकता के एक मूर्धन्य सैयद हैदर रज़ा एक अथक और अनोखे चित्रकार तो थे ही उनकी अन्य कलाओं में भी गहरी दिलचस्पी थी। विशेषत: कविता और विचार में। वे हिन्दी को अपनी मातृभाषा मानते थे और हालाँकि उनका फ्रेंच और अँग्रेज़ी का ज्ञान और उन पर अधिकार गहरा था, वे फ्रांस में साठ वर्ष बिताने के बाद भी, हिन्दी में रमे रहे। यह आकस्मिक नहीं है कि अपने कला-जीवन के उत्तरार्द्ध में उनके सभी चित्रों के शीर्षक हिन्दी में होते थे। वे संसार के श्रेष्ठ चित्रकारों में, २०-२१वीं सदियों में, शायद अकेले हैं जिन्होंने अपने सौ से अधिक चित्रों में देवनागरी में संस्कृत, हिन्दी और उर्दू कविता में पंक्तियाँ अंकित कीं। बरसों तक मैं जब उनके साथ कुछ समय पेरिस में बिताने जाता था तो उनके इसरार पर अपने साथ नवप्रकाशित हिन्दी कविता की पुस्तकें ले जाता था : उनके पुस्तक-संग्रह में, जो अब दिल्ली स्थित रज़ा अभिलेखागार का एक हिस्सा है, हिन्दी कविता का एक बड़ा संग्रह शामिल था।

रज़ा की एक चिन्ता यह भी थी कि हिन्दी में कई विषयों में अच्छी पुस्तकों की कमी है। विशेषत: कलाओं और विचार आदि को लेकर। वे चाहते थे कि हमें कुछ पहल करनी चाहिए। २०१६ में साढ़े चौरानबे वर्ष की आयु में उनकी मृत्यु के बाद रज़ा फ़ाउण्डेशन ने उनकी इच्छा का सम्मान करते हुए हिन्दी में कुछ नयी क़िस्म की पुस्तकें प्रकाशित करने की पहल रज़ा पुस्तक माला के रूप में की है, जिनमें कुछ अप्राप्य पूर्व प्रकाशित पुस्तकों

का पुनर्प्रकाशन भी शामिल है। उनमें गाँधी, संस्कृति-चिन्तन, संवाद, भारतीय भाषाओं से विशेषत: कला-चिन्तन के हिन्दी अनुवाद, कविता आदि की पुस्तकें शामिल की जा रही हैं।

रज़ा पुस्तक माला के अन्तर्गत हमारा विशेष प्रयत्न गाँधी पर कई दृष्टियों से विचार करनेवाली पुस्तकों के प्रकाशन का रहा है। गाँधी की अपनी प्रार्थनासभा में गोली मारकर की गयी हत्या आज तक दुखद बनी हुई है हालाँकि उसे हुए ४९ वर्ष बीत चुके हैं। उनके हत्यारों को महिमामण्डित करने का एक अभियान भी इन दिनों चल रहा है। इस सन्दर्भ में एक अमरीकी अर्थशास्त्री द्वारा उनके अन्तिम दिनों के विश्लेषण से उनकी हत्या की तैयारी, उस समय के माहौल, अनेक स्तरों पर हुई भूल-चूकों पर नयी रोशनी पड़ती है। विख्यात अनुवादक मदन सोनी ने मनोयोग से हिन्दी अनुवाद किया है। इसे प्रस्तुत करते हुए हमें प्रसन्नता है।

अशोक वाजपेयी
अक्टूबर २०१९, नयी दिल्ली

हिन्दी पाठक के लिए प्रस्तावना

जेम्स डॅगलॅस

हिन्दी पाठक के लिए प्रस्तावना

गाँधी की हत्या को लेकर बहुत कम समझ क्यों बनी हुई है?

गाँधी की हत्या ईसा को सूली पर चढ़ाये जाने से मिलती-जुलती है।

ईसा ने जिस तरह अपने शत्रुओं को प्रेम और क्षमा करते हुए सलीब पर अपने प्राण दिये थे, उसने रोमन साम्राज्य द्वारा विद्रोहियों को दी जाने वाली फाँसी की सज़ा के भयावह प्रतीक सलीब को अहिंसा के रूपान्तरकारी प्रतीक में बदल दिया था।

गाँधी की मृत्यु उसी तरह हुई थी जिस तरह ईसा की हुई थी–अपने शत्रुओं में निहित ईश्वर को प्रणाम करते हुए, जिसके लिए उन्होंने अपने जीवन के बहुत बड़े हिस्से के दौरान ईसा की सलीब पर चिन्तन करते हुए तैयारी की थी।

सम्राट कान्स्टेण्टीन के शासन-काल में रोम ईसा के सलीब के क़िस्से को अपने शाही क़िस्से में समाहित करने में सफल रहा था, जिसके तहत उसने ईसा की अहिंसक सलीब को उलट कर उस हर व्यक्ति के ख़िलाफ़ रोमन आतंकवाद और युद्ध की तलवार में बदल दिया था जो उसकी सत्ता को चुनौती देता था।

गाँधी के प्रकरण में ठीक उसी तरह लेकिन ज़्यादा फुर्ती के साथ, गाँधी की हत्या के मुख्य षड्यन्त्रकारी विनायक दामोदर सावरकर ने, अपने सह-षड्यन्त्रकारियों के साथ मिलकर, उनकी हत्या के अपने मुक़दमे के दौरान गाँधी की मृत्यु के अहिंसक अर्थ को उलट दिया था। अगली सदी में

इन षडयन्त्रकारियों के हिन्दुत्ववादी उत्तराधिकारियों ने गाँधी की सत्याग्रह मृत्यु की सचाई को छिपाना और उसका अपनिरूपण करना जारी रखते हुए समूचे हिन्दुस्तान पर एक विपरीत क़िस्म की शक्ति हासिल कर ली है।

हम जानते हैं कि गाँधी दक्षिण अ फ्री का के अपने आरम्भिक वर्षों से ही ठीक उसी तरह की मृत्यु की तैयारी कर रहे थे जैसी मृत्यु ईसा को प्राप्त हुई थी। गाँधी अपने हत्यारे के कृत्य के जवाब में उसके प्रति प्रेम व्यक्त करने की प्रार्थना दशकों से करते आये थे। उनकी यह आकांक्षा ३०जनवरी 1948 को पूरी हुई।

सत्य के साथ उनका अन्तिम प्रयोग उनके जीवन के अन्तिम वर्ष को समेटे हुए था। वह उनकी अपनी मृत्यु पर नहीं बल्कि व्यापक रूप लेती हिन्दुस्तान की मृत्यु पर केन्द्रित था। नोआखाली से लेकर बिहार, कलकत्ता, और वापस दिल्ली तक की अपनी अनेक तीर्थयात्राओं और उपवासों के माध्यम से गाँधी ने सत्याग्रह की अहिंसक शक्ति को विभाजन की विनाशकारी साम्प्रदायिक हिंसा के बरक्स स्थापित किया था। उन्होंने शान्ति और सामंजस्य का अथक अभियान चलाया। उनके सत्याग्रह के माध्यम से रूपान्तरण घटित हो रहा था। वे हर कहीं सिलसिलेवार ढंग से नफ़रत और नरसंहार के क़िस्से को हिन्दू और मुस्लिम सम्प्रदायों के बीच पारस्परिक सम्मान के क़िस्से में बदल रहे थे।

गाँधी के चरम महीनों की शुरुआत मार्च १९४७ में हुई थी जब लन्दन की साम्राज्यवादी सरकार, अपने अन्तिम वायसराय लॉर्ड माउण्टबेटन और उनके साथ सहभागिता करते मुहम्मद अली जिन्ना और यहाँ तक कि गाँधी के सहकर्मियों, जवाहरलाल नेहरू, सरदार पटेल, और काँग्रेस वर्किंग कमेटी के माध्यम से, हिन्दुस्तान और पाकिस्तान के विभाजन की ओर अग्रसर हुई थी। और इसकी पृष्ठभूमि में सक्रिय थे सावरकर, राष्ट्रीय स्वयं सेवक संघ (आरएसएस), और हिन्दू महासभा जो हिन्दुस्तान को मुसलमानों से ख़ाली कराने और एक हिन्दू राज स्थापित करने के लिए काम कर रहे थे। विभाजन के लिए विभिन्न दिशाओं से आये इन सारे पक्षों का समागम गाँधी की उस अनुपस्थिति के दौरान हुआ था जब वे हिन्दुस्तान के सुदूर कोने में अकेले पदयात्रा करते हुए नोआखाली को

साम्प्रदायिक नरसंहार से मुक्त कर रहे थे।

गाँधी के अन्तिम वर्ष में विभाजन के भयावह परिणामों को प्रतिरोध देने की प्रक्रिया में सत्य के साथ उनका सबसे विस्तृत प्रयोग शामिल था। लेकिन वह प्रयोग उन्हें अपनी सबसे बड़ी नाकामयाबी लग रहा था, जिसके तहत वे उस व्यापक रूप लेते जा रहे जनसंहार के बीच शान्ति के मार्ग पर चल रहे थे जिस जनसंहार को एक मुल्क की काया को खण्डित कर उसको "स्वाधीनता प्रदान करने" के एक साम्राज्य के फ़ैसले ने अंजाम दिया था। सच्चे अर्थों में आज़ाद और संगठित हिन्दुस्तानी समाज की, और उस समाज की भी जो अब पाकिस्तान में है, उनकी उम्मीद दूर-दूर तक पूरी होती दिखायी नहीं दे रही थी।

हिन्दुओं, मुसलमानों, सिखों, और तमाम साम्प्रदायिक तनावों में संगठित अपने समाज में स्वराज लाने का गाँधी का जुनून, आज सात दशकों बाद, पहली हत्या से बदतर उनकी दूसरी हत्या के परिणामस्वरूप, उनकी अस्थियों से भी ज़्यादा मृत प्रतीत हो सकता है। गाँधी की यह दूसरी हत्या उनके चरित्र-हनन की रही है, जिसकी शुरुआत पूरी ताक़त से उनकी हत्या के आरोपियों के मुक़दमे के साथ हुई थी। गोली चलाने के कृत्य को क़बूल करने वाले नाथूराम गोडसे को, उसके सरपरस्त सावरकर की ओर से, अदालत में पूरे नौ घण्टों तक उस गाँधी पर बिल्कुल नये सिरे से हमला करने की छूट दी गयी। इस तरह शुरुआत हुई थी हत्यारों द्वारा गाँधी की दूसरी हत्या की, जो इस मामले में पहली हत्या से बदतर थी कि इसके माध्यम से उस आदमी का और उसके द्वारा अपने समाज को आज़ादी दिलाने के लिए सक्रिय किये गये सत्याग्रह आन्दोलन का इतिहास नये सिरे से लिखने का उद्यम किया गया।

लेकिन हममें से वे लोग जो गाँधी से प्रेम करने का दावा करते हैं उनकी उससे ज़्यादा हत्या कर रहे हो सकते हैं जितनी उस मुक़दमे में की गयी थी। बेहतर होगा कि हम उस ज़मीन का परीक्षण करें जिस पर हम ख़ुद खड़े हुए हैं। जहाँ कहीं भी हम राष्ट्रीय सुरक्षा को अपना देवता बना लेते हैं, गाँधी की दूसरी हत्या उसी जगह होती है। संयुक्त राज्य अमेरिका और हिन्दुस्तान में, हम सामूहिक रूप से सम्पत्ति, सत्ता, और इन सबसे ऊपर, युद्ध की उपासना करते हैं, जो हमें मनुष्य के सम्पूर्ण विनाश की ओर ले

जाने वाली है बशर्ते कि हम बदल नहीं जाते। युद्ध के इस देवता को अपने सार्वजनिक क़िस्से पर वर्चस्व क़ायम करने की छूट देने के लिए हम सब ज़िम्मेदार हैं, क्योंकि इस पृथ्वी पर जहाँ हम सब खड़े हुए हैं, हमें इस बात का बोध है कि हम हर चीज़ के अन्त पर पहुँच चुके हैं।

सत्य के साथ गाँधी के अन्तिम प्रयोग ने हमें उस सत्याग्रही का उदाहरण उपलब्ध कराया है जिसने अपने चारों ओर जारी हिन्दुओं और मुसलमानों के अपरिहार्य जनसंहार के छद्म क़िस्से को बदल दिया था। जिस समय साम्राज्य द्वारा विभाजन के माध्यम से स्वाधीनता उपलब्ध कराने का उपक्रम आतंक और हिंसा की जड़ें मज़बूत कर रहा था, उसने हिन्दुस्तान के सर्वाधिक हिंसक साम्प्रदायिक टकरावों के बीच से अकेले पदयात्रा करते हुए, और शत्रुओं के बीच मेलजोल स्थापित करते हुए इस वर्चस्वशाली क़िस्से को बदला था। गाँधी ने इस क़िस्से को गाँव-दर-गाँव बदला था, जिस प्रक्रिया में वे उस ढंग से मरने को तैयार थे जो ढंग उन्होंने दक्षिण अफ्रीका में जीने के लिए सीखा था, अपने हमलावरों के प्रति प्रेम जताते हुए जीने का ढंग। इस क़िस्से को उन्होंने दिल्ली में एक बार फिर उस वक़्त बदला था जब राम को प्रणति करने का समय आया था, जिनको उन्होंने उस गोली चलाने वाले में देखा था। राम! राम!

आज हम गाँधी और उनके इतिहास, दोनों की हत्या को किस तरह समझ सकते हैं?

एक सत्याग्रही के लिए इस क़िस्से की महज़ शुरुआत ही हुई है।

गाँधी के क़िस्से के अन्त के बिन्दु पर पहुँच कर उस पर चिन्तन करना साहस का काम है। क्या हमारे क़िस्से में हमारे पास वह साहस है कि हम पाप के सम्पूर्ण अन्धकार का अहिंसक ढंग से सामना कर सकें, उसको प्रतिरोध दे सकें–वह पाप जो अकथनीय शक्ति से लैस प्रतीत होता है?

अगर ऐसा है, तो हम इस प्रकाश से रूपान्तरित हो जायेंगे। सत्याग्रह के साथ हमारे प्रयोगों की शक्ति हमारी कल्पना से परे है, जैसा कि गाँधी भलीभाँति जानते थे। राम! राम!

हमें स्वयं ही सत्य के साथ अपने ख़ुद के ब्रह्माण्डीय प्रयोगों के माध्यम से देखना चाहिए।

गाँधी का विश्वास था कि हिन्दुस्तान के लोगों को अपनी ख़ुद की भाषा में सोचना, बोलना और लिखना चाहिए, न कि उस साम्राज्य की भाषा में जिनने उनके देश पर क़ब्ज़ा कर रखा था और जो इन लोगों को बताते थे कि वे कैसे सोचें। न ही उन्होंने मुसलमानों, सिखों, बौद्धों, ईसाइयों, और यहूदियों के विरुद्ध जाने वाले निरपेक्ष हिन्दुत्व की सरकारी प्रचार-तन्त्र की भाषा की राजकीय माँग का समर्थन किया होता। भाषा से लेकर राजनीति और धर्म तक, गाँधी पूरी तरह से समावेशी चिन्तक थे। उन्होंने किसी का भी निषेध नहीं किया था।

मैं आभारी हूँ कि सत्य के साथ गाँधी के अन्तिम प्रयोग की इस कहानी—एक अविभाजित समाज के प्रति सर्व-समावेशी प्रेम की इस कहानी–का २०१८ में गुजराती में और २०१९ में हिन्दी में अनुवाद हुआ है। गाँधी के वध की सचाई, जो हिन्दुस्तान के ताज़ा राजनैतिक वातावरण में अकथनीय बन चुकी है, को हिन्दी में उपलब्ध कराना बेहद महत्त्वपूर्ण है। जो ताक़तें आज मुल्क पर हुकूमत कर रही हैं उनके द्वारा की गयी गाँधी की हत्या की सचाई का सामना हिन्दुस्तान में लोकतन्त्र को मज़बूती प्रदान करेगा, ऐसा मेरा विश्वास है।

इस अनुवाद को मुमकिन बनाने के लिए मैं अशोक वाजपेयी, रज़ा फ़ाउण्डेशन, राजकमल प्रकाशन और अनुवादक मदन सोनी को धन्यवाद देता हूँ।

जेम्स डॅगलॅस
१५ सितम्बर, २०१९

क्रम

प्रस्तावना

मैंने गाँधी के बारे में लिखने की योजना कभी नहीं बनायी थी। मैंने तो अपना गाँधी पुस्तकालय तक अपने एक दोस्त, जोनाथन विल्सॅन-हार्टग्रोव को दे दिया था। जोनाथन ने मेरे कहे बिना ही गाँधी से सम्बन्धित सारी पुस्तकें मुझे लौटा दीं, जैसे उनको पता था कि मुझे उनकी ज़रूरत पड़ेगी। इसके बाद, जब मैं अपने एक अन्य दोस्त जॉन डियर से मिलने उसके न्यू मैक्सिको स्थित आश्रम में गया, तो ऐसा लगा जैसे गाँधी रेगिस्तान से चलकर आ गये हों।

जॉन ने बताया कि उसको हमारे दोस्त अरुण गाँधी से जानकारी मिली थी कि अरुण के दादा मोहनदास गाँधी की हत्या एक ज़बरदस्त षड्यन्त्र के तहत हुई थी जिसमें हिन्दुस्तान की सरकार की मिलीभगत थी।[१] अगर ऐसा था, तो मुझे लगा कि इसका मतलब था कि गाँधी की हत्या और मार्टिन लूथर किंग तथा मेल्कॅम की हत्या के उन षड्यन्त्रों में समानता थी जिन पर मैं एक पुस्तक लिखने के सिलसिले में शोध कर रहा था। क्या गाँधी की शहादत मार्टिन और मेल्कॅम के क़िस्सों को समझने की गुंजाइश दे सकती है?

गाँधी की आत्मकथा ने मुझे 'सत्य के साथ प्रयोग' करने की सीख दी थी। बिना किन्हीं तयशुदा अपेक्षाओं के पूरी तरह से सत्य के रास्ते पर चलने की उनकी सहज रूप से विस्मयकारी पद्धति अब मुझे मार्टिन और मेल्कॅम की दिशा से मोड़कर सत्य के साथ प्रयोग के उद्गम, यानी स्वयं गाँधी की ओर ले जा रही थी। इस तरह, हुआ यह कि संयुक्त राज्य अमेरिका की एक भूमिगत सचाई के साथ जारी अपने संघर्ष के परिप्रेक्ष्य में, मैं

हिन्दुस्तान के अहिंसक संघर्ष के चरम सत्य की ओर आकर्षित हुआ।

पन्द्रह साल पहले मैंने संयुक्त राज्य अमेरिका की चार अत्यन्त संगीन राजनैतिक हत्याओं की छानबीन की शुरुआत की थी : जॉन एफ़ कैनेडी, मार्टिन लूथर किंग, जूनियर, मेल्कॅम, और रॉबर्ट एफ़ कैनेडी। इन चारों लोगों को १९६० के दशक के शीर्ष वर्षों—१९६३ के अन्त से लेकर १९६८ के मध्य के दौरान–गोलियाँ मारी गयी थीं। लगता था कि डल्लास, हार्लेम मेम्फ़िस और लॉस एंजिल्स में हुई इनकी हत्याओं ने संयुक्त राज्य अमेरिका के राजनैतिक और आध्यात्मिक भूदृश्य को हमेशा-हमेशा के लिए बदल दिया था, और लोकतन्त्र निरी मंच-सज्जा में शेष होकर रह गया था। इन चारों नेताओं की सुनियोजित हत्या की पड़ताल करते हुए जिस चीज़ ने मुझे सबसे ज़्यादा चौंकाया था वह इन हत्याओं में अन्तर्निहित एकरूपता, थी। यह एकरूपता इन लोगों और इनकी हत्याओं, दोनों के सन्दर्भ में लागू होती थी।

प्रथमद्रष्टया, दोनों कैनेडी, किंग और मेल्कॅम से ज़्यादा भिन्न नहीं रहे हो सकते थे। राष्ट्रपति के रूप में जॉन और सम्भावित रूप से राष्ट्रपति होने जा रहे रॉबर्ट, असहमत भविष्यवक्ता मार्टिन और मेल्कॅम की तुलना में राजनैतिक और आर्थिक परिदृश्य के बहुत अलग-अलग बिन्दुओं पर सक्रिय रहे थे। पहले दो लोग सत्ता के केन्द्र में थे; बाद के दोनों लोग अपनी भविष्यवाणी के क़रीब थे। लेकिन चारों व्यक्ति परिवर्तन के नुमाइन्दे थे जिनकी हत्याओं ने तत्त्वत: उनकी एकरूपता को उजागर किया था। चारों के चारों लोग केन्द्र को रूपान्तरित करने की कोशिश कर रहे थे, और उस केन्द्र में कोई ऐसी चीज़ थी जो उनको ऐसा नहीं करने दे रही थी। जितना ही मैं एक आशावादी भविष्य की ओर उनके रुझान के बारे में जानता-समझता गया, उतना ही मुझे उनके चारों क़िस्से एक क़िस्से की तरह—या एक ही क़िस्से के चार आयामों के रूप में समझ में आते गये। लेकिन यह एक ऐसा क़िस्सा था जो मुझे *अकथनीय* के क्षेत्र में ले गया।

१९६० के दशक के दौरान केंटकी में स्थित गैट्सेमनी मठ में महान् ट्रैपस्ट संन्यासी और लेखक थॉमस मर्टन सत्य के साथ अपने ख़ुद के प्रयोग में मुब्तिला थे—उस चीज़ के सत्य का सामना करने में जिसे उन्होंने 'अकथनीय' की संज्ञा दी थी। अपनी पुस्तक 'रेड्स ऑन द अनस्पीकेबल' में मर्टन ने लिखा था :

हमारे युग का एक भयानक रूप से दुखद तथ्य इस बात का प्रमाण है कि दुनिया, अपने अस्तित्व के मर्म में ही वाक़ई, अकथनीय की उपस्थिति से आक्रान्त है।[२]

सरकार द्वारा हाल ही में जारी की गयी वारेन रिपोर्ट की याद दिलाने वाले शब्दों में मर्टन ने *अकथनीय* का वर्णन इस तरह किया था :

> यह वह खोखलापन है जो हर उस बात का खण्डन करता है जो शब्दों का इस्तेमाल किये जाने के भी पहले कही गयी होती है; वह खोखलापन जो सार्वजनिक और सरकारी घोषणाओं में, इन घोषणाओं के उच्चारित किये जाने के क्षण में ही शामिल हो जाता है, और उनको अगाध गर्त के ख़ालीपन के साथ मृत होने की अनुगूँज से भर देता है। यह वो खोखलापन है जिसके भीतर से आईख़मान ने अपनी फ़र्माबरदारी की अचूक प्रामाणिकताएँ हासिल की थीं।[३]

जिस वक़्त मर्टन के साथ मेरा पत्राचार जारी था, उसी दौरान मैं १९६५ में गैट्सेमनी में स्थित उनके आश्रम में उनसे जब-तब मिलता भी रहा था। ये वो साल था जब मैं पास ही में लुईविल में बेल्लारमाइन कॉलेज में धर्मशास्त्र पढ़ाया करता था। मर्टन के साथ बिताये गये वे दिन बहुत ही प्रबोधनकारी थे, लेकिन उनकी मृत्यु के बाद उनके लेखन के माध्यम से मैंने उनको और ज़्यादा गहराई से समझा। उनकी मृत्यु १९६८ में बैंकॉक में सम्भवत: किसी ख़राब पंखे से बिजली का करेंट लगने से हुई थी, लॉस एंजिल्स में की गयी रॉबर्ट कैनेडी की हत्या के मात्र छह महीने बाद। तीन दशक बाद, बीसवीं सदी के अन्त में, *अकथनीय* पर केन्द्रित मर्टन का चिन्तन मेरे लिए उस सुनियोजित अन्धकार में एक लालटेन बन गया जिसे उन्होंने शीत युद्धकालीन अमेरिका की संस्थाओं में बहुत गहराई से अनुभव किया था।

मर्टन की निगाहों से वापस मुड़कर देखने पर, मैंने *अकथनीय* को एक ऐसे ख़ालीपन के रूप में देखा जिसमें दो क्रान्तिकारी भविष्यवक्ता, एक राष्ट्रपति और एक होने जा रहे राष्ट्रपति मारे गये थे। उन पर उस चीज़ ने घात लगाकर हमला किया था जिसमें एक सुनियोजित शैतानियत की गन्ध आती थी, जो अपराध के इन चारों दृश्यों में इस क़दर रची-बसी थी कि निष्क्रिय पुलिस बदनसीब बलि के बकरों के अलावा और किसी को नहीं पकड़ सकी। जॉन एफ़ कैनेडी की हत्या के डीले प्लाज़ा के बहुत से

गवाहों ने वही देखा और सुना था जिसके बारे में उनका सोचना था कि वह ग्रासी नोल से दागी गयी बन्दूक़ थी।[४] लेकिन सरकारी खण्डन और ग़लत जानकारी के बावजूद, वास्तविक हत्यारों को पहचानने की कोशिश करने का मतलब चारों ओर फैले फन्दों की भूलभुलैया में चूहे की तरह भागना था। हम, जैसा कि मर्टन ने कहा था, ''अकथनीय के समक्ष एकदम बर्फ़ की तरह जमकर''[५] रह गये थे। लेकिन, आगे उन्होंने यह भी जोड़ा था कि यह ठीक वह जगह थी जहाँ से ईसाई उम्मीद की शुरुआत होती थी, हालाँकि ''इस बात पर आपसे सहमति रखने वाले बहुत ज़्यादा लोग नहीं मिलेंगे, ईसाइयों के बीच भी नहीं मिलेंगे।''[६]

मैंने सबसे पहले जॉन एफ़ कैनेडी के प्रकरण की पड़ताल की। मेरी आध्यात्मिक मार्गदर्शक तो मर्टन की रूह थी, लेकिन जो प्रक्रिया मैंने अपनायी थी, वह गाँधी की थी—सत्य के साथ प्रयोग। इसका मतलब था, किसी भी तरह के सन्देहों और किसी भी तरह के पूर्वनिर्धारित लक्ष्य को मन में रखे बिना यथासम्भव अथक ढंग से, *अकथनीय* की दिशा में जॉन एफ़ कैनेडी की सत्य की यात्रा का शोध करते जाना।

मैंने उस काली उम्मीद को पहली बार जाना जिसकी बात राष्ट्रपति की हत्या के पीछे निहित घृणा के उद्‌गम के सन्दर्भ में मर्टन ने की थी। वह पैदा हुई थी १९६२ में क्यूबा में सोवियत मिसाइलों की तैनाती के मुद्दे पर संयुक्त राज्य अमेरिका और सोवियत संघ के बीच की उस तकरार से जिसने दुनिया को परमाणु युद्ध की कगार पर लाकर खड़ा कर दिया था। जिस तरह पेंटागन की घड़ी संकट के सबसे भयावह क्षणों में भी आधी रात को टनटना रही थी, उसी तरह अपने इस शोध के दौरान मैं लगातार उम्मीद की टनटनाहट सुन रहा था, उस वक़्त भी जबकि मैं '*अकथनीय* के समक्ष एकदम बर्फ़ की तरह जमकर' रह गया होता था। कैनेडी के ज्वाइंट चीफ़ ऑफ़ स्टाफ़ ने उन पर सोवियत प्रक्षेपास्त्र स्थलों पर आकस्मिक हमला करने का दबाव डाला था जिसका परिणाम होता चौतरफ़ा परमाणु युद्ध।[७] जॉन एफ़ कैनेडी ने उनकी बात नहीं मानी। इसकी बजाय वे शीत युद्ध के अपने शत्रु निकिता ख्रुश्चैव की ओर मुड़े। उन्होंने उस स्थिति को टालने के लिए ख्रुश्चैव की मदद चाही जो राष्ट्रपति के शब्दों में 'अन्तिम नाकामयाबी' होने का ख़तरा पैदा कर रही थी। उनके इस तरह ख्रुश्चैव की ओर मुड़ने ने, जिसे कुछ लोगों द्वारा राजद्रोह की तरह देखा गया,

उनको डल्लास की ओर जाने वाले मार्ग पर ला छोड़ा। चार दशक बाद कैनेडी और ख़ुश्चैव के बीच हुए आदान-प्रदान का अध्ययन करते हुए, मैं आख़िरी पलों की उस वास्तविक उम्मीद को समझ सका। यथार्थ के बारे में ईसा का यह दोटूक कथन कि 'अपने शत्रुओं से प्रेम करो', उन घटनाओं के सन्दर्भ में सही साबित हो रहा था जिनके परिणामस्वरूप दुनिया बची रह सकी और जिनने दुनिया के विनाश में सक्षम दो योद्धाओं को अमन क़ायम करने वालों में बदल दिया।[९] आतंक और उम्मीद से भरकर कैनेडी और ख़ुश्चैव ने, दुनिया के अमन की ख़ातिर—और ख़ुद के लिए (तथा हमारे लिए) एक अधिक चुनौतीपूर्ण पारितोषिक की ख़ातिर—वही किया जिसे करने का आदेश ईसा ने उनको (हमें) दिया था। जॉन एफ़ कैनेडी का मारा जाना तय था क्योंकि अपने अन्तिम वर्ष में वे लगातार शान्ति की ओर मुड़ रहे थे, इस बात की परवाह किये बिना कि स्वयं उनके लिए इसके क्या नतीजे निकलने वाले थे। वे एक प्राचीन उसूल का अनुसरण कर रहे थे। हमारे शत्रु चाहे रोमन हों या रूसी हों, हमें उन शत्रुओं से—हर किसी की ख़ातिर—सच्चे अर्थों में, बिना भावुक हुए प्रेम करना अनिवार्य है। ईसा के हिन्दू अनुयायी गाँधी इस रूपान्तरकारी धर्म को सत्याग्रह के रूप में देखते थे। मर्टन की शब्दावली में यह *अकथनीय* का सामना करने का ढंग था।

अकथनीय के साथ हमारी मुठभेड़ की थाह लेते हुए मर्टन कोई मूर्खतापूर्ण बात नहीं कर रहे थे। वे उन चिन्तकों, भविष्यद्रष्टाओं, और शहीदों की शाश्वत प्रज्ञा का उपयोग कर रहे थे जिनने बिना घबराये शैतानियत का सामना किया था। वे उस सनातन कुएँ पर पड़ा पत्थर हटा रहे थे जिसके अजस्र स्रोत से हम सब, डल्लास में घटित—और हर्लेम, मेम्फ़िस, और लॉस एंजिल्स में घटित—*अकथनीय* के बावजूद, पानी खींच सकते हैं। *अकथनीय* के साथ पानी की इस अथाह गहरायी में जारी मुठभेड़ों में शामिल होना अभेद्य अन्धकार में प्रकाश की किरण को देखना है। यह वह स्थल है जहाँ सच्ची उम्मीद की शुरुआत होती है।

थॉमस मर्टन वह उम्मीद गाँधी में नये सिरे से पा रहे थे। जिस वक़्त मर्टन *रेड्स ऑन अनस्पीकेबल* का लेखन कर रहे थे, उस वक़्त वे *गाँधी ऑन नॉन-वायलेंस* नामक पुस्तक के लिए गाँधी के लेखन का सम्पादन भी कर रहे थे।[१०] मर्टन गाँधी की अहिंसा के माध्यम से *अकथनीय* का सामना

कर रहे थे, वह अहिंसा जो, जैसा कि मर्टन ने रेखांकित किया था, उस "एक सार्वभौम रूप से प्रामाणिक आध्यात्मिक परम्परा से ली गयी थी जिसको गाँधी ने, पूरब और पश्चिम, दोनों की साझा परम्परा के रूप में देखा था।"[११]

'अ ट्रिब्यूट टु गाँधी' शीर्षक अपने निबन्ध में मर्टन हमारे अस्तित्व की बुनियाद में ही सत्याग्रह को पहचानते हुए भावाविष्ट थे :

> गाँधी की धार्मिक-राजनैतिक कार्रवाई मनुष्यता की एक प्राचीन आध्यात्मिकता पर आधारित थी, एक दार्शनिक प्रज्ञा पर, जिसमें हिन्दू धर्म, बौद्ध धर्म, इस्लाम, यहूदी धर्म और ईसाइयत, सभी साझा करते हैं : यह प्रज्ञा कि 'सत्य हमारे होने की अन्दरूनी विधि है'।[१२]

जैसा कि गाँधी को उद्धृत करते हुए मर्टन ने रेखांकित किया था, सत्य का दूसरा पहलू प्रेम है जिसकी जीवन्त विधि ईसा की मृत्यु और उपदेश में रूपायित हुई थी :

> गाँधी ने कहा था, 'ईसा की मृत्यु अकारथ जाती, अगर उन्होंने समूचे जीवन को प्रेम के शाश्वत नियम से अनुशासित करने की सीख न दी होती'।[१३]

मर्टन जानते थे इसीलिए गाँधी की अहिंसा "उस एक अलौकिक साहस की माँग करती थी जिसको केवल प्रार्थना और आध्यात्मिक संयम के माध्यम से ही हासिल किया जा सकता है। यह साहस सम्पूर्ण निर्भीकता के साथ मृत्यु का सामना करने और बिना प्रतिशोध के दुःख को सहने की क्षमता से कम की माँग नहीं करता।"[१४] मृत्यु के सम्मुख भी गाँधी के इस साहस ने, प्रार्थना और संयम के इस फल ने, उनको मुक्त कर दिया था। वे अहिंसा के सार्वभौम सन्देश को अपने जीवन में उतारने और उसका दावा करने के लिए स्वतन्त्र थे। गाँधी का यह आविष्कार "*एक नयी दुनिया की जागृति* को प्रतिबिम्बित करता था" (ज़ोर मर्टन का)।[१५] इस परमाणु युग में इसका आगमन एकदम सही वक़्त पर हुआ था। अगर एक नयी दुनिया की मुश्किल परिस्थितियों के बीच हम सत्य और अहिंसा के प्रति जागरूक होते हैं, तो हम उम्मीद के साथ *अकथनीय* का सामना कर सकते हैं।

अकथनीय सिर्फ़ संयुक्त राज्य अमेरिका के सन्दर्भ में ही कोई अनूठी घटना नहीं थी, न ही वह १९६० के दशक की राजनैतिक हत्याओं के

सन्दर्भ में अनूठी थी। इस *अकथनीय* को हम गाँधी की हत्या में अपेक्षाकृत कम पोशीदा रूप में पाते हैं। इसका अस्तित्व तो समूची सरकारी और संगठित शक्ति के धुँधलके में है, लेकिन यह परमाणुविक अस्त्रों से लैस एक लोकतन्त्र में हत्यारे छल की विशेष गम्भीरता हासिल कर लेता है। जिस *अकथनीय* को हम '६० के दशक की राजनैतिक हत्याओं में पाते हैं वह एक लोकतन्त्र में निहित, हत्या के बारे में झूठ बोलने से ज़्यादा हत्या करने की अनुत्तरदायी शक्ति की कामयाबी की विशेष क़ाबिलियत है, जिसमें इतनी पर्याप्त पारदर्शिता मौजूद है कि हम यह देख सकते हैं कि हमें वहाँ नहीं जाना चाहिये। हमारे पास हमारी सरकार के शब्दों में निहित और हमारे अपने शब्दों में निहित, यहाँ तक कि शब्दों के विचार में निहित, रिक्ति मात्र शेष रह जाती है। उत्तरदायित्व की रिक्ति में एक भयावह हत्या घटित हो सकती है।

गाँधी की हत्या पर शोध की प्रक्रिया में इस *अकथनीय* से हमारा सामना, उस हिन्दुस्तान द्वारा लोकतन्त्र की स्थापना के लिए किये जाते संघर्ष में, और उसके साथ जुड़ी अधिक-से-अधिक शक्ति हासिल करने की महत्त्वाकांक्षा में होता है, जो हिन्दुस्तान अभी-अभी स्वाधीन हुआ था। जॉन एफ़. कैनेडी की ही तरह गाँधी की हत्या भी एक ऐसे षड्यन्त्र के तहत हुई थी जिसमें एक लोकतन्त्र के विनाश का ख़तरा निहित था। गाँधी की हत्या के पीछे सक्रिय शैतानियतों को बहुत कारगर ढंग से छिपा दिया गया था—जैसा कि अमेरिका में हुई इसी तरह की हत्याओं के सन्दर्भ में भी सही था। मैंने गाँधी की मृत्यु की पड़ताल की शुरुआत किंग और मेल्कॅम की दास्तानों की पृष्ठभूमि के तौर पर लिखे जा रहे आरम्भिक अध्याय के लिए की थी। लेकिन, अमेरिकी भविष्यद्रष्टाओं की हत्याओं का पूर्वाभास देती गाँधी की हत्या की विकसित होती दास्तान अन्ततः गाँधी की अपनी पुस्तक बन गयी।

अपने मुल्क की स्वाधीनता को जन्म देने में मदद करने के लगभग तुरन्त बाद ही गाँधी उन ताक़तों के हाथों मार दिये गये थे जिनने उनको और एक अहिंसक लोकतान्त्रिक भारत के उनके स्वप्न, दोनों को नष्ट करने का संकल्प ले रखा था। तब भी गाँधी उम्मीद के ख़िलाफ़ रची गयी उस साज़िश में पूरी उम्मीद के साथ प्रवेश कर गये। मार्टिन, मेल्कॅम और कैनेडियों की ही तरह गाँधी को भी अपनी हिंसक मृत्यु का पूर्वाभास हो

गया था। उन्होंने आधी सदी तक अपने जीवन के इस उपसंहार की तैयारी की थी। अपने हत्यारे के सामने प्रेमपूर्वक उपस्थित हो जाने की उनकी उत्तरोत्तर बढ़ती तत्परता *अकथनीय* के साथ उनकी मुठभेड़ के सन्दर्भ में सबसे ज़्यादा महत्त्वपूर्ण है। जैसे-जैसे गाँधी अहिंसा के माध्यम से दुनिया की मुक्ति के स्वप्नद्रष्टा बनते गये, वैसे-वैसे वे अहिंसक ढंग से हिंसा के हाथों मरने के लिए स्वयं को सीढ़ी-दर-सीढ़ी तैयार करते गये। यह सत्य के साथ उनका आख़िरी प्रयोग था।

इसलिए मैं पाठक को पहले से ही यह चेतावनी दे दूँ कि यह पुस्तक मरने का जश्न मनाती है, उस ख़ास ढंग से मरने का जिसके लिए गाँधी ने, अहिंसा के मार्ग पर अपनी यात्रा के उद्गम-स्थल से लेकर अपने पूरे जीवन भर, ख़ुद को तैयार किया था। गाँधी के साथ चलने का अर्थ है, मृत्यु के रास्ते ईश्वर की बाँहों की दिशा में—सत्य और प्रेम की बाँहों की दिशा में—चलना। यह उम्मीद का मार्ग है। क्योंकि उन्होंने प्रार्थना की थी और प्रेम के साथ स्वयं को मरने के लिए तैयार किया था, इसलिए गाँधी अपने हत्यारे की विनाशक साज़िश का उम्मीद से सामना कर सके।

गाँधी की हत्या से, और उनके हत्यारे के मुक़दमे से, हमें यह सीख भी मिलती है कि गाँधी की हत्या का क़िस्सा अभी ख़त्म नहीं हुआ है। मुक़दमे के दौरान बचाव पक्ष ने, इस बार उनके चरित्र और उनकी विश्व-दृष्टि की हत्या करते हुए, एक बार फिर नये सिरे से उनकी हत्या करने की कोशिश की थी। यह प्रक्रिया छह दशकों तक जारी रही है। गाँधी के हत्यारों का पोषण करने वाले संगठन उनके और उनकी दृष्टि के ख़िलाफ़ कुप्रचार करते रहे हैं, और इसी के साथ उनकी हत्या की उपेक्षा करते हैं।[१६] इस इक्कीसवीं सदी में वे हिन्दुस्तान के लोकतन्त्र के लिए ख़तरा बने हुए हैं। उनकी निरन्तर शक्ति गाँधी के जीवन और उनकी शहादत की सचाई को कुचलने की उनकी कामयाबी का पैमाना है।

तब भी गाँधी की हत्या की दास्तान मर्टन की उस विरोधाभासी उम्मीद की बुनियाद है, जो उन सांघातक मुठभेड़ों के भीतर से उत्पन्न होती है जब हम "*अकथनीय* के समक्ष एकदम बर्फ़ की तरह जमकर" रह गये होते हैं। गाँधी की हत्या १९४८ में ठीक उसी तरह की हत्यारी और झूठ बोलने वाली ताक़त के द्वारा की गयी थी जो शीत युद्ध की शुरुआत के समय संयुक्त राज्य अमेरिका की सरकार की सतह के तले कार्यरत थी।

हत्या करने की जिस 'सत्याभासी अस्वीकार्यता' को गाँधी की हत्या के योजनाकारों द्वारा हिन्दुस्तान में हासिल किया गया था, वह संयुक्त राज्य अमेरिका में पहले से ही उठान पर थी। गाँधी की हत्या, और उसके बाद उसकी सचाई का मुँह बन्द करने की यह मुहिम, हत्या और उस पर छलपूर्ण आवरण डालने के उस प्रतिमान की रचना करते हैं, जिसका सामना संयुक्त राज्य अमेरिका के नागरिक ख़ुद अपनी सरकार में जल्दी ही करने जा रहे थे। तथापि अगर हम अकथनीय के समक्ष सत्य की शक्ति को क़ायम रख पाते हैं, तो गाँधी की हत्या को संयुक्त राज्य अमेरिका की हत्याओं से जोड़ने वाले अँधेरे पर रोशनी के माध्यम से विजय पायी जा सकती है।

हत्या की राजनीति दुनिया के विपरीत हिस्सों में लोकतन्त्रों की परीक्षा ले रही है। *अकथनीय* हमारे बीच बना हुआ है। अगर सत्य और प्रेम के बल पर उससे वैसा मुक़ाबला करने का साहस हममें है जैसा कि गाँधी ने किया था, तो उम्मीद की जीत होगी।

—जेम्स डगलॅस १६ अगस्त, २०११

टिप्पणियाँ :

१. जब जॉन डियर ने गाँधी की हत्या के बारे में अरुण गाँधी से मिली जानकारी में मेरे साथ साझा किया, तो उसके बाद और ज़्यादा जानने के लिए मैंने नवम्बर २००८ में अरुण को फ़ोन किया। अरुण ने मुझे बताया कि जब गोपाल गोडसे ने गाँधी की हत्या में एक षड्यन्त्रकारी होने के लिए 'आजीवन कारावास' (हिन्दुस्तान में चौदह वर्ष) की अपनी सज़ा पूरी कर ली थी, तो वे १९६५-६६ के दौरान उससे कई बार मिले थे। गोपाल, गाँधी पर गोली चलाने वाले उस नाथूराम गोडसे का छोटा भाई था, जिसको उसके सह-षड्यन्त्रकारी नारायण आप्टे के साथ १५ नवम्बर, १९४९ को फाँसी पर लटकाया गया था। अरुण ने कहा कि उन्होंने अपनी इन मुलाक़ातों में गोपाल के प्रति अपनी क्षमा का इज़हार किया था लेकिन गोपाल ने हत्या में अपनी भूमिका को लेकर पश्चात्ताप के कोई संकेत नहीं दिये। गोपाल ने अरुण को स्पष्ट तौर पर बताया था कि किस तरह इस हत्या के मुख्य कर्ताधर्ता विनायक दामोदर सावरकर ने हत्यारों के गिरोह का नेतृत्व किया था और उसको आशीर्वाद दिया था। यह और बात है कि सावरकर एकमात्र प्रतिवादी थे जिनको गाँधी

की हत्या के मुक़दमे में निर्दोष पाया गया था, उन वजहों से जिनका पता यहाँ लगाया जायेगा।

अरुण ने और ज़्यादा जानकारी के स्रोत के तौर पर अपने बेटे तुषार ए. गाँधी का हवाला दिया। तुषार ने अपने दादा की हत्या पर १,००० पृष्ठों की स्रोत पुस्तक का लेखन और संचयन किया था : "Let's Kill Gandhi!": A Chronicle of His Last Days, the Conspiracy, Murder, Investigation and Trial (नयी दिल्ली : रूपा, २००७)। मैंने तुषार के इस विस्तृत कृतित्व को बारीक़ी से पढ़ा, उस पर उनसे साक्षात्कार किया, और गाँधी की हत्या के मुक़दमे की उन गवाहियों का अध्ययन किया जो यू.एस. लाइब्रेरी ऑफ़ कांग्रेस में उपलब्ध हैं : Printed Record of Mahatma Gandhi Murder Case, [k.M I-VIII] (यू.एस. लाइब्रेरी ऑफ़ कांग्रेस लॉ लाइब्रेरी)। भारी-भरकम व्याख्याओं से युक्त यह दुर्लभ पुस्तक किसी समय में नाथूराम गोडसे के पास हुआ करती थी, जिसके हस्ताक्षर खण्ड II के मुखपृष्ठ पर हैं।

इस प्रकरण से सम्बन्धित एक अपरिहार्य स्रोत है भारत सरकार द्वारा न्यायाधीश जे.एल. कपूर की अध्यक्षता में स्थापित किया गया वह आयोग जिसने १९४८ में हुई इस हत्या की १९६८-६९ में नये सिरे से जाँच की थी। हत्या के षड्यन्त्र और हत्या में पुलिस की सहअपराधिता से सम्बन्धित जो महत्त्वपूर्ण जानकारियाँ मुक़दमे के दौरान प्रस्तुत नहीं की गयी थीं, वे जानकारियाँ इस आयोग की रिपोर्ट उपलब्ध कराती हैं : जे.एल. कपूर, Report of Commission of Inquiry into Conspiracy to Murder Mahatma Gandhi. [k.M I-VIII] (नयी दिल्ली : गृह मन्त्रालय, १९७०)।

इन और अन्य जिन स्रोतों का मैंने हवाला दिया है वे गाँधी के हत्या की तस्वीर को हिन्दुस्तान के लोकतन्त्र के लिए, तब और आज, इस हत्या से लाभान्वित शक्तियों की ओर से एक गम्भीर ख़तरे के रूप में उकेरते हैं।

२. थॉमस मर्टन, Raids on the Unspeakable (न्यूयॉर्क : न्यू डायरेक्शन्स, १९६६) पृ.५.

३. वही, पृ.४.

४. स्टीवार्ट गैलानॅर, Cover-up (न्यूयॉर्क : केस्ट्रेल बुक्स, १९९८) पृ. ५७-७७, १७१-७६.

५. मर्टन, Raids, पृ.५.

६. वही

७. क्यूबाई प्रक्षेपास्त्र संकट के दौरान ह्वाइट हाउस में हुई बैठकों के गोपनीयता से मुक्त ऑडियो टेप सोवियत प्रक्षेपास्त्रों को बम से उड़ा देने और क्यूबा पर आक्रमण करने के लिए राष्ट्रपति कैनेडी पर पड़ते ज़बरदस्त दबाव का खुलासा करते हैं। १९ अक्टूबर, १९६२ को कैनेडी की उनके ज्वाइण्ट चीफ़ ऑफ़ स्टाफ़ के साथ हुई बैठक के दौरान वायु सेना के जनरल कर्टिस लीमे ने राष्ट्रपति द्वारा सुझाये गये घेराबन्दी और राजनैतिक कार्रवाई के विकल्प को ''लगभग म्यूनिख़ के तुष्टीकरण जितना ही बुरा'' कहकर तिरस्कारपूर्वक ख़ारिज कर दिया था, जो १९३८ की उस कुख्यात कॉन्फ्रेंस की ओर एक संकेत था जिसमें ब्रिटेन ने चेकोस्लोवाकिया पर अपना राज्यक्षेत्र हिटलर को सौंप देने का दबाव डाला था। लीमे उन पर कटाक्ष करते रहे, लेकिन राष्ट्रपति ने अपने सैन्य कमाण्डरों के तत्काल और शक्तिशाली हमला करने के तर्कों को अमान्य कर दिया था। उन्होंने उन लोगों को धन्यवाद दिया और बैठक-कक्ष से बाहर निकल गये। उनकी ग़ैरमौजूदगी में अदृश्य टेप मशीनों ने कमाण्डर-इन-चीफ़ के बारे में इन सेना-प्रमुखों की बग़ावती टिप्पणियों को और संकट को गहराने की उनकी अपनी ज़रूरतों सम्बन्धी टिप्पणियों को रिकॉर्ड करना जारी रखा। द्रष्टव्य : शेल्डन एम. स्टर्न, Averting "The Final Failuar": John F. Kennedy and the Secret Cuban Missile Crisis Meetings (स्टेनफ़ोर्ड, सीए : स्टेनफ़ोर्ड यूनिवर्सिटी प्रेस, २००३), पृ. १२३, १२९.

जनरल लीमे की वायु सेना ने राष्ट्रपति कैनेडी का अनुमोदन लिये बिना ख़तरनाक कार्रवाइयाँ करते हुए उस टकराव को इतना गहरा दिया था कि परमाणु युद्ध की नौबत आ गयी थी। संकट के उस वातावरण में वायु सेना ने परमाणु हथियारों से लैस वायुयानों को, जिस बिन्दु से उनको आमतौर से लौट आना चाहिये था, उससे आगे सोवियत संघ की दिशा में जाने के और एक अन्तरमहाद्वीपीय प्रक्षेपास्त्र का परीक्षण करने के आदेश दे दिये थे। ये भड़काऊ कार्रवाइयाँ सोवियतों को प्रतिक्रिया के लिए बाध्य करने और इस तरह जवाबी कार्रवाई के तौर पर संयुक्त राज्य अमेरिका की अधिक शक्तिशाली सेनाओं को सम्पूर्ण परमाणु हमले की कार्रवाई के लिए भड़काने के इरादे से की गयी थीं, और यह सब कैनेडी का अनुमोदन प्राप्त किये बिना किया गया था। संयोग से राष्ट्रपति और ख्रुश्चैव के बीच इस संकट का समय रहते समाधान हो गया। इस बात से वे ज्वाइण्ट चीफ़ बौखला गये, जो युद्ध चाहते थे। रिचर्ड रोड्स, "The General and World War III" न्यूयॉर्कर, १९ जून, १९९५, ५८-५९; स्कॉट डी. सागाँ, The Limits of Safety (प्रिंस्टॅन, एनजे : प्रिंस्टॅन यूनिवर्सिटी प्रेस, १९९३), पृ. ७९.

डिफ़ेंस सेक्रेटरी रॉबर्ट मैकनामारा ने, इन सेनाध्यक्षों के प्रति अपने गरिमापूर्ण

रवैये का उल्लंघन करते हुए, कैनेडी के प्रति उनके रोष को इन शब्दों में याद किया था: ''जब ख़ुश्चैव प्रक्षेपास्त्रों को हटाने पर सहमत हो गये, तो राष्ट्रपति कैनेडी ने सेनाध्यक्षों को ह्वाइट हाउस में आमन्त्रित किया ताकि वे उस संकट की घड़ी में उनके सहयोग के लिए उनको धन्यवाद दे सकते, लेकिन वहाँ बहुत ही बुरा दृश्य सामने आया। लीमे यह कहते हुए बाहर निकले कि 'हम हार गये! हमें आज ही वहाँ जाकर उनको मार देना चाहिये'! '' रोड्स, "The General and World War III", पृ. ५८.

८. राष्ट्रपति कैनेडी ने एक्ज़ीक्यूटिव कमेटी ऑफ़ द नेशनल सिक्यूरिटी कौंसिल की १८ अक्टूबर, १९६२ की संकटपूर्ण बैठक में चर्चा को युद्ध के विषय से मोड़ने के लिए 'अन्तिम विफलता' पद का इस्तेमाल किया था। जब उनके सलाहकारों ने परमाणु युद्ध की दिशा में बढ़ते लगते उस संकट के सिलसिले में क़दम उठाने का दबाव डाला, तो जेएफ़के ने जवाब दिया : ''अब सवाल वास्तव में यह है कि हम ऐसी कौन-सी कार्रवाई करें जो दोनों ओर से परमाणुविक हमले, जो कि ज़ाहिरा तौर पर अन्तिम विफलता है, की सम्भावना को कम कर दे'' (ज़ोर मूल में)। Averting "The Final Failuar," पृ. १०५-६.

९. कैनेडी और ख़ुश्चैव के अविश्वसनीय गठबन्धन, और शान्ति स्थापित करने के लिए पोप जॉन XXIII के साथ मिलकर किये गये उनके काम का वर्णन नॉर्मन कज़िन्स ने अपनी पुस्तक The Improbable Triumvirate : John F. Kennedy, Pope John, Nikita Khrushchev (न्यूयॉर्क : डब्ल्यू. डब्ल्यू. नॉर्टन, १९७२)। Saturday Review के सम्पादक और SANE (नेशनल कमेटी फ़ॉर अ सेन न्यूक्लियर पॉलिसी) के संस्थापकों में एक कज़िन्स ने तीनों नेताओं के बीच एक गुप्त, ग़ैरसरकारी मध्यस्थ की भूमिका निभायी थी।

१०. थॉमस मर्टन की पुस्तकें Gandhi on Non-Violence : Selected Texts from Mohandas K. Gandhi's Non-Violence in Peace and War (न्यूयॉर्क : न्यू डायरेक्शन्स, १९६५), और Raids on the Unspeakable एक के बाद एक १९६५ और १९६६ में प्रकाशित हुई थीं। मर्टन ने गाँधी वाली पुस्तक का भूमिकास्वरूप निबन्ध "Gandhi and the One-eyed Giant" अप्रैल १९६४ में लिखा था। इसने Raids में, जिसके निबन्धों को उन्होंने १९६५ के आख़िरी महीनों में पूरा किया था, अकथनीय के साथ उनकी मुठभेड़ की गाँधीवादी बुनियाद तैयार की थी। ''क्रिसमस १९६५, के आगमन और वर्ष के अन्त में फ़ादर लुई ने Raids on the Unspeakable को प्रकाशनार्थ तैयार करने और एकाकीपन की ओर ध्यान केन्द्रित करने के लिए चुपचाप काम किया था।'' जॉन

हावर्ड ग्रिफ़िन, Follow the Ecstasy : The Hermitage Years of Thomas Merton (मेरीनॉल, न्यूयॉर्क : ऑर्बिस बुक्स, १९९३), पृ. ४१.

११. थॉमस मर्टन, "Introduction : Gandhi and the One-Eyed Giant," Gandhi on Non-Violence," पृ. २३१.

१२. थॉमस मर्टन, "A Tribute to Gandhi," Seeds of destruction (न्यूयॉर्क : फ़रार, स्ट्रॉस, - जिरॉक्स, १९६४), पृ. २३१.

१३. वही, पृ. २३३.

१४. Gandhi on Non-Violence के अध्याय "The Spiritual Dimensions of Non-Violence" में गाँधी के वक्तव्य को प्रस्तुत करते हुए मर्टन, पृ. ४३.

१५. "Gandhi and the One-Eyed Giant," Gandhi on Non-Violence, पृ. ५.

१६. मार्था नसबाम, The Clash Within : Democracy, Religious Violence, and India's Future (कैम्ब्रिज, एम. ए.: हार्वर्ड यूनिवर्सिटी प्रेस, २००७), पृ. १६५-७०.

१७. देखें प्रस्तुत पुस्तक का समापन अध्याय 'गाँधी, गोडसे, और सलीब,' पादटिप्पणी ४.

जीवन और मृत्यु के बीज

'महात्मा' के नाम से विख्यात मोहनदास करमचन्द गाँधी की हत्या ३० जनवरी, १९४८ को, उन हथियारों के प्रथम इस्तेमाल के ठीक ढाई साल बाद हुई थी जो सारी मनुष्यता का विनाश कर सकते हैं। परमाणु हथियारों को गाँधी ने स्वयं जीवन की ख़ातिर अहिंसा को अपनाने की मनुष्यता की ज़रूरत की पुष्टि के रूप में देखा था। उन्होंने कहा था कि

> जब मैंने पहली बार सुना था कि अणु बम ने हिरोशिमा का सफ़ाया कर दिया है, तो मैं एकदम स्थिर बना रहा था। इसके विपरीत, मैंने ख़ुद से कहा था, 'अगर आज दुनिया अहिंसा को नहीं अपनाती, तो यह स्थिति मनुष्यता के लिए आत्मघाती साबित होगी।' अहिंसा वह एकमात्र चीज़ है जिसको अणु बम नष्ट नहीं कर सकता।[१]

चूँकि गाँधी ने परमाणु युग में एक संयुक्त, अहिंसक हिन्दुस्तान के अपने मुक्तिदायी स्वप्न की घोषणा की थी, इसलिए हिन्दुस्तान की नवोदित सरकार में मौजूद शक्तियों की मौन सहअपराधिता के साथ एक मुसलमान-विरोधी, हिन्दू राष्ट्रवादी संगठन द्वारा उनकी हत्या कर दी गयी। गाँधी की हत्या में एक हत्यारे राष्ट्रवाद, सत्ता की महत्त्वाकांक्षा, और घृणा का संयुक्त योगदान था। हिन्दुस्तान की स्वाधीनता की उपलब्धि ने गाँधी की हत्या को और भी ज़्यादा सम्भव बना दिया था। राष्ट्र के नये नेताओं ने इसके संस्थापक पिता के अहिंसक सिद्धान्तों की जगह एक राष्ट्रीय सुरक्षा-तन्त्र की बुनियादों से विस्थापित कर दिया। स्वाधीनता के लम्बे होते सायों में, गाँधी *अकथनीय* के समक्ष एक शहीद थे।[२]

मोहनदास गाँधी ने मरने की कला १८९० के दशक में दक्षिण अफ्रीका में,

उनके द्वारा आयोजित किये गये पहले आन्दोलन के जोख़िमों के माध्यम से सीखी थी। जब उनकी मरने की समझ गहरी हो गयी, तो उन्होंने लिखा :

> जिस तरह हिंसा के प्रशिक्षण के दौरान आपको हत्या करने की कला सीखना अनिवार्य होता, उसी तरह अहिंसा के प्रशिक्षण में आपको मरने की कला सीखनी चाहिये।[३]

वे मई १८९३ में तेईस वर्षीय वकील के रूप में हिन्दुस्तान से दक्षिण अफ्रीका के अँग्रेज़ी उपनिवेश नताल में आये थे। वहाँ पहुँचने के बाद जल्दी ही उनको ट्रेन से बाहर फेंक दिया गया था, क्योंकि एक गोरे यात्री ने अपने डिब्बे में एक 'अश्वेत' आदमी की मौजूदगी को लेकर आपत्ति की थी। ठण्ड से जमा देने वाले उस स्टेशन पर पूरी रात अपनी अन्तरात्मा से जूझने के बाद उन्होंने उस व्यवस्थित शैतानियत से टक्कर लेने का निश्चय कर लिया जिसको उन्होंने सक्रिय रूप में देखा था।[४] उन्होंने एक संकोची, ख़ामोश वकील की अपनी छवि को तजकर दृढ़ निश्चय के साथ उस क़ानूनी व्यवस्था के ख़िलाफ़ लोगों को संगठित किया जो इन लोगों को हीन मानकर बरताव करती थी। जिस नताल इण्डियन कांग्रेस के गठन में गाँधी ने मदद की थी वह तीन वर्षों के दौरान, 'विनम्र संवैधानिक विरोध'[५] की युक्तियाँ अपनाते हुए दक्षिण अफ्रीका में एक परिवर्तनकारी शक्ति में बदल गयी।

जनवरी १८९७ में, जब गाँधी नताल में डर्बन के बन्दरगाह पर लौटे, तो दक्षिण अफ्रीकियों के एक हुजूम ने उनकी हत्या करने की कोशिश की। वे हिन्दुस्तान में छह महीने बिताने के बाद अपनी पत्नी, दो बेटों और एक भतीजे के साथ सफ़र कर रहे थे।

दक्षिण अफ्रीका में हिन्दुस्तानियों के साथ बरते जा रहे भेदभाव के ख़िलाफ़ हिन्दुस्तान की जनता को जागरूक बनाने की गाँधी की कोशिश ने उनके जीवन को ख़तरे में डाल दिया था। उनके द्वारा लिखे गये और हिन्दुस्तान में व्यापक रूप से प्रचारित एक परचे के नताल के अख़बारों द्वारा तोड़-मरोड़कर और बढ़ा-चढ़ाकर प्रकाशित किये गये सार-संक्षेप ने दक्षिण अफ्रीका के गोरे लोगों को भड़का दिया था। इन अख़बारों ने यह ख़बर भी छापी थी कि दक्षिण अफ्रीका पहुँच रहे गाँधी के जहाज़ कोर्लेंड और उसी के साथ आ रहे एक दूसरे जहाज़ नेडेरी में पाँच सौ से ज़्यादा हिन्दुस्तानी

सवार हैं, जिसका उद्देश्य सम्भवतः गोरी आबादी को हिन्दुस्तानी आप्रवासियों की बाढ़ से घेर देने की गाँधी की साज़िश को अंजाम देना है। इस आसन्न हिन्दुस्तानी 'आक्रमण' के ख़िलाफ़ नताल में बड़े पैमाने की सार्वजनिक सभाएँ आयोजित की गयीं, जिनके नतीजे में 'यूरोपियन प्रोटेक्शन सोसायटी' और 'कॉलॉनियल पेट्रियॉटिक यूनियन' की स्थापना हुई। इन संगठनों ने मिलकर एक प्रदर्शन समिति का गठन किया जिसका घोषित उद्देश्य हिन्दुस्तानियों को किसी भी तट पर उतरने से रोकना था।

जैसे ही १८ दिसम्बर, १८९६ को इन जहाज़ों ने डर्बन बन्दरगाह के बाहरी हिस्से में लंगर डाला, सरकार ने यात्रियों को बलपूर्वक जहाज़ों में ही रोककर उनसे इन्तज़ार करने को कहा। नताल के प्रधानमन्त्री के अस्वस्थता-अवकाश पर होने की वजह से अटॉर्नी जनरल हैरी एस्कॉम्बे तब नताल के कार्यवाहक प्रधानमन्त्री थे। एस्कॉम्बे ने हिन्दुस्तान-विरोधी आयोजकों का तुष्टीकरण करते हुए महामारी के बनावटी ख़तरे के नाम पर जहाज़ों से यात्रियों के उतरने पर तेईस दिन का प्रतिबन्ध लगा दिया। इस कार्यकारी प्रधानमन्त्री का उद्देश्य "यात्रियों को इस क़दर त्रस्त कर देना था कि वे हिन्दुस्तान वापस लौटने पर मजबूर हो जाते।"[६] तट पर बसे यूरोपीय किसी दूसरे महाद्वीप पर हिन्दुस्तानियों की बलात् वापसी को लेकर पूरी कट्टरता के साथ इस क़दर अड़े हुए थे, कि उन्होंने इस तथ्य को भी नज़रअन्दाज़ कर दिया कि जहाज़ों में सवार बहुसंख्यक यात्री वैधानिक तौर पर अफ्रीका के बाशिन्दे थे जो दक्षिण अफ्रीका के अपने घरों को लौट रहे थे।

बताया जाता है कि एस्कॉम्बे ने प्रदर्शन समिति के सदस्यों से कहा था कि "सरकार पूरी तरह से उनके साथ है" और यह कि "अगर प्रदर्शनकारी क़ानून को अपने हाथ में भी ले लेते हैं, तो भी पुलिस बल को नहीं बुलाया जायेगा।"[७] अटॉर्नी जनरल ने इन हिन्दुस्तानी यात्रियों की नियति भीड़-तन्त्र के हाथों में सौंप दी, जिसके पीछे उनकी निगाह अगला चुनाव जीतने पर जमी हुई थी (ताकि इस प्रदर्शन समिति के समर्थन से वे कुछ समय में प्रधानमन्त्री बन जाते)। एस्कॉम्बे के आश्वासनों से लैस डिमॉन्स्ट्रेशन कमेटी के सदस्य इस स्थिति को अपने हाथ में पाकर ख़ुश थे। वे खुलेआम कह रहे थे कि अगर किसी हिन्दुस्तानी ने जहाज़ से उतरने की गुस्ताख़ी की, तो वे उसको उठाकर समुद्र में फेंक देंगे। "किसी भी

क़ीमत पर जहाज़ से नीचे किसी को भी नहीं उतरने देना था,''[८] ख़ास तौर से मोहनदास गाँधी को जो प्रदर्शनकारियों के सबसे पहले निशाने पर थे।

प्रतिबन्ध के शिकार इन यात्रियों ने ठण्ड और सीलन से भरे तीन सप्ताह झेले, क्योंकि उनको भय था कि अगर उनने जहाज़ से नीचे क़दम रखने की कोशिश की तो भीड़ उनको मार डालेगी। गाँधी उनकी हौसला-अफ़ज़ाई करते हुए जहाज़ से उतरने के उनके संकल्प को मज़बूत बनाते रहे। जब कोर्लेंड के कप्तान ने क्रिसमस के अवसर पर गाँधी और उनके परिवार के सम्मान में रात्रि-भोज का आयोजन किया, तो उसने गाँधी से वहाँ उपस्थिति लोगों को सम्बोधित करने का आग्रह किया। गाँधी ने हिन्दुस्तानी यात्रियों से कहा कि उनकी मौजूदा दुर्दशा की वजह पश्चिमी सभ्यता है। उन्होंने कहा कि पूर्वी सभ्यता से भिन्न यह सभ्यता मुख्यतः बलप्रयोग पर टिकी हुई है।

कप्तान ने उनको चुनौती देते हुए कहा, ''मान लीजिये कि गोरे लोग अपनी धमकियों को अंजाम देते हैं, तो आप अहिंसा के अपने उसूलों पर किस तरह टिके रह पायेंगे?''

गाँधी ने कहा, ''मैं उम्मीद करता हूँ कि ईश्वर मुझे साहस और वह विवेक प्रदान करेगा कि मैं उनको क्षमा कर सकूँ तथा उनको क़ानून के हवाले करने से ख़ुद को रोक सकूँ। मेरे मन में उनके प्रति कोई नाराज़गी नहीं है। मुझे सिर्फ़ उनके अज्ञान और संकीर्णता को लेकर दुख है। मैं जानता हूँ कि वे सच्चे मन से विश्वास करते हैं कि वे जो कुछ भी आज कर रहे हैं वह सही और उचित है।''

कप्तान मुस्कुराया, ''सम्भवतः अविश्वासपूर्वक,'' जैसा कि गाँधी ने अपनी आत्मकथा में याद किया है।[९]

जब अन्ततः जहाज़ से उतरने का प्रतिबन्ध हटा लिया गया, तो हिन्दुस्तानी यात्रियों ने दोनों जहाज़ों से उतरने की तैयारियाँ कीं। १३ जनवरी, १८९७ को अटॉर्नी जनरल एस्कॉम्बे को अपनी मूर्खता का अहसास हुआ और उसने सामूहिक जनसंहार के उस ख़तरे का प्रतिकार करने की कोशिश की जिसको पैदा करने में उसने मदद की थी। प्रदर्शनकारियों की एक आम सभा को सम्बोधित करते हुए वह हताश ढंग से, और जैसा कि पता चला, समझाने-बुझाने के ढंग से बोल रहा था। एस्कॉम्बे झुण्ड के ज़्यादातर

लोगों को वहाँ से हटाने में तभी कामयाब हो सका जब उसने अपने श्रोताओं को यह आश्वासन दिया कि विधानमण्डल उनकी नाराज़ी-भरी माँगों के जवाब में भविष्य में हिन्दुस्तानियों के आगमन पर रोक लगायेगा। इसके बाद सारे हिन्दुस्तानी यात्री किसी तरह जहाज़ से सुरक्षित उतर सके, सिर्फ़ एक आदमी को छोड़कर : गाँधी।[१०]

एस्कॉम्बे ने गाँधी को कोर्लेंड पर एक सन्देश भेजते हुए चेतावनी दी कि वे शाम को तब तक जहाज़ से बाहर न निकलें जब तक कि वाटर पुलिस का सुपरिंटेण्डेण्ट उनको उनके घर तक पहुँचाने वहाँ न आ जाये। लेकिन गाँधी उनसे मिलने आये अपने एक दोस्त मिस्टर लॉटन की इस बात से सहमत थे कि उनको "रात में किसी चोर की भाँति"[११] गुपचुप शहर में प्रवेश नहीं करना चाहिये। वे दोपहर बाद बादलों से घिरे आकाश तले खुलेआम और निर्भीक ढंग से जहाज़ से बाहर आये। वे लॉटन के साथ डर्बन में पैदल दो मील का ख़तरनाक सफ़र तय करते हुए अपने उस दोस्त के घर की ओर चल पड़े जहाँ उनका परिवार उनकी प्रतीक्षा कर रहा था। उनको तत्काल कुख्यात गाँधी के रूप में पहचाना जाने लगा।

जल्दी ही एक भीड़ जमा हो गयी। उन लोगों ने उन दोनों आदमियों को घेर लिया और उन पर पथराव करने लगे। भयभीत लॉटन ने गाँधी का बचाव करने के उद्‌देश्य से एक रिक्शेवाले को बुलाया, लेकिन भीड़ से डरा हुआ वह रिक्शा-चालक अपनी जान बचाकर वहाँ से भाग खड़ा हुआ। गाँधी ने, जिनकी दृष्टि में "मनुष्यों द्वारा खींचे जाने वाले वाहन पर सवारी करना नितान्त घृणित कर्म था,"[१२] ईश्वर को धन्यवाद दिया कि उसने उनको इस पाप की शर्मिन्दगी से बचा लिया, हालाँकि बच निकलने के इस उपाय को न चुनने की क़ीमत उनको लगभग अपनी जान से चुकानी पड़ी।

उस उमड़ते हुए गिरोह ने गाँधी को लॉटन से अलग कर दिया, गाँधी पर पत्थर बरसाये, और उनको लातों-घूँसों से पीटना शुरू कर दिया। गाँधी को चक्कर आ गया, लेकिन वे सँभल गये और उन्होंने एक मकान की लोहे की जाली को जकड़ लिया। उन पर पड़ती मार तेज़ होती गयी लेकिन उन्होंने स्वयं को थामे रखा। वे जीवित घर वापस लौटने की उम्मीद लगभग खो चुके थे।

लेकिन, बाद में उन्होंने लिखा, "मुझे अच्छी तरह से याद है कि मेरे हृदय

ने तब भी अपने उन आक्रमणकारियों पर दोषारोपण नहीं किया था।''[१३] उनका जीवन दैवयोग से डर्बन के पुलिस अधीक्षक की पत्नी श्रीमती जेन अलेक्ज़ेंडर के आ जाने से बच सका। जैसे ही श्रीमती अलेक्ज़ेंडर ने गाँधी को एक छाते की ओट में लिया, वैसे ही पुलिस चौकन्नी हो उठी। अधिकारियों ने गाँधी के चारों ओर घेरा बना लिया। यह रक्षक घेरा फ़ब्तियाँ कसती प्रदर्शनकारियों की भीड़ के बीच से धीरे-धीरे गाँधी के गन्तव्य की ओर बढ़ा।

अँधेरा घिरते ही पाँच हज़ार लोगों के गरजते हुए झुण्ड ने, गाँधी को मार डालने के निश्चय के साथ उस मकान को घेर लिया। ''हम उसको जला देंगे!'' वे चिल्ला रहे थे, और धमकी दे रहे थे कि अगर उन लोगों ने गाँधी को भीड़ के सामने समर्पित नहीं किया, तो वे उस मकान और उसमें रह रहे सारे लोगों को आग लगा देंगे।[१४]

पुलिस अधीक्षक रिचर्ड सी. अलेक्ज़ेंडर ने उस मकान पर अपने एक गुप्तचर को भेजकर गाँधी के पास एक अत्यावश्यक सन्देश पहुँचाया। उस सन्देश में पुलिस के मुखिया का कहना था कि अगर गाँधी अपने दोस्त को, अपने दोस्त के मकान को, और ख़ुद अपने परिवार को उस हत्यारी भीड़ से बचाना चाहते हैं, तो उनको एक हिन्दुस्तानी पुलिस अधिकारी का छद्म वेश धारण कर वहाँ से चुपचाप खिसक जाना चाहिये। गाँधी ने तुरन्त ही अलेक्ज़ेंडर की सलाह पर अमल किया और दो छद्म वेशधारी गुप्तचरों के साथ भागकर पुलिस स्टेशन पहुँच गये जहाँ वे तीन दिन तक रहे। उस दिन जेन और अलेक्ज़ेंडर ने अपने पराक्रम और चतुराई के चलते उस क्रोधित भीड़ से गाँधी की जान बचा ली। लेकिन दस महीने पहले यही पुलिस अधीक्षक अलेक्ज़ेंडर उस चीज़ का प्रदर्शन कर चुके थे जिसे गाँधी के जीवनीकार नारायण देसाई ने ''हिन्दुस्तानियों के प्रति एक आम तिरस्कार और अपमान'' की संज्ञा दी है, जिसके पीछे अलेक्ज़ेंडर का यह विश्वास था कि ''ज़्यादातर हिन्दुस्तानी हिंसक कुली होते हैं।''[१५] अलेक्ज़ेंडर ने एक पुलिसवाले द्वारा दो हिन्दुस्तानी लड़कों की अभद्र और मनमानी गिरफ़्तारी को सार्वजनिक तौर पर उचित ठहराने की कोशिश की थी। इसकी प्रतिक्रिया में गाँधी ने नवनिर्वाचित पुलिस प्रमुख के नाम एक खुला पत्र लिखते हुए, उसके द्वारा एक रिपोर्टर के समक्ष की गयी एक टिप्पणी के पीछे निहित उसकी न्याय-भावना की ओर उसका ध्यान

दिलाया जिसमें उसने कहा था कि 'वास्तविक अन्याय' के मामलों में वह पूरी सहानुभूति के साथ पेश आयेगा। गाँधी पुलिस अधीक्षक की सद्भावना के प्रति अपनी आस्था का इज़हार करते रहे, और अलेक्ज़ेंडर जल्दी ही "उनके कट्टर समर्थक और हिन्दुस्तानी समुदाय के दोस्त बन गये"[१६] - इस हद तक कि उनने और उनकी पत्नी जेन ने गाँधी, उनके परिवार, और उनके दोस्तों को मौत से उबारने के लिए अपनी जानें जोख़िम में डाल दीं।

जब नताल की इस सामूहिक हिंसा की ख़बर लन्दन पहुँची, तो इससे विचलित अँग्रेज़ अधिकारियों ने अटार्नी जनरल एस्कॉम्बे को तार भेजकर गाँधी पर हमला करने वालों पर मुक़दमा दायर करने का आदेश दे दिया। एस्कॉम्बे ने स्वयं को दो प्रतिस्पर्धी दबावों के बीच फँसा हुआ पाया, जिनमें एक तरफ़ ब्रिटिश साम्राज्य के हुक्मरान थे, जो उस भारतीय उपमहाद्वीप पर अपने नियन्त्रण को जोख़िम में नहीं डालना चाहते थे जहाँ के लोगों का प्रतिनिधित्व एक अन्य सन्दर्भ में गाँधी कर रहे थे, और दूसरी तरफ़ दक्षिण अफ्रीका में साम्राज्य के उपनिवेशवादी थे जो गाँधी का सिर क़लम कर देना चाहते थे और जो इस बात का अन्दाज़ा भी नहीं लगाना चाहते थे कि इसके लिए उनको क्या क़ीमत चुकानी पड़ सकती है। साँसत में फँसे अटॉर्नी जनरल ने गाँधी को आमन्त्रित कर उनसे पूछा कि क्या वे हमलावरों में से किन्हीं लोगों को पहचान सकते हैं।

गाँधी ने कहा, "मैं शायद उनमें से एक-दो को पहचान सकता हूँ। लेकिन यह बातचीत आगे बढ़े, इसके पहले ही मैं कह देना ज़रूरी समझता हूँ कि मैं पहले ही इन हमलावरों पर मुक़दमा दायर न करने का मन बना चुका हूँ। मैं नहीं समझ पाता कि उनने कोई ग़लती की है। उनको जो भी सूचनायें मिली थीं, वे सब उन्होंने अपने नेताओं से प्राप्त की थीं।

गाँधी ने कहा कि "अगर कोई दोषी है, तो वह यूरोपियों की कमेटी है, ख़ुद आप दोषी हैं, और इसलिए नताल की सरकार दोषी है। अब इस हमले के लिए मैं आप पर या कमेटी पर तो मुक़दमा दायर नहीं कर सकता। और अगर कर भी सकूँ, तो मैं इस अन्याय के प्रतिकार की माँग क़ानून की अदालत से नहीं करूँगा। आपने जो क़दम उठाये थे वे आपको नताल के

यूरोपियों के हितों की रक्षा के उपयुक्त जान पड़े थे। यह एक राजनैतिक मसला है, और मेरे पास यही एक उपाय बचता है कि मैं राजनीति के मैदान में आपसे लड़ूँ और आपको तथा दूसरे यूरोपियों को यह यक़ीन दिलाऊँ कि जो हिन्दुस्तानी ब्रिटिश साम्राज्य की इस आबादी का एक बहुत बड़ा हिस्सा हैं वे यूरोपियों को ज़रा भी नुक़सान पहुँचाये बिना अपने आत्मसम्मान को सुरक्षित रखना चाहते हैं और अपने हक़ों की हिफ़ाज़त करना चाहते हैं।''[१७]

एस्कॉम्बे ने पाया कि उसका प्रतिद्वन्द्वी असुविधाजनक सचाइयों के साथ उससे टक्कर ले रहा है, और इसी के साथ-साथ वह उन राजनैतिक आक्रोशों को भी प्रतिरोध दे रहा है जिनको ख़ुद उसने खुली छूट दी थी। उसने कहा, ''अगर आप अपने हमलावरों को क़ानून के हवाले करने के अपने हक़ को त्याग देते हैं, तो आप अमन क़ायम करने में मेरी ख़ासी मदद तो करेंगे ही, इसी के साथ-साथ आप अपनी ख्याति में भी इज़ाफ़ा करेंगे।''[१८]

गाँधी ने एक कोरा काग़ज़ उठाया, उस पर लिखा कि अपने हमलावरों पर मुक़दमा दायर न करने का चुनाव उनका अपना है, उस पर हस्ताक्षर किये, और वह काग़ज़ एस्कॉम्बे को दे दिया।

गाँधी ने अपनी पुस्तक 'सत्याग्रह इन साउथ अफ्रीका' में जीवन को जोख़िम में डालने वाले इस समूचे प्रसंग के लिए ईश्वर को धन्यवाद दिया था :

> मुझे एक बेहद मूल्यवान अनुभव हुआ था, और जब भी मैं उस दिन के बारे में सोचता हूँ, तो मुझे लगता है कि ईश्वर मुझे सत्याग्रह के आचरण के लिए तैयार कर रहा था।[१९]

हैरी एस्कॉम्बे और मोहनदास गाँधी डर्बन में एक ही पड़ोस में रहते थे। आक्रामक भीड़ द्वारा हत्या कर दिये जाने से बाल-बाल बचने की उस घटना के लगभग तीन साल बाद एक दिन एस्कॉम्बे ने इरादतन उस सड़क को पार किया जिसके दूसरी तरफ़ एक आदमी चला जा रहा था। वह

आदमी गाँधी था।

उन्होंने कहा, ''मिस्टर गाँधी, मेरे मन में बहुत दिनों से एक बात है जो मैं आपसे कहना चाहता रहा हूँ। मुझे उस घटना के लिए बेहद अफ़सोस है जो डर्बन में आपके आगमन के वक़्त हुए प्रदर्शन के दौरान घटित हुई थी।'' एस्कॉम्बे ने उस चीज़ के प्रति भी सराहना व्यक्त की जिसे वह हिन्दुस्तानियों की ईसाई परोपकार की गहरायी के रूप में देखता था। उसने उन एशिया-विरोधी क़ानूनों के लिए भी माफ़ी माँगी जो उसने, जैसा कि उसने कहा, हिन्दुस्तानी समुदाय को जानने के पहले पारित किये थे।[२०]

गाँधी ने हँसते हुए एस्कॉम्बे को आश्वासन दिया कि जहाँ तक उनका सवाल था, उनकी तकरारें तभी पीछे छूट चुकी थीं जब वे हुई थीं। उन्होंने अपने पड़ोसी से उम्मीद की कि भविष्य में ऐसे ढेरों अवसर आयेंगे जब वे मिलकर काम कर सकेंगे।

तीन घण्टे बाद, एस्कॉम्बे का एक नौकर भागता हुआ गाँधी के पास पहुँचा और उसने सूचना दी कि हैरी एस्कॉम्बे की अभी-अभी हृदयाघात से मृत्यु हो गयी है।

जब वर्षों बाद हैरी एस्कॉम्बे की मूर्ति के अनावरण के अवसर पर आयोजित समारोह में गाँधी बोले, तो उन्होंने उन अन्तिम शब्दों का खुलासा किया जो उनके उस पड़ोसी से उन्होंने कहे थे। एस्कॉम्बे के प्रति सम्मान व्यक्त कर रहे दक्षिण अफ़्रीकी जन-समूह से गाँधी ने कहा, ''मैं इस महान् आदमी की निष्पक्षता और सदाशयता के प्रति न्याय बरतना चाहता हूँ।''[२१]

गाँधी अहिंसा के अपने प्रशिक्षण की प्रक्रिया में सीढ़ी-दर-सीढ़ी मरने की कला सीख रहे थे, लेकिन उन्होंने अभी भी सत्याग्रह का अन्वेषण नहीं किया था। सत्य की इस रूपान्तरकारी शक्ति की खोज उन्होंने अपने समुदाय द्वारा की गयी सत्य के लिए मर मिटने की प्रतिज्ञा के दौरान की थी।

११ सितम्बर, १९०६ को जोहान्सबर्ग, दक्षिण अफ़्रीका का पुराना जूइश इम्पीरियल थियेटर तीन हज़ार हिन्दुस्तानियों से भरा हुआ था। दक्षिण

अफ्रीका का यह हिन्दुस्तानी समुदाय उस लम्बित अध्यादेश पर प्रतिक्रिया करने एकजुट हुआ था जो माँग करता था कि हिन्दुस्तानियों को अपने साथ पंजीयन कार्ड रखने होंगे। यह इन लोगों को देश निकाला देने की दिशा में उठाया गया एक गम्भीर रूप से अपमानजनक क़दम था। गाँधी ने एक प्रस्ताव तैयार करने में मदद की थी जिसमें कहा गया था कि हिन्दुस्तानी लोग इस क़ानून के सामने नहीं झुकेंगे और वे इसकी बजाय अपने इस इनकार के लिए दण्ड भोगने को तैयार होंगे।

जब यह प्रस्ताव पेश किया गया और उसको सहमति मिल गयी, तो एक बुज़ुर्ग, अनुभवी मुसलमान नेता शेठ हाजी हबीब ने बेहद जज़्बाती अन्दाज़ में उस आमसभा में 'ख़ुदा के नाम पर' कभी भी उस क़ानून के सामने न झुकने का ऐलान किया। उसने वहाँ मौजूद हर किसी से ख़ुदा के सामने वैसी ही शपथ लेने की दरख़्वास्त की। इस पल का वर्णन करते हुए गाँधी कहते हैं कि

> शपथ लेने की शेठ हाजी हबीब की इस सलाह पर मैं चकित रह गया। मैंने पल भर उसके सम्भावित नतीजों के बारे में सोचा। मेरी हैरानी की जगह उत्साह ने ले ली। और हालाँकि जब मैं उस सभा में गया था, तब मेरा इरादा शपथ लेने का या दूसरों से इसके लिए आग्रह करने का नहीं था, तब भी मैंने शेठ की इस सलाह का गर्मजोशी से स्वागत किया।[२२]

गाँधी शेठ हाजी हबीब की शपथ को उस प्रस्ताव में जोड़ने के बारे में जन-समूह को सम्बोधित करने खड़े हुए। उन्होंने कहा :

> मैं इस सभा के सामने यह स्पष्ट करना चाहता हूँ कि इस प्रस्ताव और अब तक पारित किये गये हर दूसरे प्रस्ताव के बीच बहुत बड़ा फ़र्क़ है और इस प्रस्ताव को तैयार करने के तरीक़े में भी बहुत व्यापक भिन्नता रही है। जो प्रस्ताव हम तैयार कर रहे हैं, वह बहुत गम्भीर है, क्योंकि दक्षिण अफ्रीका में हमारा अस्तित्व इस प्रस्ताव पर पूरी तरह से अमल करने पर टिका हुआ है।
>
> हम सब एक और समान ईश्वर में विश्वास करते हैं, भले ही हिन्दू धर्म और इस्लाम में उसके नाम अलग-अलग हैं। उस ईश्वर के नाम पर या उसको साक्षी मानकर स्वयं को वचनबद्ध करना या शपथ लेना कोई हल्की-फुल्की बात नहीं है। अगर हम इस तरह की शपथ लेने के बाद अपने वादे से मुकरते हैं, तो हम ईश्वर और आदमी, दोनों के सामने अपराधी होंगे।

इस वादे को बाहरी लोगों को प्रभावित करने के नज़रिये से नहीं देखा जाना चाहिये। किसी को भी इस बात की परवाह करने की ज़हमत नहीं उठानी चाहिये कि स्थानीय सरकार पर, साम्राज्यवादी सरकार पर या हिन्दुस्तान की सरकार पर इसका क्या असर होगा। हर किसी को अपने दिल में झाँककर देखना चाहिये, और अगर उसकी अन्तरात्मा की आवाज़ उसको आश्वासन देती है कि उसमें इस मुश्किल दौर का सामना करने की आवश्यक सामर्थ्य मौजूद है, तभी उसको यह प्रण लेना चाहिये और सिर्फ़ उसी सूरत में यह प्रण फलदायी होगा।

इसके नतीजों के बारे में भी कुछ शब्द...। हमें जेल जाना पड़ सकता है, जहाँ हमारा अपमान हो सकता है। हमें भूखे रहना पड़ सकता है और भीषण गर्मी या ठण्ड झेलनी पड़ सकती है। हमें कठोर श्रम करने को मजबूर किया जा सकता है। जेल के उजड्ड वॉर्डर हम पर कोड़े बरसा सकते हैं। हमारे ऊपर भारी ज़ुर्माना लगाया जा सकता है और अगर थोड़े-से विरोध करने वाले बच जाते हैं तो हमारी ज़ायदाद कुर्क करके नीलाम की जा सकती है। आज के दौलतमन्द हम कल के दयनीय कंगालों में बदल जा सकते हैं। हमें जबरन देश से निकाल दिया जा सकता है। जेल में भूख और उस जैसी दूसरी मुश्किलों को भोगते हुए हममें से कुछ लोग बीमार पड़ जा सकते हैं और मर तक सकते हैं...। लेकिन मैं निडरतापूर्वक, और पूरे यक़ीन के साथ ऐलान कर सकता हूँ कि जब तक मुट्ठी भर लोग भी अपने वचन के प्रति पक्के बने रहेंगे, तब तक इस संघर्ष का एक ही अन्त होगा, और वह है जीत।

यह मुमकिन है कि यहाँ मौजूद लोगों में से ज़्यादातर लोग उत्साह या आवेश में आकर प्रण कर लें और कठिन परीक्षा की घड़ियों में कमज़ोर पड़ जायें, और अन्तिम परीक्षा से गुज़रने के लिए सिर्फ़ मुट्ठी भर लोग ही बचे रह जायें। तब मेरे जैसे व्यक्ति के लिए एक ही रास्ता खुला है, मर जाना लेकिन इस क़ानून के सामने न झुकना...। हर किसी को पहले इस ज़िम्मेदारी को पूरी तरह से समझ लेना चाहिये, और उसके बाद ही दूसरे लोगों से स्वतन्त्र रहकर स्वयं ही प्रण करना चाहिये और इस बात को समझना चाहिये कि उसको मृत्युपर्यन्त भी स्वयं ही अपने वचन के प्रति निष्ठावान बने रहना होगा, भले ही दूसरे लोग जो भी करें।[२३]

गाँधी बैठ गये। सभा में उपस्थित लोगों ने उनको ख़ामोश रहकर सुनते हुए उस वचनबद्धता की प्रकृति के बारे में उनके स्पष्टीकरण को आत्मसात्

किया था, जो उनके समक्ष उपस्थित थी। अन्त में तीन हज़ार लोग उठ खड़े हुए। उनने हाथ उठाकर शपथ ली : हम ईश्वर को साक्षी मानकर शपथ लेते हैं कि हम इस क़ानून के सामने नहीं झुकेंगे।

हालाँकि कोई नहीं जानता था कि उसको क्या नाम दिया जाये, लेकिन अभी-अभी एक नया आन्दोलन जन्म ले चुका था। जनवरी १९०८ में गाँधी ने अपने पत्र 'इण्डियन ओपिनियन' के माध्यम से 'हमारे इस संघर्ष के लिए सबसे अच्छा नाम' सुझाने वाले पाठक के लिए एक छोटा-सा पुरस्कार देने की पेशकश की। गाँधी को 'सद्आग्रह' का सुझाव पसन्द आया, लेकिन उनको लगा कि यह ''उस विचार को पूरी तरह से प्रतिबिम्बित नहीं करता जिसे मैं जतलाना चाहता हूँ। इसलिए मैं इसमें संशोधन कर इसको 'सत्याग्रह' कर रहा हूँ। सत्य में प्रेम का भाव निहित है, और आग्रह चीज़ों को घटित करने का निमित्त है और इसलिए वह बल का पर्याय है। इस तरह मैंने हिन्दुस्तान के आन्दोलन को 'सत्याग्रह' के नाम से पुकारना शुरू कर दिया, यानी सत्य और प्रेम या अहिंसा से जन्मा बल।''[२४]

इम्पीरियल थिएटर में हिन्दुस्तानी लोगों द्वारा ली गयी वह शपथ दक्षिण अफ्रीका और हिन्दुस्तान में सत्याग्रह आन्दोलन का, साम्राज्यवादी हुकूमत के अन्त की शुरूआत का प्रतीक बन गयी। जो लोग उस आन्दोलन में शामिल हुए, जिसे बाद में गाँधी ने सत्याग्रह का नाम दिया था, उनके संघर्ष में वे सारे यातनादायी किन्तु मुक्तिदायी नतीजे शामिल होने जा रहे थे जिनको गाँधी ने उस वचनबद्धता के फलों के रूप में देखा था। सत्याग्रह की इस रूपान्तरकारी शक्ति का जन्म ११ सितम्बर, १९०६ को उनके आदमियों द्वारा ली गयी मृत्युपर्यन्त अहिंसक प्रतिरोध की उस शपथ के गर्भ से हुआ था।

सत्याग्रह की आध्यात्मिक जड़ें अहिंसा की गाँधी की स्वयं अपनी उन प्रतिज्ञाओं में और भी गहरे फैली हुई थीं, जो उन्होंने हाल ही में की थीं। ये प्रतिज्ञाएँ थीं ब्रह्मचर्य, अपरिग्रह और मानवता की सेवा, विशेष रूप से ग़रीबों की सेवा। यह गाँधी का आत्मोत्सर्ग और सेवा का अपना मार्ग था जिसने उनको वह अगाध स्वतन्त्रता प्रदान की थी कि वे अपने लोगों से अहिंसक प्रतिबद्धता के लिए उनके जीवन तक के उत्सर्ग का आह्वान कर सके, जो हिन्दुस्तान और दुनिया को बदल डालने वाली थी। वे अनुभव

कर रहे थे कि उद्गम का शुद्धीकरण किया जाये, तो कुछ भी सम्भव हो सकता है।

दक्षिण अफ्रीका में ही हिंसक मृत्यु के साथ अपनी अगली क़रीबी मुठभेड़ में गाँधी ने वह रास्ता अपनाया जिससे उन्होंने एक क़दम आगे बढ़कर हमले का जवाब देने की उम्मीद की थी—अपने होंठों पर ईश्वर के नाम के साथ मरना। इस बार का हमला उन पर सरकार द्वारा भड़कायी गयी भीड़ के द्वारा नहीं, बल्कि सत्याग्रह आन्दोलन के एक सहकर्मी द्वारा किया गया था। उनके उस सहयोगी का सोचना था कि गाँधी ने उनके ध्येय के साथ गद्दारी की थी।

१९०७ में, जब ट्रांसवाल का अँग्रेज़ी उपनिवेश स्वाधीन हो गया, तो उसकी सरकार ने ट्रांसवाल एशियाटिक रजिस्ट्रेशन ऐक्ट (टीएआरए) पारित किया। यह अधिनियम उस क़ानून का एक विस्तार था जिसका प्रतिरोध करने की शपथ हिन्दुस्तानी समुदाय ने ली थी। इस क़ानून के तहत सारे एशियाइयों के लिए सरकार में अपना पंजीकरण कराना, अपराधियों की तरह अपनी अँगुलियों के निशान दर्ज कराना, और पंजीयन-पत्र को पूरे वक़्त अपने साथ रखना अनिवार्य था। गाँधी ने ट्रांसवाल के गृहमन्त्री जनरल जेन क्रिश्चियन स्मट्स से कहा कि हिन्दुस्तानियों को अपने अन्तःकरण की आवाज़ के मुताबिक़ टीएआरए का विरोध करना होगा क्योंकि वे इस क़ानून के निशाने पर हैं। इस पर जब ट्रांसवाल में रह रहे १३,००० हिन्दुस्तानियों ने पंजीयन कराने से इनकार कर दिया, तो गाँधी पहले व्यक्ति थे जिन पर अभियोग लगाया। उनको दो महीने के कारावास की सज़ा सुनायी गयी—जो कि उनकी पहली जेल-यात्रा थी।

दो हफ़्ते बाद, जनरल स्मट्स ने जोहान्सबर्ग के जेल की कोठरी में गाँधी के पास समझौते का एक प्रस्ताव भेजा। जोहान्सबर्ग का पुलिस अधीक्षक गाँधी को क़ैदी की वर्दी में गृहमन्त्री के प्रिटोरिया स्थित कार्यालय में ले गया। चूँकि स्मट्स इस बात के प्रति जागरूक था कि हज़ारों हिन्दुस्तानी गाँधी के साथ जेल जाने की तैयारी में थे, इसलिए वह समझौता करना चाहता था। उसने गाँधी को आश्वासन दिया कि अगर ज़्यादातर हिन्दुस्तानी

स्वैच्छिक ढंग से पंजीयन करा लेते हैं, तो वह उस क़ानून को रद्द कर देगा, और मामला समाप्त हो जायेगा। इस दृढ़ विश्वास के साथ कि उनको अपने प्रतिद्वन्द्वी की बात पर भरोसा करना चाहिये, गाँधी ने स्मट्स की पेशकश मंज़ूर कर ली।

स्मट्स ने कहा था कि "मैं नहीं चाहता कि दुबारा फिर से झंझट पैदा हो, और मैं आपके आदमियों के जज़्बातों की क़द्र करना चाहता हूँ।"[२६] इसके बाद उसने गाँधी को रिहा कर दिया, जिनने घर वापसी के रेल-भाड़े के लिए स्मट्स के सचिव से पैसे उधार लिये।

रात ९ बजे जोहान्सबर्ग पहुँचने पर गाँधी ने स्मट्स के साथ हुई समझौता-वार्ता के नतीजों की जानकारी देने के लिए आधी रात को एक आमसभा बुलायी। इसके पहले ही उन्होंने जिन दोस्तों से बात की थी वे इस समझौते को लेकर शंकित थे। उनका कहना था कि अगर स्मट्स ने उनका विश्वास तोड़ दिया तो क्या होगा? स्वैच्छिक ढंग से पंजीयन करवाकर वे पहले ही उस सबसे शक्तिशाली हथियार को समर्पित कर चुके होंगे जिसके सहारे वे टीएआरए को टक्कर दे रहे थे। उनका तर्क था कि समझौते का सही क्रम यह होना चाहिये कि इस तरह की छूट देने से पहले ही टीएआरए को निरस्त किया जाये।[२७]

उनके तर्क में निहित दम को गाँधी स्वीकार करते थे। तब भी उनका मानना था कि सत्याग्रही को अपने प्रतिद्वन्द्वी पर पूरा भरोसा करना ज़रूरी है। स्मट्स के आश्वासन ने उनको अहिंसा के मार्ग का एक शिक्षाप्रद मुकाम उपलब्ध कराया था, लेकिन यह शिक्षा बहुत कठिन थी।

उन्होंने कहा,

> सत्याग्रही भय को अलविदा कह चुका होता है। इसलिए वह अपने प्रतिद्वन्द्वी पर भरोसा करने से कभी नहीं डरता। अगर यह प्रतिद्वन्द्वी बीस बार भी धोखा देता है, तो भी सत्याग्रही उस पर इक्कीसवीं बार भरोसा करने को तैयार होता है, क्योंकि मानव-प्रकृति में अन्तर्निहित विश्वास ही उसके धर्ममत (क्रीड) का सत्त्व होता है।

इसी के साथ-साथ सरकार पर भरोसा करने का मतलब असहयोग की शक्ति को तज देना नहीं था। उन्होंने कहा,

> मान लीजिये कि हम स्वैच्छिक ढंग से पंजीयन करा लेते हैं, लेकिन

सरकार विश्वासघात करती है, और क़ानून को निरस्त करने के अपने वादे को पूरा करने में विफल रहती है। तब क्या हम सत्याग्रह का सहारा नहीं ले सकते? हमने जो पंजीयन-प्रमाणपत्र हासिल किये हैं उनको अगर हम अवसर आने पर दिखाने से मना कर देते हैं, तो हमारे पंजीयनों का कोई अर्थ नहीं रह जायेगा, और सरकार हमारे और उन हिन्दुस्तानियों के बीच कोई फ़र्क़ नहीं कर पायेगी जो चोरी-छिपे ट्रांसवाल में प्रवेश कर रहे हो सकते हैं। इसलिए चाहे कोई क़ानून लागू हो या न हो, सरकार हमारे सहयोग के बिना नियन्त्रण क़ायम नहीं कर सकती...। जब तक हमारे हाथों में सत्याग्रह का हथियार है, तब तक हम निर्भीक और आज़ाद हैं।[२८]

गाँधी ने किसी तरह अपने शंकालु दोस्तों के सन्देह का निवारण किया, लेकिन जैसा कि उन्होंने बाद में लिखा था, "तब मैंने उस बवाल का ख़्वाब भी नहीं देखा था जो आधी रात की उस सभा में उठ खड़ा होने वाला था।"[२९]

स्मट्स के साथ उनके नेता के सन्देहास्पद समझौते की ख़बर तेज़ी-से जोहान्सबर्ग के हिन्दुस्तानियों के बीच फैल गयी। एक मस्जिद के मैदान में एक हज़ार लोग इस बारे में उनकी बात सुनने को जमा हो गये।

लालटेनों की हल्की रोशनी के बीच बोलते हुए गाँधी ने अपने श्रोताओं के सामने स्पष्ट किया कि क्यों वह करना सही था जिसे कभी न करने की शपथ उन लोगों ने उनके साथ ली थी - यानी, एक कुख्यात क़ानून के तहत पंजीयन न कराने की शपथ। उन्होंने कहा कि दोनों पक्षों द्वारा रियायत बरते जाने का एक समझौता हुआ है जिसमें कोई उसूल दाँव पर नहीं लगा है। क़ानून को निरस्त करते हुए स्मट्स पंजीयन के क़ानून से सरकार के दबाव को वापस ले रहा है। उस क़ानून से कलंक हटा दिया गया है, जैसा कि आश्वासन दिया गया है, जल्दी ही निरस्त कर दिया जायेगा। उस क़ानून पर अमल करने का दबाव कभी नहीं डाला जायेगा। बदले में, एक सद्‌भावना के प्रदर्शन के तौर पर, हिन्दुस्तानियों को स्वेच्छापूर्वक पंजीयन करा लेने चाहिये, और इस तरह ग़ैरक़ानूनी प्रवासियों के आगमन को रोकने के सरकार के अधिकार को मान्य करना चाहिये।

गाँधी ने हिन्दुस्तानियों से समुदाय को विपरीत दिशा में संगठित कर अपने प्रतिद्वन्द्वियों के प्रति असहयोग का रवैया त्यागकर भरोसे और सहयोग का रवैया अपनाने का आह्वान किया।

जिस तरह इससे पहले आपने अपने हमवतनों को यह बात समझायी थी कि उनको पंजीयन क्यों नहीं कराना चाहिये, ठीक उसी तरह अब आपको आगे बढ़कर समुदाय को यह बात समझानी चाहिये कि उनको पंजीयन क्यों करा लेना चाहिये। और जब हम इस तरह उचित रीति से अपनी भूमिका निभायेंगे, तभी हम अपनी जीत के वास्तविक फलों को बटोर पायेंगे।[३०]

जब गाँधी का भाषण समाप्त हुआ, तो उनके एक पठान दोस्त और मुवक्किल मीर आलम ने उनके इस दृष्टिकोण पर आपत्ति उठायी। आलम ने गुस्से से भरकर पूछा कि अब क्या वजह है कि हिन्दुस्तानियों द्वारा सरकार को अपनी अँगुलियों के निशान दिये जाना उचित लग रहा है। उनको अभी भी अपराधियों की तरह बरता जा रहा है।

गाँधी ने कहा कि यह फ़र्क़ बदली हुई परिस्थितियों से पैदा हुआ है :

मैं अपनी पूरी ताक़त के साथ कहता हूँ कि जो चीज़ कल तक जनता के प्रति एक गुनाह थी वह आज की बदली हुई परिस्थितियों में एक शालीन पुरुष की निशानी है। अगर आप चाहेंगे कि मैं आपके दबाव में आकर आपको सलाम करूँ और मैं आपके सामने झुक जाऊँगा, तो मैंने जनता की निगाहों में और आपकी निगाहों और ख़ुद अपनी निगाहों में स्वयं को गिराया होगा। लेकिन अगर मैं आपको अपना भाई या साथी मानकर अपनी ही मर्ज़ी से आपको सलाम करता हूँ, तो इससे मेरी विनम्रता और शालीनता ज़ाहिर होती है।[३१]

मीर आलम इससे सहमत नहीं थे।

उन्होंने कहा,

हमने सुना है कि आपने हमारे समुदाय के साथ गद्दारी की है और उसे १५,००० पाउंड में जनरल स्मॅट्स को बेच दिया है। न तो हम कभी अपनी अँगुलियों के निशान देंगे न ही दूसरों को ऐसा करने देंगे। मैं अल्लाह को गवाह मानकर क़सम खाता हूँ कि जो भी आदमी पंजीयन के लिए आवेदन करने के मामले में अगुवाई करेगा मैं उसको मार डालूँगा।[३२]

गाँधी ने कहा,

मैं किसी भी पठान की या किसी भी ऐसे अन्य व्यक्ति की मदद करूँगा जो अँगुलियों के निशान दिये बिना पंजीयन कराना चाहता है, और मैं

उसको आश्वस्त करता हूँ कि उसके अन्तःकरण को किसी भी तरह की क्षति पहुँचे बिना उसको मान्य प्रमाण-पत्र मिल जायेगा। हालाँकि मैं स्वीकार करता हूँ कि मुझे मौत की वह धमकी पसन्द नहीं आयी जो मेरे दोस्त ने दी है...

वे अपनी इस धमकी को अंज़ाम दें या न दें, लेकिन इस समझौते का मुख्य पक्ष होने के नाते और अपने समुदाय का सेवक होने के नाते, अँगुलियों के निशान देने में अगुवाई करना मेरा स्पष्ट कर्तव्य बनता है, और मैं ईश्वर से प्रार्थना करता हूँ कि वह कृपापूर्वक मुझे ऐसा करने की इज़ाज़त दे। मृत्यु सारे जीवन की अन्तिम नियति है। किसी बीमारी से या ऐसी ही किसी दूसरी चीज़ के हाथों मरने की बजाय अपने एक भाई के हाथों मरना मेरे लिए दुख का कारण नहीं हो सकता।[३३]

१० फ़रवरी, १९०८ को सुबह-सुबह गाँधी पंजीयन के लिए अगुवाई करने के लिए तैयार थे। जब वे अपने क़ानूनी दफ़्तर के पास रुके, तो उन्होंने मीर आलम और अनेक साथियों को दफ़्तर के बाहर खड़ा पाया—आलम दफ़्तर में उनका इन्तज़ार नहीं कर रहे थे, जैसा कि वे पहले अक्सर किया करते थे जब वे गाँधी का परामर्श लेना चाहते थे। आलम ने किसी तरह का कोई अभिवादन नहीं किया। उनकी आँखों में ग़ुस्सा भरा हुआ था। गाँधी ने सोचा कि कुछ घटित होने वाला है।

जब गाँधी और दूसरे नेता पंजीयन कार्यालय की तरफ़ जाने लगे, तो मीर आलम और उनके साथियों ने पीछा किया। जैसे ही गाँधी उस सरकारी इमारत के पास पहुँचे, आलम उनके सामने आकर खड़े हो गये। उन्होंने गाँधी से पूछा कि वे कहाँ जा रहे हैं।

गाँधी ने जवाब दिया, ''मैं दस अँगुलियों के निशान देकर पंजीयन प्रमाण-पत्र प्राप्त करने का प्रस्ताव करता हूँ। अगर आप मेरे साथ चलेंगे, तो सबसे पहले मैं आपके लिए प्रमाण-पत्र दिलाऊँगा, जिसके लिए आपको सिर्फ़ दो अँगूठों के निशान देने होंगे, और इसके बाद मैं अँगुलियों के निशान देकर अपना प्रमाण-पत्र प्राप्त करूँगा।''[३४]

अचानक गाँधी के सिर पर किसी ने डण्डा मारा। गाँधी 'हे राम' बुदबुदाते हुए बेहोश होकर गिर पड़े। मीर आलम और उनके साथियों ने अचेत पड़े गाँधी को डण्डों और पैरों से पीटना जारी रखा। उन्होंने राँगे के पाइप से

भी उन पर प्रहार किया। गाँधी के दोस्तों ने हस्तक्षेप करने की कोशिश की लेकिन उनको भी पीट दिया गया। हमलावर गाँधी को मरा हुआ समझकर वहाँ से भाग गये।[३५]

जैसी कि मीर आलम ने क़सम खायी थी, उनका इरादा पहला पंजीयन कराने वाले, यानी गाँधी की हत्या करना था। हमलावर अपने इरादे के पक्के थे। गाँधी के सहकर्मी थाम्बी नायडू ने गाँधी को बचाने की कोशिश की थी लेकिन उनके सिर पर इतने ज़बरदस्त प्रहार किये गये कि उनको ज़िन्दगी भर बार-बार चक्कर आते रहे।[३६]

'राम' नाम का वह मन्त्र गाँधी को कहाँ से मिला था, जिसके बारे में वे उम्मीद करते थे कि वह मरते समय उनके होंठों पर होगा?

वे अपनी आत्मकथा में हमें बताते हैं कि बचपन में उनको चोरों, भूतों और साँपों का भय सताया करता था। इस डर की वजह से वे हमेशा अपने कमरे की बत्ती जलाकर सोया करते थे।

एक स्नेहिल नर्स रम्भा ने नौजवान मोहनदास को सलाह दी कि अपने भय पर विजय पाने के लिए उनको सिर्फ़ ईश्वर का नाम जपना चाहिये। हालाँकि बचपन में उन्होंने इस मन्त्र का अभ्यास जारी नहीं रखा, लेकिन बाद में उन्होंने सोचा कि "यह उस भली स्त्री रम्भा द्वारा बोये गये बीज का ही फल है कि आज रामनाम मेरे लिए एक अचूक उपचार है।"[३७]

गाँधी की अन्तरात्मा में ईश्वर के नाम का जाप उनके आध्यात्मिक आचरण का मर्म बन गया। उन्होंने कहा था,

> मैं योगाभ्यास के लिए एक अपरिचित व्यक्ति हूँ...। जो अभ्यास, मैंने अपने बचपन में सीखा था वह मेरे मानसिक आकाश में एक विशाल चीज़ बन गया है। वह एक सूर्य है जिसने मेरे घोरतम अँधेरे पल को रोशन किया है। ऐसी ही सान्त्वना एक ईसाई को ईसा का नाम जपने से, एक मुसलमान को अल्लाह का नाम जपने से मिल सकती है...। बशर्ते कि यह जाप आपके होंठों की अभिव्यक्ति तक सीमित न हो, बल्कि आपके अस्तित्व-मात्र का अंग हो।[३८]

जब १९४८ में गोली मारकर उनकी हत्या कर दी गयी, तो गिरते हुए उन्होंने 'राम! राम!' ही कहा था।[३९]

मीर आलम के हमले से बेहोश गाँधी की चेतना पास के दफ़्तर में लौटी। एक दोस्त उन पर झुका हुआ उनसे उनका हाल पूछ रहा था।

"मैं बिलकुल ठीक हूँ," गाँधी ने कहा, "लेकिन मेरे दाँतों और पसलियों में दर्द हो रहा है। मीर आलम कहाँ हैं?"

"उनको बाक़ी लोगों के साथ गिरफ़्तार कर लिया गया है।"

"उनको रिहा कर दिया जाना चाहिये।"[४०]

जिस समय गाँधी के दोस्त उनकी मरहम-पट्टी कर रहे थे, उन्होंने तत्काल पंजीयन-सम्बन्धी दस्तावेज़ लाने का आग्रह किया ताकि वे प्रथम पंजीयन करवाकर अपनी प्रतिज्ञा पूरी कर सकते। इसके बाद उन्होंने अटॉर्नी जनरल को तार भेजकर मीर आलम और अन्य लोगों पर मुक़दमा न चलाने का आग्रह किया। (चूँकि हमला सार्वजनिक स्तर पर किया गया था और उसके दूसरे गवाह थे—गाँधी ने गवाही देने से इनकार कर दिया था—आलम और उनके एक सहयोगी पर अभियोग लगाया गया और उनको कुछ दिनों की सज़ा हुई।)

हालाँकि गाँधी के गालों और ऊपरी होंठ पर आये टाँकों ने उनको भाषण देने से रोक रखा था, लेकिन वे हिन्दुस्तानी समुदाय को लिखित सन्देश भेज पा रहे थे। उन्होंने अपनी इस उम्मीद पर बल दिया कि "सरकार मीर आलम पर मुक़दमा नहीं चलायेगी : "मीर आलम और उनकी मण्डली, ने केवल उसी तरह आचरण किया जैसा वे उस चीज़ के ख़िलाफ़ कर सकते थे जिसको वे ग़लत समझते थे। हिन्दुओं को अपने मन में मुसलमानों के ख़िलाफ़ ग़ुस्सा नहीं रखना चाहिये।"[४१] दक्षिण अफ़्रीका के अपने सार्वजनिक जीवन की एकदम शुरुआत से ही गाँधी हिन्दू-मुसलमान एकता पर अपना ध्यान एकाग्र करते थे, क्योंकि इसे वे हिन्दुस्तान की आज़ादी हासिल करने की पहली शर्त मानते थे।

मीर आलम अपने वचन के पक्के थे और इसके पहले कि गाँधी पंजीयन

करा पाते, उन्होंने उनकी हत्या करने की कोशिश की थी। दूसरी तरफ़, जनरल स्मॅट्स ने पंजीयन क़ानून को निरस्त करने का अपना वादा पूरा नहीं किया। स्मॅट्स ने न सिर्फ़ अपने पुराने क़ानून को जारी रखा, बल्कि एक अन्य एशिया-विरोधी क़ानून पारित कराने के लिए विधानमण्डल को तैयार कर लिया जो हिन्दुस्तानियों द्वारा सद्भावपूर्वक कराये गये पंजीयन को पुराने क़ानून की अन्तिम तिथि बीतने पर वैधीकृत करने वाला था।

जब गाँधी ने इस नये विधेयक को पढ़ा, तो वे हक्का-बक्का रह गये। उनके शंकालु आलोचक स्मॅट्स के मामले में सही प्रतीत हो रहे थे। इस घटनाक्रम पर टिप्पणी करते हुए गाँधी ने स्मॅट्स को सन्देह का लाभ देना जारी रखते हुए कहा कि मुमकिन है "वे जानबूझकर विश्वासघात करने के दोषी न हों।"[४२] तब भी सरकार की इस आगे की दमनात्मक कार्रवाई ने अहिंसक प्रतिरोध की लहर को आवश्यक बना दिया।

१६ अगस्त, १९०८ को इतवार के दिन गाँधी के सत्याग्रह एसोसिएशन ने जोहान्सबर्ग की हमीदिया मस्जिद में तीन हज़ार हिन्दुस्तानियों की एक सभा आयोजित की। ये सारे लोग अपने पंजीयन प्रमाण-पत्रों को जलाकर सत्याग्रह की एक नयी मंज़िल का जश्न मनाने आये थे। मंच पर चार पायों वाली एक कड़ाही रखी हुई थी। वह पहले ही सौंपे जा चुके दो हज़ार प्रमाण-पत्रों से भरी हुई थी।

गाँधी ने सभा को सम्बोधित करते हुए कहा :

> चूँकि मैंने ही आपसे कहा था कि अपना वचन तोड़ने की बजाय आप हर तरह की तकलीफ़ झेलने को तैयार रहें, चूँकि मैंने ही अपने देशवासियों से उम्मीद की थी कि वे सबसे ऊपर अपने ईश्वर के प्रति निष्ठावान रहें, इसलिए आज अपराह्न मैं ही आपसे इन सारे प्रमाण-पत्रों को जला डालने का आग्रह करता हूँ।[४३]

सत्याग्रह एसोसिएशन ने सरकार को सूचित कर दिया था कि अगर वह टीएआरए को निरस्त कर देगी, और "एशियाटिक ऐक्ट को उसके नये और संशोधित रूप में पारित होने से रोक देगी,"[४४] तो प्रमाण-पत्र नहीं जलाये जायेंगे। शाम ४ बजे एक साइकिल-सवार सन्देशवाहक ने तार से आया सरकार का जवाब सौंपा। जब यह ऐलान किया गया कि सरकार अभी भी उस क़ानून को पारित करने का निश्चय किये हुए है, तो लोग यह

जानकर ख़ुशी से भर उठे कि इससे प्रतिरोध की उनकी आसन्न कार्रवाई की पुष्टि हो गयी है। उनमें से ज़्यादातर लोगों ने तेज़ी से आगे बढ़कर कड़ाही में अपने प्रमाण-पत्र डाल दिये। जैसे ही अलाव जलाया गया, जन-समूह इस कार्रवाई के समर्थन में गरज उठा।

जेल की सज़ा काटकर लौट चुके मीर आलम मंच पर गाँधी के साथ मौजूद थे। उन्होंने कहा, ''गाँधी पर हमला करके ग़लत किया था,'' जिस पर गाँधी ने उनका हाथ थामकर कहा कि उनके मन में अपने दोस्त के प्रति कोई शिकवा नहीं है।[४५]

गाँधी के एक क़रीबी सहकर्मी हैनरी पोलाक की पत्नी और गाँधी की दोस्त मिली पोलाक ने १९०८ की एक और घटना की जानकारी दी थी जिसमें गाँधी का सामना एक और हमलावर से हुआ था।

जोहान्सबर्ग में भारतीय समुदाय की एक बड़ी संगठनात्मक बैठक के अन्त में गाँधी और मिली पोलाक उस भीड़-भरे सभागार से बाहर निकले। पोलाक की नज़र दरवाज़े के बग़ल की छाया में एक आदमी पर गयी। गाँधी उस आदमी के पास गये, उसकी बाँहों में बाँहें डालीं, और धीरे से कुछ कहा।

इसके बाद क्या हुआ, इसका वर्णन पोलाक ने वर्षों बाद इस तरह किया था :

> वह आदमी पलभर हिचकिचाया, इसके बाद मुड़ा और मिस्टर गाँधी के साथ चल पड़ा, जिस दौरान मैं गाँधी के दूसरी बग़ल में बनी रही। हमने सड़क पार की...दोनों आदमी बहुत ही धीमी आवाज़ में बतिया रहे थे। सड़क के सिरे पर पहुँचकर उस आदमी ने मिस्टर गाँधी को कोई चीज़ सौंपी और वह चला गया...।
>
> ''वह आदमी क्या चाहता था—कुछ ख़ास?'' मैंने जिज्ञासा की।
>
> ''हाँ,'' गाँधी ने जवाब दिया, ''वो मेरी हत्या करना चाहता था।''
>
> ''आपकी हत्या करना,'' मैंने दुहराया। ''आपकी हत्या करना चाहता था? कितनी भयानक बात है! क्या वो पागल है?''

"नहीं, वह सोचता है कि मैं अपने लोगों के साथ गद्दारी कर रहा हूँ; कि मैं उनके ख़िलाफ़ सरकार के साथ साँठगाँठ कर रहा हूँ, साथ ही उनका दोस्त और उनका नेता होने का ढोंग रच रहा हूँ।"

"लेकिन ये तो घृणित और भयानक है," मैंने विरोध करते हुए कहा। "इस तरह का आदमी ख़तरनाक है, उसको गिरफ़्तार किया जाना चाहिये। आपने उसको यूँ ही क्यों चले जाने दिया? वह निश्चय ही पागल है।"

"नहीं," मिस्टर गाँधी ने जवाब दिया, "वह पागल नहीं है, सिर्फ़ ग़लतफ़हमी का शिकार है; और आपने देखा, जब मैंने उससे बात की, तो उसने वह चाकू मुझे सौंप दिया जिसका इस्तेमाल वह मुझ पर करने वाला था।"

"वह आपको अँधेरे में छुरा मार सकता था। मैं..."

लेकिन मिस्टर गाँधी ने बीच में ही मेरी बात काट दी। "आप इस बारे में सोचकर ख़ुद को बिलकुल भी परेशान मत कीजिये। उसका सोचना था कि वह मुझे मारना चाहता था; लेकिन वास्तव में उसमें ऐसा करने का साहस नहीं था। अगर मैं उतना बुरा होता, जितना वह सोचता था, तो मैं मर जाने के ही क़ाबिल होता। अब हम इसके बारे में आगे कोई चिन्ता नहीं करेंगे। ये मामला ख़त्म हो गया है। मैं नहीं समझता कि वह आदमी दुबारा मुझ पर वार करने की कोशिश करेगा। अगर मैंने उसको गिरफ़्तार करा दिया होता, तो मैंने अपना एक दुश्मन तैयार कर लिया होता। अब वह पहले ही मेरा दोस्त बन चुका है।"[४६]

पंजीयन क़ानून के अहिंसक प्रतिरोध के सिलसिले में १९०८ और १९०९ के बीच तीन से चार हज़ार के बीच हिन्दुस्तानी ट्रांसवाल में जेल गये थे।[४७] जून १९१० में जैसे ही ट्रांसवाल नवनिर्मित यूनियन ऑफ़ साउथ अफ्रीका का हिस्सा बना, जनरल जेन क्रिश्चियन स्मॅट्स दक्षिण अफ्रीका के गृहमन्त्री बन गये। स्मॅट्स ने अब राष्ट्रीय सरकार की ओर से गाँधी के साथ समझौता-वार्ता की।

१४ मार्च, १९१३ को सर्वोच्च न्यायालय के कैप डिवीज़न ने एक ऐसा

फ़ैसला सुनाया जिसने दक्षिण अफ्रीका की हिन्दुस्तानी स्त्रियों को बुरी तरह नाराज़ कर दिया। न्यायमूर्ति मैल्कॅम सर्ल ने फ़ैसला सुनाया कि ग़ैर-ईसाई ढंग से विवाहित पत्नियों को दक्षिण अफ्रीका में आकर बसने का कोई अधिकार नहीं है। गाँधी ने तुरन्त ही अपने पत्र 'इण्डियन ओपिनियन' में संकेत किया कि न्यायालय के इस फ़ैसले से "दक्षिण अफ्रीका में रह रहीं सारी हिन्दू या मुसलमान स्त्रियाँ वहाँ रहने का अपना अधिकार खो देंगी... और, इसकी पूरी सम्भावना है कि सरकार अब और पत्नियों के आगमन की मंज़ूरी नहीं देगी।"[४८]

गाँधी ने अदालत के इस फ़ैसले को सत्याग्रह को गहरा और व्यापक बनाने के ईश्वर के निमन्त्रण की तरह लिया। इसने उनको "सत्याग्रह आन्दोलन के लिए समर्पित सबसे महत्त्वपूर्ण लोगों"[४९] को गतिशील करने के सुअवसर की तरह लिया। इस दौरान उनकी पत्नी कस्तूरबा ने बिना अनुमति-पत्रों के नताल और ट्रांसवाल के बीच की सीमा लाँघते हुए गिरफ़्तारी देने के लिए तैयार गाँधी के फ़ीनिक्स आश्रम की स्त्रियों के साथ शामिल होने का फ़ैसला कर लिया। सितम्बर में कस्तूरबा को, गाँधी के पन्द्रह साल के बेटे रामदास समेत, उनके पन्द्रह साथियों के साथ गिरफ़्तार कर लिया गया, और तीन महीने के कठोर कारावास की सज़ा सुना दी गयी।[५०]

जब कस्तूरबा का समूह जेल चला गया, तो गाँधी उल्लास से भर उठे। उन्होंने महसूस किया कि हिन्दुस्तानी समुदाय में भर उठी एक उत्प्रेरणा दक्षिण अफ्रीका के राज-निकाय में एक गम्भीर बदलाव पैदा करने वाली है। उनका सोचना सही था। गाँधी के तॉल्सतॉय फ़ॉर्म की स्त्रियों का एक अन्य समूह जेल में बन्द अपनी बहनों से उत्प्रेरित हुआ। जैसा कि गाँधी ने 'इण्डियन ओपिनियन' में लिखा था, "उनमें जेल जाने की आकांक्षा भड़क उठी।"[५१] अपने बच्चों को गोद में लिये मातायें आज़ादी की अपनी राह में अपने परिवारों को तॉल्सतॉय फ़ॉर्म से बाहर ले आयीं। वे न्यू कैसल में कोयले की खदानों में गयीं, जहाँ उनने हज़ारों हिन्दुस्तानी बँधुआ खनिकों के सामने अहिंसक क्रान्ति का ऐलान किया।

आश्रम के परिवारों में वर्षों से अहिंसा के बीज बोते रहने के बाद, जो कुछ हो रहा था उस पर गाँधी को यक़ीन ही नहीं हो पा रहा था :

> खनिकों के बीच, इन स्त्रियों की उपस्थिति मात्र फूस के अम्बार में जलती हुई तीली जैसी थी। जो स्त्रियाँ इससे पहले कभी मुलायम बिस्तरों से भिन्न बिस्तरों पर नहीं सोयी थीं और जिनने शायद ही कभी अपने मुँह खोले होंगे, वे अब बँधुआ मज़दूरों के बीच जाकर भाषण दे रही थीं। ये बँधुआ मज़दूर भड़क उठे थे, और मेरे पहुँचने से भी पहले, वे हड़ताल शुरू कर चुके थे। मुहिम जोख़िम से भरी हुई थी...। जब तक मैं वहाँ पहुँचता, दो कोयला खदानों के हिन्दुस्तानी काम करना बन्द कर चुके थे।[५२]

अक्टूबर १९१३ में, उत्तरी नताल के चार से पाँच हज़ार के बीच की संख्या में हिन्दुस्तानी कोयला खनिक हड़ताल पर जाकर सत्याग्रह आन्दोलन में शामिल हो गये। गाँधी की सलाह पर, उनने शपथ ले ली कि वे तब तक काम पर वापस नहीं लौटेंगे जब तक कि सरकार तमाम भूतपूर्व बँधुआ मज़दूरों पर लगाया गया तीन पाउण्ड का दमनकारी टैक्स निरस्त नहीं कर देगी। तीन पाउण्ड के टैक्स का विरोध करने के गाँधी के आह्वान ने बँधुआ कामगारों की क्रान्तिकारी भावनाओं को उकसा दिया। मन्दी की शिकार अर्थव्यवस्था के साथ-साथ तीन पाउण्ड के टैक्स का प्रभाव "बँधुआ मज़दूरों के काम की समय-सीमा को मिटाने वाली रही थी। करों सम्बन्धी ऋण और बेरोज़गारी के अधीन बन्धक मज़दूर (और निश्चय ही वे मज़दूर जिनको क़रार के अधीन अपना पहला कार्यकाल पूरा करना था) पूरे जीवन बागानों या खदानों में, काम करने को मजबूर थे।"[५३]

जब खदान मज़दूरों ने काम करना बन्द कर दिया, तो वे और उनके परिवार भोजन और आश्रय-स्थल के लिए नाज़ुक रूप से खदान मालिकों पर निर्भर बने रहे। मालिकों ने गाँधी से मिलने का आग्रह किया। गाँधी ने उनसे कहा कि जैसे ही सरकार तीन पाउण्ड कर को रद्द करने का वचन दे देगी, हड़तालियों को "दूसरे तमाम अन्यायों के बावजूद तत्काल काम पर वापस लौटने की सलाह दी जायेगी।"[५४] सरकार या मज़दूरों में से किसी एक पक्ष के समर्थन का चुनाव करने लिए मध्यस्थ गाँधी द्वारा मजबूर कर दिये गये मालिकों ने कोई हिचकिचाहट नहीं दिखायी। उन्होंने आदेश दे दिया कि जब तक खान मज़दूर काम पर नहीं लौटते तब तक के लिए उनके राशन को रोक दिया जाये। मालिकों ने खदान मज़दूरों के घरों की बिजली बन्द करके उनके उत्पीड़न को और भी बढ़ा दिया।

मालिकों की चेतावनी से निपटने के लिए गाँधी और उत्तरोत्तर बढ़ती संख्या

में हड़ताली मज़दूर खदानों के परिसरों से चल पड़े। उनने सरहद की ओर रुख़ किया जहाँ उनका अनुमान था कि उनको ग़ैरक़ानूनी ढंग से सरहद पार कर ट्रांसवाल में प्रवेश करने की वजह से गिरफ़्तार कर लिया जायेगा। चूँकि गाँधी के सिर पर रोज़ दो हज़ार मज़दूरों और उनके परिवारों का पेट भरने की ज़िम्मेदारी थी, इसलिए वे उस सामूहिक गिरफ़्तारी की सम्भावना से ज़रा भी नहीं घबराये जिससे भरण-पोषण का बोझ उनके कन्धों से हटकर सरकार पर आ जाने वाला था।[५५]

जनरल स्मॅट्स ने कुटिलता के साथ स्थिति का जायज़ा लिया। जब प्रदर्शनकारियों ने ट्रांसवाल में प्रवेश किया, तो उसने उनकी गिरफ़्तारी का आदेश रोक लिया।

> मिस्टर गाँधी बहुत मुश्किल परिस्थिति में फँस गये लगते थे। फ्रेंकिस्टाइन की तरह जो दैत्य उन्होंने रच डाला था वह उनको काफ़ी परेशानी का सबब लग रहा था और वे उसका भरण-पोषण करने की और आगे की ज़िम्मेदारी से छुटकारा पाकर ख़ुश होते।[५६]

दो हज़ार से ज़्यादा हड़ताली खदान मज़दूर और १५० स्त्रियाँ और बच्चे एक थका देने वाले कूच के लिए कमर कस चुके थे, जो गाँधी के अनुमान के मुताबिक़ तॉल्सतॉय फ़ॉर्म के उनके समुदाय तक पहुँचने के लिए आठ दिन तक जारी रहने वाला था। हर दिन, मुख्यतः सहानुभूतिशील यूरोपीय बेकरों और सहयोगी रवैया अपना रहे रेल कर्मचारियों की मदद से तैयार की गयी आकस्मिक सहयोग व्यवस्था, आगे बढ़ते हुए हड़तालियों तक फुर्ती के साथ ब्रेड और शक्कर की रसद पहुँचाती थी।[५७] जुलूस में शामिल लोगों को एक दिन में बीस से चौबीस मील का सफ़र तय करते हुए भूख, थकान, बीमारियों और स्थानीय यूरोपियों की धमकियों का सामना करना पड़ता था। कुछ लोग अधबीच में ही चल बसे। लेकिन विद्रोही जुलूस ट्रांसवाल में आगे बढ़ता रहा।

स्मॅट्स को मजबूर होकर कुछ करने की ज़रूरत महसूस हुई। उसने गाँधी को वहाँ से हटाकर इस अहिंसक घुसपैठ को रोकने की कोशिश की।

गाँधी को पहले और तीसरे दिन गिरफ़्तार किया गया। उनको दो बार जमानत पर छुड़ाया गया ताकि वे जुलूस का नेतृत्व कर सकते। चौथे दिन उनको फिर से गिरफ़्तार किया गया, फुर्ती से मुक़दमा चलाया गया, और

स्वयं उनके द्वारा दी गयी गवाही की मदद से उनको दोषी क़रार देकर कठोर सश्रम करावास की सज़ा सुनाते हुए कहीं दूर किसी जेल में भेज दिया गया।

जैसा कि गाँधी ने अनुरोध किया था, उनकी ग़ैरमौजूदगी में हड़ताली मज़दूर टॉल्सतॉय फ़ॉर्म की ओर बढ़ते रहे। ब्रेड और शक्कर की चमत्कार प्रतीत होती आपूर्ति रोज़ाना जारी रही। स्मॅट्स को समझ में आ गया कि सामूहिक गिरफ़्तारी के सिलसिले में प्रतीक्षा की जो चाल उसने चली थी वह नाकामयाब रही थी। जुलूस को आगे बढ़ने की छूट देना नुक़सानदायक साबित हो रहा है। हड़तालियों का साहस देश के दूसरे बँधुआ मज़दूरों तक फैलता जा रहा है, जो एक के बाद एक बागानों से काम छोड़कर भागने लगे थे।

पाँचवें दिन, जुलूस में शामिल सारे-के-सारे दो हज़ार लोग गिरफ़्तार कर लिये गये। इनमें से कई लोग तब तक ११० मील चल चुके थे।[५८] पुलिस ने हड़तालियों के झुण्ड को ट्रेन में ढोकर वापस उनकी खदानों के परिसरों में पहुँचा दिया। सुरक्षाकर्मियों ने खदान मज़दूरों को उनकी खदानों के ऊपर लगी तार की जालियों में क़ैद कर दिया। उनको काम शुरू करने के आदेश दिये गये। खदान मज़दूरों ने इन्कार कर दिया, और उन पर कोड़े बरसाये गये। वे कोड़ों की मार सहने की क़ीमत पर भी काम करने से इनकार करते रहे।

खदान मज़दूरों के इस प्रतिरोध ने हज़ारों दूसरे हिन्दुस्तानी मज़दूरों को हड़ताल पर जाने को प्रेरित किया। पुलिस ने हिन्दुस्तानियों को बलात् काम पर वापस जाने के लिए बेतहाशा कोशिशें कीं—उनको घोड़ों पर बिठाया, कई लोगों को गोलियों से भून दिया, और बहुतों को पीट-पीटकर घायल कर दिया। जैसे-जैसे इस व्यापक होते सत्याग्रह-संघर्ष की ख़बरें दुनिया भर में फैलती गयीं, वैसे-वैसे आन्दोलन के पीछे अन्तरराष्ट्रीय समर्थन जुटता गया।

दिसम्बर में सरकार ने गाँधी को बिना शर्त रिहा कर दिया और ''दक्षिण अफ्रीका के हिन्दुस्तानियों की फ़रियादों की जाँच के लिए''[५९] एक आयोग बिठाने की मंजूरी दे दी। गाँधी ने इस आयोग की हिन्दुस्तान-विरोधी बनावट पर सवाल उठाया, जिसके बारे में उनको लग रहा था कि वह जनमत को

धोखा देने के लिए गठित किया जा रहा था। उन्होंने उसके साथ सहयोग करने से इनकार कर दिया। इसकी बजाय, १ जनवरी, १९१४ को उन्होंने घोषणा की कि वे और अन्य हिन्दुस्तानी गिरफ़्तारी देने के लिए डर्बन से एक नया जुलूस शुरू करने जा रहे हैं। हिन्दुस्तानी समुदाय एक अत्यन्त शक्तिशाली सविनय प्रतिरोध में नये सिरे से प्राण फूँक रहा था।

तभी, जिस वक़्त दक्षिण अफ्रीका की सरकार रेल कर्मचारियों की राष्ट्रव्यापी हड़ताल से पंगु हो चुकी थी, गाँधी ने अहिंसा के अपने तर्क का अनुसरण करते हुए एक विपरीत रास्ता पकड़ लिया। उन्होंने कहा, "सत्याग्रही अपने प्रतिद्वन्द्वी की आकस्मिक मुश्किलों का फ़ायदा नहीं उठायेंगे।"[६०] उन्होंने जुलूस की योजना रद्द कर दी। जैसी कि उनके जीवनीकार जैफ़री ऐश ने टिप्पणी की थी,

> इसका ज़बरदस्त नैतिक प्रभाव पड़ा। इंग्लैण्ड, हिन्दुस्तान, और दक्षिण अफ्रीका तक से बधाई सन्देशों की भरमार होने लगी।[६१]

जनरल स्मॅट्स के एक सचिव ने गाँधी के समक्ष उस नैतिक दुविधा का वर्णन किया जो हिन्दुस्तान की अहिंसा ने पैदा कर दी थी :

> मैं आपके आदमियों को पसन्द नहीं करता, और उनकी मदद करने की ज़रा भी परवाह नहीं करता। लेकिन मैं क्या करूँ? आपने ज़रूरत के समय में हमारी मदद की है। हम आप पर हाथ कैसे डाल सकते हैं? हम अक्सर चाहते रहे थे कि आप अँग्रेज़ हड़तालियों की तरह हिंसा का सहारा लेते, और हम तुरन्त समझ जाते कि आपसे कैसे निपटा जाये। लेकिन आप तो दुश्मन को भी नुक़सान नहीं पहुँचाते। आप अकेले स्वयं को दुख देते हुए और सौजन्य तथा मर्यादित आचरण की स्वयं के द्वारा आरोपित सीमाओं का कभी भी उल्लंघन न करते हुए अपनी विजय चाहते रहे हैं। और यही चीज़ हमें निरा असहाय बनाकर छोड़ देती है।[६२]

स्मॅट्स भी इसी निष्कर्ष पर पहुँचा था। अब उसमें गाँधी से लड़ने की इच्छा नहीं रह गयी थी। उसने १९१४ के बसन्त में हिन्दुस्तानियों के साथ वार्ता कर एक समझौता किया था। सरकार ने तीन पाउण्ड का कर रद्द कर दिया था, हिन्दुस्तानी पत्नियों के अधिकारों को मान्यता दे दी थी, और ट्रांसवाल एशियाटिक रजिस्ट्रेशन ऐक्ट के उन बाक़ी प्रावधानों को भी निरस्त कर दिया था जिनका विरोध आन्दोलन में किया गया था। नौ

वर्ष लम्बे सत्याग्रह संघर्ष के दौरान छह हज़ार से ज़्यादा दक्षिण अफ़्रीकी हिन्दुस्तानी जेल जा चुके थे।[६३]

स्मॅट्स के साथ हुए गाँधी के समझौते को एक बार फिर हिन्दुस्तानी समुदाय के कुछ हिस्सों द्वारा नकार दिया गया था। इनमें वे मुसलमान भी शामिल थे जो महसूस करते थे कि उनके "बहुविवाह अधिकार के साथ समझौता किया गया है,"[६४] क्योंकि विधेयक में एक समय में सिर्फ़ एक ही वैध पत्नी रखने का प्रावधान था। गाँधी के सहकर्मियों ने मार्च १९१४ में जोहान्सबर्ग में होने जा रही मुसलमानों की सभा में शामिल होने के ख़तरों के बारे में गाँधी को चेतावनी दी थी। गाँधी उस सभा में जाने का आग्रह कर रहे थे।

उस विस्फोटक सभा में जब गाँधी ने श्रोताओं को समझौते के बारे में स्पष्ट किया, तो उनको कठोर चुनौतियों का सामना करना पड़ा। इसके बाद आरोप लगाये गये। भीड़ का एक हिस्सा उन पर हमला करने को तैयार लग रहा था। तभी, जैसा कि उनके जीवनीकार नारायण देसाई ने बयान किया है, "अचानक एक लम्बा, हट्टा-कट्टा और क्रोधित पठान नंगी कटार भाँजता हुआ आगे बढ़ा।"[६५] ये वही मीर आलम था जिसने १९०८ में गाँधी को पीट-पीटकर बेहोश कर दिया था, और लगभग मार ही दिया था।

इस बार मीर आलम गाँधी से हटकर श्रोताओं की ओर मुड़ा। उसने कहा, "सावधान, इस सभा में कुछ उपद्रवी तत्त्व हैं जो गाँधी भाई पर हमला करने को तैयार हैं। अगर किसी ने उनको नुक़सान पहुँचाया, तो वह मेरी इस कटार का शिकार होगा।"

गाँधी उस आदमी को देखकर मुस्कुराये जिसको वे हमेशा-से अपना दोस्त मानते आये थे। उन्होंने कहा, "मीर आलम! आप इतने नाराज़ क्यों हैं? मेरे पास आइये। हम सब भाई-भाई हैं। मुझ पर कोई हमला करने वाला नहीं है।"

मीर आलम बेहतर समझते थे। वे चिल्लाये, "आप एक फ़कीर हैं! आप कुछ नहीं जानते, लेकिन मैं सब कुछ जानता हूँ। जो भी आदमी आपको नुक़सान पहुँचाने आगे बढ़ेगा, उसका उसी वक़्त कामतमाम हो जायेगा!"[६६]

भीड़ ख़ामोश थी। गाँधी सभा समाप्त होने तक रुके रहे। मीर आलम गाँधी और उनके सहकर्मियों को उनके घर तक सुरक्षित छोड़ने गये।

जिस व्यक्ति ने १९०८ में स्मॅट्स के साथ गाँधी द्वारा समझौता किये जाने की वजह से उनकी हत्या करनी चाही थी, वही उन लोगों से गाँधी की रक्षा कर रहा था जो अब १९१४ में वैसी ही शिकायतों की वजह से गाँधी के लिए ख़तरा पैदा कर रहे थे।

उस गर्मी में गाँधी दक्षिण अफ्रीका छोड़कर इंग्लैण्ड और हिन्दुस्तान चले गये और फिर कभी नहीं लौटे।

हिन्दुस्तानियों के प्रतिरोध आन्दोलन को कुचलने दक्षिण अफ्रीकी सरकार के उपक्रमों के दौरान जनरल स्मॅट्स का सम्बन्ध गाँधी के जीवन को जोख़िम में डालने वाले हमले से कभी नहीं रहा था, जैसा कि हैरी एस्कॉम्बे का रहा था। लेकिन वे पुलिस बल स्मॅट्स के ही नियन्त्रण में थे जिनने प्रतिरोध बरतने वाले हिन्दुस्तानियों पर गोलियाँ चलायी थीं और उनकी हत्यायें की थीं। उसने बार-बार गाँधी और उनके उन हज़ारों साथियों को जेल में ठूँसा था, जिनमें से कुछ जेल की कठोर परिस्थितियों की वजह से वहीं मर गये थे। इस दक्षिण अफ्रीकी नेता ने अपने वचनों से गाँधी और सत्याग्रह आन्दोलन के साथ बार-बार छल भी किया था। उसने अपने लगभग सभी राजनैतिक हथियारों का इस्तेमाल किया था। स्मॅट्स को अहसास हो गया था कि गाँधी की लड़ाकू अहिंसा उन चुनौतियों के सन्दर्भ में बहुत प्रभावशाली थी जो चुनौतियाँ उस अहिंसा ने देश के सामने पेश कर दी थीं।

स्मॅट्स का सोचना सही था। जैसा कि बीसवीं सदी के अन्त में नेल्सन मण्डेला ने कहा था, सदी की शुरुआत में गाँधी के सत्याग्रह ने दक्षिण अफ्रीका की सरकार के सामने जो चुनौती पेश की थी उसने रंगभेद-विरोधी आन्दोलन की बुनियाद रखी थी। मण्डेला ने कहा था,

> द अफ्रीकी पीपॅल्स ऑर्गनाइजेशन (एपीओ) की स्थापना १९०२ में हुई थी, एएनसी की स्थापना १९१२ में हुई थी। इस तरह दोनों गाँधी के उस

लड़ाकू सत्याग्रह के साक्षी थे और उससे अत्यन्त प्रभावित थे, जिसकी शुरुआत १९०७ में हुई थी और जो विशाल जुलूस के साथ १९१३ में अपने चरम पर पहुँचा था।[६७]

गाँधी-स्मॅट्स संघर्ष ने गाँधी के अहिंसा के सविनय बने रहने तथा उनके उस धूर्त और राजनैतिक तौर पर चालाक प्रतिद्वन्द्वी के प्रति स्नेहपूर्ण बने रहने के संकल्प की परीक्षा भी ली थी, जो अपने तईं प्रतिपक्ष से येन-केन-प्रकारेण छुटकारा पा लेता था। गाँधी ने स्वीकार किया था कि "जब मैं उनके साथ पत्राचार कर रहा था और उनके ख़िलाफ़ लेख लिख रहा था, तो मुझे याद है कि मैं जनरल स्मॅट्स को एक हृदयहीन व्यक्ति की तरह देखता था।" तब भी गाँधी ने तीक्ष्ण आलोचनात्मक परिप्रेक्ष्य तजे बिना अपने प्रतिद्वन्द्वी में और अधिक गहरे उतरकर शिष्टता की तलाश की :

> अपनी बाद की बातचीत में मैंने अक्सर महसूस किया था कि जनरल स्मॅट्स के चालाक होने की दक्षिण अफ्रीका में व्याप्त आम धारणा ने उनके साथ समुचित न्याय नहीं किया था। हालाँकि दो बातों के बारे में मैं एकदम निश्चित हूँ। पहली, राजनीति के उनके कुछ उसूल थे, जो कि एकदम अनैतिक नहीं हैं। दूसरी, उनकी राजनीति में चालाकी के लिए और ज़रूरत पड़ने पर सत्य को विकृत करने के लिए गुंजाइश थी।[६८]

वहीं जब गाँधी ने १९१४ में सत्य के साथ अपने प्रयोगों को दक्षिण अफ्रीका से हिन्दुस्तान में स्थानान्तरित किया, तो स्मॅट्स इस बात से नाख़ुश नहीं था। स्मॅट्स ने राहत की साँस लेते हुए कहा था :

> सन्त हमारे तटों को छोड़कर चला गया है, और मैं सच्चे मन से उम्मीद करता हूँ कि हमेशा के लिए चला गया है।[६९]

जब स्मॅट्स ने अन्ततः सत्याग्रह मुहिम की जीत को स्वीकार कर लिया, तो दक्षिण अफ्रीका से अपनी विदायी के अवसर पर गाँधी ने अपने इस धूर्त प्रतिपक्षी को विदायी के उपहारस्वरूप वे सैंडिलें प्रदान कीं जो उसके लिए उन्होंने जेल में तैयार की थीं। स्मॅट्स अपने इस बन्दी के उपहार से बहुत द्रवित हुआ। उसने उन सैंडिलों को वर्षों पूरी हिफ़ाज़त के साथ इस्तेमाल किया।

गाँधी के सत्तरवें जन्मदिन पर प्रकाशित शुभकामना-सन्देश में स्मॅट्स ने कहा था,

> मैं इन सैंडिलों को तभी से जब मैंने इनको गाँधी से प्राप्त किया था, कई गर्मियों में पहनता रहा हूँ, बावजूद इसके कि मैं महसूस करता हूँ कि मैं उन जैसे महापुरुष के सामने कुछ भी नहीं हूँ![७०]

जब गाँधी १९४० के दशक में हिन्दुस्तान को आज़ादी की दिशा में ले जा रहे थे, तब स्मॅट्स दक्षिण अफ्रीका के प्रधानमन्त्री बन चुके थे। तब स्मॅट्स ने ब्रिटेन के प्रधानमन्त्री विन्स्टॅन चर्चिल, जो गाँधी के प्रमुख विरोधी बन चुके थे और उनको बार-बार जेल भेज रहे थे, को चेतावनी देने की कोशिश की थी कि उनको शायद अन्दाज़ा नहीं है कि वे किस तरह की शक्ति का सामना कर रहे हैं। स्मॅट्स समझते थे। जब स्मॅट्स १९४२ में चर्चिल के साथ काहिरा में थे, तब उन्होंने चर्चिल से कहा था कि

> गाँधी, एक सन्त हैं। आप और मैं सांसारिक लोग हैं। गाँधी के प्रयोजनों में धार्मिकता रही है। वह आपके प्रयोजनों में कभी नहीं रही। इसी जगह पर आप नाकामयाब रहे हैं।[७१]

लेकिन चर्चिल को यह बात समझ में नहीं आयी। या वे समझना नहीं चाहते थे। जब स्मॅट्स ने यह संकेत किया कि गाँधी एक उच्चतर शक्ति का उपयोग कर रहे हैं, तो चर्चिल ने इसका मज़ाक़ बनाने की कोशिश की। स्मॅट्स चेहरे पर अत्यन्त गम्भीर भाव लिये चर्चिल को देखते रह गये।[७२]

स्मॅट्स ने चर्चिल के सामने गाँधी की जो तस्वीर खींची थी वह थी तो सटीक लेकिन अधूरी थी। जैसा कि स्मॅट्स ने कहा था, गाँधी के सत्याग्रह की खोज में एक धार्मिक आकर्षण निहित था। लेकिन यह एक ऐसा आकर्षण नहीं था जो विन्स्टॅन चर्चिल निर्धन हुए बिना उत्पन्न कर पाते। इसके लिए चर्चिल को पहले, गाँधी की तरह, वैसा निर्धन जीवन अपनाने को मजबूर होना पड़ता जैसा उनके मुल्क के निर्धनतम नागरिक जी रहे थे। ईश्वर तक पहुँचने वाला गाँधी का मार्ग दुख झेलते लोगों के बीच से होकर गुज़रता था। उन्होंने स्वयं को इन लोगों के रोज़मर्रा जीवन

की छोटी-से-छोटी चीज़ों में पूरी तरह तल्लीन कर लिया था। वहीं उन्होंने, चिन्तन और प्रार्थना के माध्यम से, दमन को स्वतन्त्रता में बदल देने वाली अहिंसा की युक्तियों की खोज की थी।

सत्य के साथ प्रयोग करते हुए गाँधी उससे कहीं गहन और व्यापक शक्ति विकसित कर रहे थे जितने की समझ राजनेताओं को थी। सत्याग्रह का स्रोत अन्ततः निर्धनतम लोगों की, दक्षिण अफ़्रीका के सर्वाधिक ग़ुलाम हिन्दुस्तानियों की, और उन बँधुआ मज़दूरों की जाग्रत होती शक्ति में था, जिनके साथ गाँधी ने तीन पाउण्ड कर के विरोध के सिलसिले में रिश्ता बनाया था। हिन्दुस्तान वापसी पर गाँधी के प्रयोग करोड़ों निर्धन लोगों की उसी तरह की सोयी हुई शक्ति को जगाने वाले थे। निर्बलों का यह बल गाँधी को, जिनके मन में सत्ता की कोई महत्त्वाकांक्षा नहीं थी, उन लोगों के समक्ष एक उत्तरोत्तर ख़तरे के रूप में पेश करने वाला था, जो सत्ता की महत्त्वाकांक्षा रखते थे। सत्याग्रह की यह मूलगामी राजनीति वर्चस्व की स्थापित राजनीति को निस्तेज करने जा रही थी।

लेकिन अँग्रेज़ी साम्राज्य अपने पतन के क्षणों में भी ज़िन्दादिल था। इसके नेता स्वतन्त्र चुनावों और प्रतिनिधित्व में मुसलमानों को हिन्दुओं से अलगाते हुए फूट डालो और राज करो की नीति के तहत हिन्दुस्तान पर हुकूमत करते थे, जबकि गाँधी निरन्तर हिन्दू-मुसलमान एकता के लिए काम करते थे, जैसा कि उन्होंने दक्षिण अफ़्रीका में किया था। फूट डालो और राज करो की यह साम्राज्यवादी नीति अन्ततः हिन्दुस्तान में और उभरते हुए पाकिस्तान में हिन्दू और मुसलमान, दोनों राजनेताओं द्वारा अपनायी जाने वाली थी। हिन्दुस्तान और दक्षिण अफ़्रीका, दोनों ही जगहों पर इस विभाजनकारी साम्राज्यवादी ज्वार की विपरीत दिशा में तैरने की गाँधी की एकमात्र शक्ति थी सत्याग्रह—संगठनकारी सत्य की वह अहिंसक शक्ति जिसको स्वयं गाँधी और दूसरे लोगों ने, इसके लिए चुकायी जा रही क़ीमत की परवाह किये बिना, अपने जीवन में उतार लिया था।

सत्याग्रह सत्य का वह क्रान्तिकारी बल था जिसकी खोज गाँधी ने स्वयं अपने जीवन से और अपने समाज के जीवन से की थी। अगर वे और ये सारे लोग, जिनमें हिन्दू और मुसलमान समान रूप से शामिल थे,

एकजुट होने को तैयार थे, तो बन्दूक़ की गोलियाँ, बम और कारागार उनके सामने असमर्थ थे। जनरल स्मॅट्स ने दक्षिण अफ्रीका में सत्य के इस बल को इतने पर्याप्त रूप से समझ लिया था कि वे चर्चिल की सम्भावित हताशा का आसानी से अनुमान कर सकते थे। चर्चिल अँग्रेज़ी साम्राज्य की महाशक्ति का प्रयोग कर सकते थे, लेकिन गाँधी उससे भी ज़्यादा शक्तिशाली बल का प्रयोग कर सकते थे। चर्चिल उस निर्भीक बल को प्रतिरोध देने की कोशिश कर रहे थे जिसकी दुनिया को बदल डालने की सामर्थ्य, गाँधी की समझ के मुताबिक़, ईश्वर से तनिक भी कम नहीं थी। गाँधी ने इस शक्ति के लिए अपना जीवन पूरी तरह अर्पित करने का निश्चय कर रखा था।

पीछे मुड़कर देखने पर हम समझ सकते हैं कि दक्षिण अफ्रीका में सत्य के साथ अपने प्रयोग करते हुए गाँधी किस चीज़ की तैयारी कर रहे थे। सत्याग्रह की उनकी खोज में हिन्दुस्तान की स्वाधीनता और स्वयं उनके वध, दोनों के बीज निहित थे।

टिप्पणियाँ :

१. Mohandas Gandhi : Essential Writings (मेरीनॉल, न्यूयॉर्क : ऑर्बिस बुक्स, २००२), में जॉन डियर द्वारा उद्धृत, पृ. १४३.

२. पिछले भूमिकापरक पैराग्राफ़ के मेरे मूल प्रारूप की विचारपूर्ण समीक्षा के लिए मैं गाँधीवादी अध्येता माइकेल सोनलेइटनर का आभारी हूँ। उनकी अन्तर्दृष्टियों की रोशनी में मैंने इसका और दूसरे अध्याय में आये एक पैराग्राफ़ का पुनर्लेखन किया है।

३. थॉमस मर्टन द्वारा सम्पादित Gandhi on Non-Violence : Selected Texts from Mohandas K. Gandhi's Non-Violence in Peace and War (न्यूयॉर्क : न्यू डायरेक्शन्स, १९६५) पृ. ६८.

४. एम. के. गाँधी, An Autobiography or the Story of My Experiments with Truth, Book One (अहमदाबाद : नवजीवन प्रेस, १९२७), पृ. १६६.

५. मॉरीन स्वान, Gandhi : The South African Experience (जोहान्सबर्ग : रवन प्रेस, १९८५), पृ. ६०.

६. प्यारेलाल, Mahatma Gandhi : II, The Discovery of Satyagrah – On the Threshold (बम्बई : सेवक प्रकाशन, १९८०), पृ. ७४.

७. वही।

८. वही, पृ. ४६.

९. Autobiography, पृ. २८२-८३.

१०. प्यारेलाल, Mahatma Gandhi : II, The Discovery of Satyagrah, पृ. ४८-५३.

११. Autobiography, पृ. २८४.

१२. एम. के. गाँधी, Satyagrah in South Africa (अहमदाबाद : नवजीवन, १९२८), पृ. ५३-५४.

१३. वही, पृ. ५४.

१४. लुई फ़िशर, The Life of Mahatma Gandhi (न्यूयॉर्क : कोलियर बुक्स, १९५०), पृ. ६०; प्यारेलाल, Mahatma Gandhi : II, The Discovery of Satyagrah, पृ. ५६-५७.

१५. नारायण देसाई, My Life is My Message : I, Sadhana (१८६९-१९१५) (नयी दिल्ली : ओरिएण्ट ब्लैकस्वान, २००९), पृ. १७२.

१६. वही, पृ०. २०१.

१७. एम. के. गाँधी, Satyagrah in South Africa, पृ. ५८-५९.

१८. Autobiography, पृ. २८९.

१९. गाँधी, Satyagrah in South Africa, पृ. ५७.

२०. प्यारेलाल, Mahatma Gandhi : II, The Discovery of Satyagrah, पृ. २८२-८३.

२१. वही, पृ. २८४.

२२. गाँधी, Satyagrah in South Africa, पृ. ९६.

२३. वही, पृ. ९७-१००.

२४. वही, पृ. १०२. सत्याग्रह को निष्क्रिय प्रतिरोध से अलगाने के मामले में गाँधी सावधान थे। ऐसा पहली बार उन्होंने तब किया था जब एक यूरोपीय दोस्त ने एक व्याख्यान के लिए उनका कुछ इस तरह परिचय दिया था जिससे वे चौंक उठे थे। उस आदमी ने कहा था कि चूँकि ट्रांसवाल के हिन्दुस्तानी मतदान नहीं कर सकते थे, उनकी संख्या बहुत कम थी, और उनके पास

कोई हथियार नहीं थे, ''इसलिए उन्होंने उस निष्क्रिय प्रतिरोध को अपनाया जो कमज़ोर का हथियार होता है।''

Satyagrah in Africa के "Satyagrah v. Passive Resistance" अध्याय में गाँधी ने इस विचार का विरोध किया था कि सत्याग्रह कमज़ोर का हथियार है : ''हालाँकि हिन्दुस्तानियों को मताधिकार प्राप्त नहीं था और वे (संख्या के लिहाज़ से) कमज़ोर थे, लेकिन इन बातों का कोई ताल्लुक सत्याग्रह की बनावट से नहीं था...। मैं कहना यह चाहता हूँ कि मैं यह बात निश्चय ही दावे के साथ कह सकता हूँ कि हिन्दुस्तानी आन्दोलन की योजना बनाते समय सशस्त्र प्रतिरोध की सम्भावना या उसके किसी और रूप में अपनाने पर ज़रा भी विचार नहीं किया गया था। सत्याग्रह विशुद्ध और सीधा-सीधा आत्मिक बल है।''

गाँधी का विचार था कि सांकेतिक शक्ति की वजह से हिन्दुस्तानियों के लिए अपने आन्दोलन को सही ढंग से पहचानना विशेष रूप से महत्त्व रखता था : ''अगर हम स्वयं यह विश्वास करना जारी रखते हैं और दूसरों को भी ऐसा ही विश्वास करने देते हैं कि हम कमज़ोर और असहाय हैं और इसलिए निष्क्रिय प्रतिरोध कर रहे हैं, तो हमारा प्रतिरोध हमें कभी मज़बूत नहीं बनने देगा, और हम निष्क्रिय प्रतिरोध को जल्दी-से-जल्दी कमज़ोर के हथियार के रूप में तज देंगे। दूसरी तरफ़, अगर हम सत्याग्रही हैं और स्वयं को मज़बूत मानकर सत्याग्रह करते हैं, तो इससे स्पष्ट तौर पर दो नतीजे सामने आते हैं। सामर्थ्य के विचार को प्रोत्साहित करते हुए हम हर दिन उत्तरोत्तर मज़बूत होते जाते हैं...। इसके अलावा, जहाँ निष्क्रिय प्रतिरोध में प्रेम के लिए कोई गुंजाइश नहीं होती, वहीं दूसरी ओर सत्याग्रह में नफ़रत के लिए न सिर्फ़ कोई जगह नहीं है बल्कि वह इसके नियामक सिद्धान्त का स्पष्ट उल्लंघन है। जहाँ निष्क्रिय प्रतिरोध में उपयुक्त अवसरों पर हथियारों के इस्तेमाल की कोई गुंजाइश नहीं होती, वहीं सत्याग्रह में अत्यन्त अनुकूल परिस्थितियों तक में भौतिक बल-प्रयोग वर्जित है...। निष्क्रिय प्रतिरोध में अन्य पक्ष को सताने का विचार हमेशा मौजूद होता है... जबकि सत्याग्रह में प्रतिद्वन्द्वी को क्षति पहुँचाने का विचार दूर-दूर तक कहीं नहीं होता। सत्याग्रह में स्वयं दुख झेलकर शत्रु पर विजय प्राप्त करने की मान्यता निहित है।'' गाँधी, Satyagrah in South Africa, पृ. १०३-६.

२५. राजमोहन गाँधी, Gandhi : The Man, His People, and the Empire (बर्कले : यूनिवर्सिटी ऑफ़ कैलीफ़ोर्निया प्रेस, २००८), पृ. ११९-२१.

२६. गाँधी, Satyagrah in South Africa, पृ. १४४.

२७. वही, पृ. १४६.

२८. वही, पृ. १४७.

२९. वही, पृ. १४८

३०. गाँधी, Satyagrah in South Africa, पृ. १४८.

३१. वही, पृ. १४९. आर. गाँधी, Gandhi : The Man, His People, and the Empire, पृ. १२३.

३२. गाँधी, Satyagrah in South Africa, पृ. १५०.

३३. वही।

३४. वही, पृष्ठ १५४.

३५. The Collected Works of Mahatma Gandhi (नयी दिल्ली : पब्लिकेशन डिवीज़न, गवर्नमेण्ट ऑफ़ इण्डिया, १९९९), ९८ खण्ड। खण्ड ८, पृ. १५४. Indian Opinion, २२ फ़रवरी, १९०८.

३६. थम्बी नायडू के पोते प्रेमा नायडू के साथ जोसेफ़ लेलीवेल्ड का साक्षात्कार, जोहान्सबर्ग, नवम्बर २००७; जोसेफ़ लेलीवेल्ड, Great Soul : Mahatma Gandhi and His Struggle with India (न्यूयॉर्क : अल्फ्रेड ए. नॉफ़, २०११), पृ. ८५.

३७. Autobiography, पृ. २८, ४५-४६.

३८. एम. के. गाँधी, रामनाम (अहमदाबाद : नवजीवन, १९४९), पृ. १४-१५.

३९. प्यारेलाल, Mahatma Gandhi : The last Phase II, (अहमदाबाद : नवजीवन, १९५६), पृ. ७७३.

४०. गाँधी, Satyagrah in South Africa, पृ. १५४. यद्यपि गाँधी ने मीर आलम और पठान के उन साथियों पर मुक़दमा चलाये जाने का विरोध किया था, जिनने उन पर हमला किया था, लेकिन उन्होंने सत्याग्रह आन्दोलन के दो अन्य नेताओं पर किये हमले के पीछे सक्रिय एक आदमी के कृत्य पर निजी तौर पर भिन्न ढंग से प्रतिक्रिया की थी। गाँधी इस बात के प्रति चौकन्ने हो गये थे कि किस तरह उनके विचार से पठान समुदाय को परदे के पीछे से एक व्यक्ति द्वारा एक के बाद एक हमले करने के लिए परिचालित किया जा रहा था। इस पर उन्होंने गई १९०८ में स्मट्स को ख़त लिखकर जिस तरह सरकार की मदद की गुहार की थी वह मुक़दमे के ख़िलाफ़ अपनाये गये उनके सार्वजनिक रवैये के विरोध में जाती प्रतीत होती थी : ''निकट भविष्य में और बहुत-से लोगों पर हमले किये जा सकते हैं...। पठान समुदाय का सबसे ज़्यादा हिंसक सदस्य, जो दृश्य के पीछे बना रहा है लेकिन जिसकी इन हमलों को जारी रखने में सक्रिय भूमिका रही है, उसको क्षति पहुँचाने

की प्रेरणा देने के आरोप में आज गिरफ़्तार कर लिया गया है। अगर यह किसी भी तरह से मुमकिन हो, तो मैं निश्चित तौर पर ऐसा सोचता हूँ कि इस आदमी को निर्वासित कर दिया जाना चाहिये। मेरी राय में वह कमोबेश एक ख़ब्ती इनसान है और बहुत-से असन्तुष्ट हिन्दुस्तानी महज़ उसका चक्कर लगाते रहते हैं...जिस कट्टर आदमी का ज़िक्र मैंने किया है, उसको अगर आप निर्वासित करके या इमिग्राण्ट्स रिस्ट्रिक्शन ऐक्ट के तहत एक प्रतिबन्धित प्रवासी के रूप में बरतते हुए उससे निपटते हैं, तो...आप सदाचारी हिन्दुस्तानियों की मानसिक शान्ति में योगदान करेंगे। मुझे यक़ीन है कि उसके पास कोई दस्तावेज़ नहीं हैं।'' २१ मई, १९०८ को स्मट्स के नाम लिखा गया गाँधी का ख़त। Gandhi : South African Experience, में पृ. १६३ पर मॉरीन स्वान द्वारा उद्धृत। इस आदमी के बारे में स्मट्स को की गयी गाँधी की उपर्युक्त रिपोर्ट का वांछित असर नहीं हुआ था। सरकार ने उसको निर्वासित तो नहीं किया, लेकिन दो 'रिंग-लीडर्स' को गिरफ़्तार ज़रूर कर लिया। वही, पृ. १८६.

मीर आलम के मामले में मुक़दमे को लेकर गाँधी की नामंज़ूरी का मतलब यह नहीं था कि वे ऐसा सोचते थे कि अहिंसा और क्षमादान इस बात की माँग करते हैं कि किसी हिंसक व्यक्ति को कभी भी क़ानून के हवाले नहीं किया जाना चाहिये। क्षमादान की नैतिकी को अंगीकार करते हुए भी गाँधी इस बात को स्वीकार करते थे कि अगर सरकार किसी हिंसक अपराध के दोषी व्यक्ति को गिरफ़्तार कर जेल भेजती है, तो सार्वजनिक हित की दृष्टि से इस कार्रवाई को उचित ठहराया जा सकता है। जेल में किसी व्यक्ति को उसके पुनर्वास के ईमानदार प्रयत्नों के साथ क़ैद किये जाने को, मसलन, किसी बच्चे को अनुशासित करने के वयस्क उद्यम की तरह देखा जा सकता है। लेकिन गाँधी संयुक्त राज्य अमेरिका के प्रिज़न इण्डस्ट्रियल सिस्टम को देखकर दहशत में आ जाते, जिसकी जेलों में तीस लाख से ज़्यादा लोग क़ैद होते हैं और जो राजकीय स्तर पर मौत की सज़ायें देता है। फाँसी की सज़ा के बारे में गाँधी के अन्तर्निहित रुख़ का सवाल उठाने के लिए मैं अपने दोस्त बर्ट सेक्स का आभारी हूँ।

४१. आर. गाँधी, Gandhi : The Man, His People, and the Empire, पृ. १२४.

४२. गाँधी, Satyagrah in South Africa, पृ. १७४-७५.

४३. रॉबर्ट पेयन, The Life and Death of Mahatma Gandhi (न्यूयॉर्क : ई.पी. डटन, १९६९), पृ. १९०.

४४. वही, पृ. १८९. आर. गाँधी, Gandhi : The Man, His People, and the Empire, पृ. १२६.

४५. आर. गाँधी, Gandhi : The Man, His People, and the Empire, पृ. १२६.

४६. मिली ग्राहम पोलाक, Mr. Gandhi : The Man (लन्दन : जॉर्ज एलें और अनविन, १९३१), पृ. १०२-३.

४७. आर. गाँधी, Gandhi : The Man, His People, and the Empire, पृ. १२९.

४८. स्वान, Gandhi : The south African Experience, पृ. २३६.

४९. वही।

५०. आर. गाँधी, Gandhi : The Man, His People, and the Empire, पृ. १६२.

५१. देसाई, My Life is My Message : I, पृ. ३१३.

५२. वही, पृ. ३१४.

५३. स्वान, Gandhi : The south African Experience, पृ. २४७.

५४. वही, पृ. २४९.

५५. वही, पृ. २५०.

५६. वही।

५७. गाँधी, Satyagrah in South Africa, पृ. २७३.

५८. आर. गाँधी, Gandhi : The Man, His People, and the Empire, पृ. १६७.

५९. फ़िशर, The Life of Mahatma Gandhi, पृ. १२१.

६०. जेफ्री आश, Gandhi (न्यूयॉर्क : स्कारबरो बुक्स, १९८०), पृ. १२४.

६१. वही।

६२. गाँधी, Satyagrah in South Africa, पृ. २९५.

६३. माइकेल डब्ल्यू. सोनलेइटनर, Gandhi's Experiments with Truth : Essential Writings by and about Mahatma Gandhi, (सम्पादक : रिचर्ड एल. जॉनसन, लेनहेम, एम.डी.: रोमन एण्ड लिटिलफ़ील्ड, २००६) में "The Birth of Gandhian Satyagrah : Nonviolent Resistance and Soul Force" पृ. १७१.

६४. देसाई, My Life is My Message : I, पृ. ५७८.

६५. वही।

६६. वही।

६७. गाँधी पर अपने एक निबन्ध में नेल्सन मण्डेला ने लिखा था, ''गाँधी ने हमारी सदी के पहले और दूसरे दशकों के दौरान दक्षिण अफ्रीकी सरकार को जिस तरह धमकाया था वैसा और किसी आदमी ने नहीं किया। उन्होंने १८९४ में नाताल इण्डियन कांग्रेस की स्थापना कर, अगर दुनिया का पहला नहीं तो, इस देश का पहला उपनिवेश-विरोधी राजनैतिक संगठन खड़ा किया था। अफ्रीकन पीपल्स ऑर्गनाइज़ेशन (एपीओ) की स्थापना १९०२ में हुई और एएनसी की स्थापना १९१२ में हुई, इसलिए दोनों गाँधी के उस लड़ाकू सत्याग्रह के साक्षी और उससे अत्यन्त प्रभावित थे जिसकी शुरुआत १९०७ में हुई थी और जो १९१३ में नाताल की कोयला खदानों में बँधुआ बनाकर रखे गये ५००० कामगारों के विशाल जुलूस के साथ अपनी पराकाष्ठा पर पहुँचा था...। वह जुलूस, आज़ादी के उन जुलूसों और सामूहिक काम-छोड़ो अभियानों की शुरुआत थी जो रंगभेद के ज़माने में आज़ादी के हमारे संघर्ष की बहुत बड़ी विशेषताएँ बनीं। १९५२ के हमारे अवज्ञा अभियान ने भी उन्हीं तरीक़ों का अनुसरण किया था जो गाँधी ने निर्धारित किये थे।'' नेल्सन मण्डेला, Mahatma Gandhi : १२५ Years, सम्पादक : बी.आर. नन्दा (नयी दिल्ली : भारतीय सांस्कृतिक सम्बन्ध परिषद, १९९५), में "Gandhi the Prisioner : A Comparison," पृ. ८.

६८. गाँधी, Satyagrah in South Africa, पृ. १८१.

६९. रॉबर्ट ए. हटनबैक, Gandhi in South Africa; British imperialism and the Indian Question, १८६०-१९१४ (इथाका, न्यूयॉर्क : कार्नेल यूनिवर्सिटी प्रेस, १९७१), पृ. ३३०; डब्ल्यू. के. हेंकॉक, Smuts : The Sanguine Years, १८७०-१९१९ (कैम्ब्रिज : कैम्ब्रिज यूनिवर्सिटी प्रेस, १९६२), पृ. ३४५.

७०. जे.सी. स्मट्स, Mahatma Gandhi : Essays and Reflections on His Life and Work, सम्पादक : एस. राधाकृष्णन (बम्बई : जयको, १९५६), में "Gandhi's Political Method," पृ. २१७.

७१. चार्ल्स मैकमोरान विल्सॅन मोरान, Churchill : The Struggle for Survival; Taken from the Diaries of Lord Moran, १९४०-१९६५ (बोस्टॅन : हॅटन मिफ़्लिन, १९६६), पृ. ५७.

७२. वही।

गाँधी और उनके हत्यारे

गाँधी अपने हत्यारों को जानते थे।

बताया जाता है कि उनकी मुलाक़ात उस आदमी से पहले भी हो चुकी थी जिसने उन पर गोली चलाकर उनकी हत्या की थी। कहा जाता है कि भविष्य में उन पर गोली दागने वाले इस आदमी को गाँधी ने अपने साथ एक सप्ताह बिताने के लिए आमन्त्रित किया था—जब यह आदमी उनकी हत्या करने की नाकामयाब कोशिश में गिरफ़्तार कर लिया गया था।

गाँधी उस हिन्दू राष्ट्रवादी विचारधारा से भलीभाँति परिचित थे जिसके षडयन्त्रकारी पूरे जी-जान से उनकी हत्या करने की योजना रच रहे थे। उनका गिरोह उस उभरते हुए आन्दोलन का कट्टरपन्थी सत्त्व था जो हिन्दुस्तान को तब तोड़ने वाला था और आज भी उस पर वर्चस्व क़ायम करने का ख़तरा बना हुआ है।

गाँधी उनकी हत्या के पीछे सक्रिय उस आध्यात्मिक नेता से विशेष रूप से परिचित थे, जो क्रान्तिकारी हिंसा का एक प्रतिभाशाली हिन्दुस्तानी विचारक था, जिससे वे दशकों पहले इंग्लैण्ड में मिल चुके थे। हिंसा और अहिंसा के, आतंकवाद और सत्याग्रह के, हत्या और शहादत के इन दोनों लोगों के विकसित होते सपने हिन्दुस्तान और दुनिया के भविष्य के लिए तब एक-दूसरे से होड़ कर रहे थे—और आज उससे कहीं ज़्यादा उतावले ढंग से होड़ कर रहे हैं।

गाँधी और उनके हत्यारों के परस्पर गुँथे हुए क़िस्से हमें वह व्याख्यात्मक ख़ुर्दबीन उपलब्ध कराते हैं जिसकी मदद से हम वास्तविकता को समझ

सकते हैं। हम एक ऐसी दुनिया में रह रहे हैं जिसमें राजनैतिक हत्या वह अकथनीय और राष्ट्रीय मान्यता-प्राप्त कला बन चुकी है, जिसका उद्देश्य अपने लोकतन्त्र पर गर्व करने वाले, हिन्दुस्तान से लेकर संयुक्त राज्य अमेरिका तक के देशों में बुनियादी परिवर्तन को कुण्ठित कर देना है।

१९०९ में, जिस दौरान गाँधी दक्षिण अफ्रीका में पहले-पहल सत्याग्रह को समझ रहे थे, उन्होंने साम्राज्यवादी सरकार के समक्ष अपने घिरे हुए समुदाय की ओर से अपना पक्ष रखने के लिए लन्दन की अपनी दो निराशाजनक यात्राओं में से दूसरी यात्रा की थी। १९०६ के उनके पिछले उपक्रम की भाँति जनमत तैयार करने का उनका १९०९ का उपक्रम भी गाँधी के लिए कमज़ोर स्थिति से सत्ता के केन्द्र को सम्बोधित करने की निस्सारता को बल प्रदान करने वाला साबित हुआ था। एक मज़बूत स्थिति में खड़े होकर बात करने के लिए गाँधी को ज़्यादा से ज़्यादा लोगों का प्रतिनिधित्व करना ज़रूरी हो गया था, उन लोगों का प्रतिनिधित्व जिनका व्यापक हिस्सा हिन्दुस्तान में रहता था, न कि दक्षिण अफ्रीका में। गाँधी हिन्दुस्तान वापस लौटने की गहरी ज़रूरत पहले से ही महसूस कर रहे थे, जहाँ स्वाधीनता आन्दोलन मज़बूत हो रहा था।

१९०९ की इस यात्रा में गाँधी यह जानकर भी चौकन्ने थे कि किस तरह हिन्दुस्तानियों की एक नयी पीढ़ी अँग्रेज़ों से मुक्ति पाने के एकमात्र तरीक़े के रूप में राजनैतिक हत्याओं और सशस्त्र संघर्ष की ओर आकृष्ट हो रही थी। दरअसल, जब वे १० जुलाई, १९०९ को लन्दन पहुँचे थे तो एक हिन्दुस्तानी राष्ट्रवादी द्वारा गर्व के साथ की गयी हत्या की सनसनीख़ेज ख़बर ने वहाँ उनका स्वागत किया था।

१ जुलाई को लन्दन को उस वक़्त गहरा आघात पहुँचा था जब एक हिन्दुस्तानी छात्र ने सेक्रेटरी ऑफ़ स्टेट फ़ॉर इण्डिया के राजनैतिक सलाहकार सर विलियम कर्ज़न विली की गोली मारकर हत्या कर दी थी। यह हत्या लन्दन के केन्द्र में स्थित इन्स्टिट्यूट ऑफ़ इम्पीरियल स्टडीज़ में नेशनल इण्डियन एसोसिएशन द्वारा आयोजित एक भव्य स्वागत समारोह के दौरान की गयी थी। हत्या करने वाला था मदनलाल धींगड़ा, जिसने

लन्दन के यूनिवर्सिटी कॉलेज से हाल ही में इंजीनियरिंग की पढ़ाई पूरी की थी। जब विली के साथ का एक पारसी डॉक्टर धींगड़ा से उलझ पड़ा, तो हत्यारे ने अपनी आख़िरी गोलियों का इस्तेमाल करते हुए डॉक्टर को भी मार डाला।

विली और धींगड़ा एक-दूसरे को जानते थे। विली मदनलाल धींगड़ा के परिवार के एक दोस्त थे। धींगड़ा के पिता, जो हिन्दुस्तान में एक जाने-माने डॉक्टर थे और ब्रिटिश सम्राट के वफ़ादार थे, ने विली से अनुरोध तक किया था कि वे मदनलाल का मार्गदर्शन कर उसे लन्दन के छात्रों की उग्रवादी कार्रवाइयों से दूर हटाने में मदद करें।[१] विली के आख़िरी क्षणों में, मुमकिन है उनको अहसास हो गया हो कि इसके लिए कितना कम अवसर बच रहा था। जब विली उस स्वागत समारोह से जाने को थे, तब मदनलाल अपने हाथ में पिस्तौल छिपाये हुए, मानो दोस्ताना अन्दाज़ में उनसे गुडनाइट कहने, उनके पास जा पहुँचा। अचानक उसने विली के चेहरे पर दो गोलियाँ दाग दीं, और जैसे ही वे फ़र्श पर गिरे, वैसे ही दो और गोलियाँ उनके शरीर में दाग दीं, और इस तरह उनको वहीं घटनास्थल पर ही ख़त्म कर दिया।[२]

धींगड़ा का ध्येय राजनैतिक था। वह हिंसक क्रान्ति और राजनैतिक हत्या में विश्वास रखने वाले छब्बीस वर्षीय हिन्दुस्तानी विचारक विनायक दामोदर सावरकर का कट्टर अनुयायी बन चुका था। सावरकर लन्दन स्थित अपने हॉस्टल इण्डिया हाउस में रह रहे उग्रवादी हिन्दुस्तानी छात्रों के एक काडर के नेता थे। उन्होंने महीनों मेहनत करके मदनलाल धींगड़ा को राजनैतिक हत्यारे के साँचे में ढाला था। सावरकर ने ही धींगड़ा को विली की हत्या करने की मुहिम सौंपी थी। ये धींगड़ा को सौंपी गयी दूसरी ज़िम्मेदारी थी। वह इसके पहले सेक्रेटरी ऑफ़ स्टेट फ़ॉर इण्डिया की हत्या की सावरकर द्वारा सौंपी गयी मुहिम में उस वक़्त नाकामयाब रहा था, जब गोली चलाने वाले और उसके निशाने के बीच का दरवाज़ा बन्द हो गया था। सावरकर इससे बौखला उठे थे। जब धींगड़ा ने विली की हत्या करने के अपने उद्यम के लिए अपने गुरु का आशीर्वाद माँगा, तो सावरकर ने उसको महज़ एक रिवॉल्वर देते हुए कहा था, "अगर तुम इस बार नाकामयाब रहे, तो मुझे अपना चेहरा कभी मत दिखाना।"[३]

जब धींगड़ा उन विली की हत्या करने में सफल रहा जिन्हें 'इण्डिया

ऑफ़िस की आँख और दिमाग़'[४] कहा जाता था, तो सावरकर ने जेल में बन्द अपने इस चेले को उसकी इस उपलब्धि के लिए बधाई दी थी। उन्होंने इस अभिशप्त हत्यारे का अपने कवच और प्रवक्ता की तरह भी इस्तेमाल किया था।

धींगड़ा को फाँसी दिये जाने के अगले दिन, १८ अगस्त को सावरकर अख़बारनवीसों से अपने दोस्ताना रिश्तों की मार्फ़त 'लन्दन डेली न्यूज़' में प्रकाशित 'धींगड़ा का बयान' का पूरा मज़मून हासिल करने में कामयाब रहे। इस बयान में धींगड़ा को यह कहते हुए उद्धृत किया गया है :

> मैं स्वीकार करता हूँ कि कुछ दिन पहले मैंने देशभक्त हिन्दुस्तानी नौजवानों को अमानवीय ढंग से दी गयी फाँसियों और उनको देशनिकाला दिये जाने के विनम्र प्रतिशोध के तौर पर अँग्रेज़ ख़ून बहाने की कोशिश की थी। इस उद्यम में मैंने अपनी अन्तरात्मा के सिवा और किसी का परामर्श नहीं लिया था; मैंने सिवा अपने कर्तव्य के और किसी के साथ मिलकर षड्यन्त्र नहीं रचा था।[५]

सावरकर द्वारा लिखे गये ये शब्द[६] जहाँ उस व्यक्ति के नाम पर हत्या की सफ़ाई पेश करते हैं। जिसने-जिसने पिस्तौल का घोड़ा खींचा था, वहीं वे इस षड्यन्त्र को रचने वाले पर, यानी स्वयं सावरकर पर परदा डाल देते हैं।[७]

मदनलाल धींगड़ा ख़ुद उस आदमी पर परदा डालने को जो उसको अँग्रेज़ों की बलि चढ़ा रहा था इस क़दर कृतसंकल्प था कि उसने सावरकर के दूसरे अनुयायियों से कहा था कि

> अगर हम जीवित बने रहते हैं और सावरकर मर जाते हैं, तो हम सब मिलकर भी एक सावरकर को तैयार नहीं कर सकते, लेकिन अगर मैं मर जाता हूँ और सावरकर जीवित बचे रहते हैं, तो वे सैकड़ों मदनलाल तैयार कर सकते हैं।[८]

विली की हत्या के नौ दिन बाद लन्दन पहुँचने पर गाँधी ने गहराती हुई चिन्ता के साथ हत्या के इस नाटक को खेले जाते देखा था, जिसकी पराकाष्ठा के तौर पर उस धींगड़ा को फाँसी दी गयी थी, जिसको अनेक हिन्दुस्तानी राष्ट्रवादी एक बहादुर नायक की मृत्यु की तरह देख रहे थे। गाँधी विली से परिचित थे। उन्होंने उनकी मौत पर शोक व्यक्त किया। वे

धींगड़ा के प्रति भी सहानुभूति महसूस कर पा रहे थे, उसको एक बहादुर नायक के रूप में देखते हुए नहीं, बल्कि विनाशकारी विचारों के वशीभूत एक इनसान की तरह देखते हुए। हमेशा की तरह गाँधी ने अपने विचारों को सार्वजनिक किया। उन्होंने कहा,

> मेरी नज़र में, मिस्टर धींगड़ा स्वयं बेकुसूर हैं। यह हत्या एक नशे की हालत में की गयी थी। आदमी को शराब या भाँग से ही नशा नहीं आता; कोई विचार भी यह काम कर सकता है। धींगड़ा के साथ यही हुआ था।[९]

गाँधी ने कहा कि मैं समझता हूँ कि जिसने धींगड़ा को हत्या के माध्यम से मुक्ति के पागलपन-भरे विचार से उकसाया था वह इस कृत्य के लिए सबसे ज़्यादा ज़िम्मेदार है :

> मुझे कहना होगा कि जो लोग ऐसा मानते हैं और ऐसा तर्क देते हैं कि इस तरह की हत्याएँ हिन्दुस्तान का भला कर सकती हैं, वे निश्चय ही अज्ञानी हैं। छल-कपट का कोई भी कृत्य कभी किसी राष्ट्र को कोई फ़ायदा नहीं पहुँचा सकता। यहाँ तक कि अगर इस क़िस्म के हत्यारे कृत्यों के नतीजे में अँग्रेज़ चले भी जाते हैं, तो उनके स्थान पर कौन हुकूमत करेगा? इसका एकमात्र जवाब है : हत्यारे...। हत्यारों की हुकूमत से हिन्दुस्तान कुछ भी हासिल नहीं कर सकता—वे हत्यारे चाहे गोरे हों या काले।[१०]

प्रभाव में आकर की गयी हत्या कहकर इस हत्या की जो आलोचना गाँधी ने की थी उससे वे निश्चय उन सावरकर के प्रिय नहीं बने रह सके होंगे, जिनके लेखन का वे उस वक़्त हवाला दे रहे थे जब उन्होंने इसी आलोचना के दौरान यह भी कहा था कि "मिस्टर धींगड़ा को, निरर्थक लेखन के उनके अपाच्य पठन ने प्रोत्साहित किया था।"[११]

सावरकर से गाँधी १९०६ में मिले थे, जब वे कुछ दिनों के लिए इण्डिया हाउस में ठहरे थे।[१२] वे सावरकर की प्रभावशाली पुस्तक 'द फ़र्स्ट इण्डियन वार ऑफ़ इण्डिपेंडेंस, १८५७' से परिचित थे, जिसमें सावरकर ने अँग्रेज़ों के ख़िलाफ़ १८५७ के विद्रोह का इस्तेमाल 'विद्रोह, रक्तपात और प्रतिशोध' के लिए 'मानव प्रकृति के रुझान'[१३] की प्रशंसा के लिए किया था—जो उस चीज़ के लिए प्रोत्साहित करने वाली थी जिसे गाँधी ने, विली की हत्या का हवाला देते हुए, महज़ एक 'हत्यारे कृत्य' के रूप में देखा था। गाँधी इण्डिया हाउस में रहने वाले नौजवानों पर सावरकर के

नियन्त्रण से भी वाकिफ़ थे। उनको विली की हत्या में लगभग निश्चित तौर पर सावरकर का हाथ होने का सन्देह था जिसका संकेत उनके द्वारा इस बात पर दिये गये बल में निहित था कि उस 'पागलपन-भरे कृत्य' की ज़िम्मेदारी गोली चलाने वाले धींगड़ा से परे कहीं थी।

गाँधी यह भी समझते थे कि अँधेरे की ओट में छिपा हुआ कोई व्यक्ति उन शब्दों के लिए भी ज़िम्मेदार था जिनका इस्तेमाल बचावकर्ता ने विली की हत्या करने के औचित्य के दावे के रूप में किया था। गाँधी ने कहा था : "मिस्टर धींगड़ा का, अपना बचाव भी रटा-रटाया लगता है। दरअसल सज़ा उसको मिलनी चाहिये जिसने उनको बरगलाया था।"[१४]

२४ अक्टूबर, १९०९ को, जब गर्मियों में हुई उस हत्या का नाटक अभी भी लोगों की स्मृति में ताज़ा था, गाँधी और सावरकर लन्दन में वक्ताओं के उस एक ही मंच पर मौजूद थे जहाँ हिन्दुस्तान के भविष्य के बारे में प्रतिस्पर्धी दृष्टिकोणों को पेश किया जा रहा था। ये दोनों वक्ता उस सशुल्क डिनर के मुख्य आकर्षण थे जो एक हिन्दुस्तानी रेस्तराँ में दशहरे के अवसर पर आयोजित था—दशहरा जो महान् हिन्दू महाकाव्य 'रामायण' की कथा के मुताबिक़ बुराई पर अच्छाई की, या रावण पर राम की जीत का जश्न मनाने के लिए आयोजित किया जाता है। इस रात्रिभोज का विचार इण्डिया हाउस में रहने वाले सावरकर के उग्रवादी छात्रों के दिमाग़ की उपज था।[१५] उन्हीं ने गाँधी को शेर की अपनी माँद में आमन्त्रित कर प्रथम वक्ता की भूमिका निभाने का आग्रह किया था, जिसके बाद सावरकर को बोलना था।

बाद में अपने एक दोस्त के सामने गाँधी ने क़बूल किया था कि वह रात्रिभोज "दरअसल उस अतिवादी समिति के द्वारा आयोजित किया गया था।" उन्होंने आगे यह भी जोड़ा था कि "मैंने इस प्रस्ताव को बिना किसी संकोच के इसलिए स्वीकार कर लिया था ताकि मैं वहाँ एकत्र लोगों के सामने सुधारों की ख़ातिर हिंसा की निरर्थकता के बारे में बोल सकता।"[१६] उन्होंने दो शर्तें भी रखी थीं : पहली यह कि "भोजन विशुद्ध शाकाहारी होना चाहिये"[१७] (जिसको गाँधी स्वयं पकाने वाले थे), और दूसरी यह कि "किसी तरह की विवादास्पद राजनीति की चर्चा न की जाये।"[१८] आयोजक राज़ी थे। इसलिए गाँधी ने डिनर से उठकर अपना भाषण देने

के कई घण्टे पहले, २४ अक्टूबर के अपराह्न में छात्रों के साथ बैठकर ख़ुशी-ख़ुशी आलू छीले थे।[१९]

गाँधी के वक्तव्य में 'रामायण' को सत्य की ख़ातिर दुख झेलने की दृष्टि से समझा गया था। उनका कहना था कि इस महाकाव्य के मुख्य चरित्र दुख के माध्यम से स्वतन्त्रता तक पहुँचने का रास्ता दिखाते हैं। वे ईश्वर के अवतार राम के वनवास की पीड़ा के बारे में, क़ैद के दौरान सीता की सहनशीलता के बारे में, और लक्ष्मण के पश्चात्तापी संयम की साधना के बारे में बोले। गाँधी का मानना था कि सत्य के लिए पीड़ा भोगने का उनका ढंग हिन्दुस्तान को मुक्ति दिलायेगा और "झूठ पर सचाई की नयी विजय का स्रोत होगा।"[२०]

गाँधी ने कहा कि "अगर हिन्दुस्तानी उस ढंग से जीवन जीना सीख लेते हैं, तो वे उसी क्षण से स्वयं को स्वतन्त्र मान सकते हैं।"[२१] गाँधी अहिंसक साधनों से स्वाधीनता को पहले ही हासिल की जा चुकी मानते थे। सत्य के लिए पीड़ा भोगने वाला कोई भी समाज अपने वर्तमान में ही स्वतन्त्र होता है। उनको औपनिवेशिक सत्ता द्वारा स्वतन्त्रता दिये जाने का इन्तज़ार नहीं करना होता। एक मुक्तिदायी, अहिंसक साधन सम्भवन की प्रक्रिया में पहले से ही एक लक्ष्य बन चुका होता है।

सावरकर ने उसी कहानी से एक भिन्न शिक्षा हासिल की थी। उन्होंने दावा किया कि "राम ने दमन और अन्याय के प्रतीक रावण का वध करने के बाद ही आदर्श राज्य (राम-राज्य) की स्थापना की थी।" रावण के वध को शाब्दिक अर्थ में लिया जाना ज़रूरी था। आप पाप करने वाले का विनाश करके ही पाप का विनाश करते हैं। सावरकर का वक्तव्य प्रतिशोध की प्रचण्ड देवी दुर्गा का गुणगान करने वाला, और पापात्मा रावण की वास्तविक हत्या करने की ज़रूरत पर बल देने वाला था।[२१]

स्पष्ट तौर पर 'विवादास्पद राजनीति की चर्चा' किये बग़ैर गाँधी और सावरकर उस मुद्दे के मर्म तक पहुँच गये थे जो उनको एक-दूसरे से अलग करता था। उस रात वे सिर्फ़ हिन्दू मिथक-विद्या के, हिंसक या अहिंसक, अर्थ पर केन्द्रित महान् बहस में ही मुब्तिला नहीं थे। उन्होंने आज़ाद हिन्दुस्तान के लक्ष्य को पाने के अपने नितान्त भिन्न साधन भी सामने रखे थे।

अगले चार दशकों तक गाँधी और सावरकर की अपनी निजी ज़िन्दगियाँ सामाजिक परिवर्तन की उनकी नितान्त विपरीत दृष्टियों को रूपायित करने वाली थीं, जहाँ ये दोनों दृष्टियाँ अन्ततः सावरकर और उनके अनुयायियों द्वारा गाँधी की हत्या में अपनी पराकाष्ठा पर पहुँचनी थीं। 'रामायण' को लेकर सावरकर की कल्पना के मुताबिक़ जो वध करने योग्य पापात्मा, यानी रावण था, वह गाँधी बन जाने वाला था। और गाँधी की मृत्यु, जैसी की उनकी कामना थी, उनके होंठों पर ईश्वर के अवतार 'राम' नाम के साथ, अपने हत्यारे को आशीर्वाद देते हुए होनी थी। 'रामायण' को लेकर गाँधी की कल्पना के मुताबिक़ रावण के साथ आख़िरी लड़ाई में राम को इस पापात्मा शत्रु पर, उसकी हत्या करके नहीं बल्कि सत्य की ख़ातिर ख़ुशी-ख़ुशी अपना जीवन न्यौछावर कर विजय हासिल करनी थी।

१३ नवम्बर, १९०९ को इंग्लैण्ड से दक्षिण अफ्रीका के लिए रवाना होने-होने तक गाँधी हिन्दुस्तान के स्वाधीनता आन्दोलन में हिंसा को मिल रही व्यापक स्वीकृति से बहुत विचलित हो चुके थे। सावरकर और इण्डिया हाउस के निवासी एक प्रभावी प्रवृत्ति के अतिरंजित उदाहरण थे। गाँधी ने कहा था कि ''मुझे वाक़ई ऐसा एक भी व्यक्ति नहीं मिला जो यह विश्वास करता हो कि हिन्दुस्तान हिंसा का सहारा लिये बिना कभी आज़ाद हो सकता है।''[२३]

हिंसा के अनुयायियों को मिल रही हिन्दुस्तान की स्वीकृति के प्रति गाँधी की बेचैनी ने उनको अपनी सबसे भावावेशपूर्ण पुस्तक, 'हिन्द स्वराज' लिखने को प्रेरित किया, जिसका लेखन उन्होंने दक्षिण अफ्रीका लौटते वक़्त 'एस.एस. किल्डोनॉन कैसल' नामक जहाज़ में बैठकर किया था। उनके हाथ उनके विचारों की गति का साथ नहीं दे पा रहे थे। वे आवेश में आकर पहले अपने दायें हाथ से लिखते, फिर बायें हाथ से लिखने लग जाते, और इस तरह लगातार दायें से बायें और बायें से दायें हाथ से लिखते हुए उन्होंने दस दिन की अपनी उस यात्रा में पाण्डुलिपि पूरी कर डाली।

'हिन्द स्वराज' अहिंसा के माध्यम से हिन्दुस्तान की आज़ादी का गाँधी का क्रान्तिकारी घोषणा-पत्र था। 'स्वराज' यानी 'स्वशासन' (सेल्फ़-रूल)।

गाँधी ने हिन्दुस्तान के स्वशासन को मूलतः, पश्चिमी सभ्यता (जिसको वे एक वदतोव्याघात मानते थे) से मुक्ति के रूप में देखा था। उन्होंने बेबाक ढंग से कहा था कि पश्चिम हिंसा पर आधारित सभ्यता है। अगर हिन्दुस्तान पश्चिम की ग़ुलामी से आज़ादी हासिल करना चाहता है, जो एकमात्र सच्चा स्वराज होगा, तो ऐसा वह सिर्फ़ अहिंसक साधन अपनाकर ही कर सकता है। अन्यथा हिन्दुस्तानी अपने अनुकरणात्मक विद्रोह के माध्यम से पश्चिम की हिंसक हुकूमत की पुनर्रचना कर ख़ुद को नये सिरे से ग़ुलाम बनाने से ज़्यादा कुछ नहीं कर सकते।

गाँधी ने इस विषय को एक 'सम्पादक' और एक 'पाठक' के बीच संवाद की शैली में विकसित किया था। यह 'सम्पादक' वे स्वयं थे, और 'पाठक' की चुनौतियाँ लन्दन में उनके प्रतिद्वन्द्वियों के साथ हुए उनके टकरावों से निकली थीं। गाँधी ने यही शब्द सावरकर और उसके उग्रवादी अनुयायियों से सुने थे।[२४] सम्पादक-पाठक के बीच के इस टकराव को गाँधी ने जिस तरह विकसित किया है, उसका सारतत्त्व साधनों और साध्यों के बीच के सम्बन्ध में निहित है :

> सम्पादक : हमारी अपनी ग़ुलामी मिट जाये, तो हिन्दुस्तान की ग़ुलामी मिट गयी ऐसा मान लेना चाहिये। हम अपने ऊपर राज करें वही स्वराज्य है; और वह स्वराज्य हमारी हथेली में है। लेकिन मुख्य बात तो हर शख़्स के स्वराज्य भोगने की है। डूबता आदमी दूसरे को नहीं तारेगा, लेकिन तैरता आदमी दूसरे को तारेगा। हम ख़ुद ग़ुलाम होंगे और दूसरों को आज़ाद करने की बात करेंगे, तो वह सम्भव नहीं है। अब इतना तो आपकी समझ में आया होगा कि अँग्रेज़ों को देश से निकालने का मक़सद सामने रखने की ज़रूरत नहीं है। अगर अँग्रेज़ हिन्दुस्तानी बनकर रहें तो हम उनका समावेश यहाँ कर सकते हैं। अँग्रेज़ अगर अपनी सभ्यता के साथ रहना चाहें, तो उनके लिए हिन्दुस्तान में जगह नहीं है। ऐसी हालत पैदा करना हमारे हाथ में है।
>
> पाठक : मुझे ये सब बातें ठीक नहीं लगतीं। हमें लड़कर अँग्रेज़ों को निकालना ही होगा, इसमें कोई शक नहीं। अँग्रेज़ हमारे देश के लिए यम (काल) जैसे हैं। उस यम को हमें किसी भी प्रयत्न से भगाना होगा।
>
> सम्पादक : अँग्रेज़ों को यहाँ लाने वाले हम हैं और वे हमारी ही बदौलत यहाँ रहते हैं। आप यह कैसे भूल जाते हैं कि हमने उनकी सभ्यता

अपनायी है, इसलिए वे यहाँ रह सकते हैं? आप उनसे जो नफ़रत करते हैं वह नफ़रत आपको उनकी सभ्यता से करनी चाहिये। फिर भी मान लें कि हम लड़कर उन्हें निकालना चाहते हैं, तो यह कैसे हो सकेगा?

पाठक : हम पहले तो कुछ अँग्रेज़ों का ख़ून करके आतंक फैलायेंगे, फिर जो थोड़े-से लोग हथियारबन्द होंगे, वे खुल्लमखुल्ला लड़ेंगे। उसमें पहले तो बीस-पच्चीस लाख हिन्दुस्तानी ज़रूर मरेंगे। लेकिन आख़िर हम देश को अँग्रेज़ों से जीत लेंगे। हम गुरिल्ला लड़ाई लड़कर अँग्रेज़ों को हरा देंगे।

सम्पादक : आपका ख़याल हिन्दुस्तान की पवित्र भूमि को राक्षसी बनाने का लगता है। आप अँग्रेज़ों का ख़ून करके हिन्दुस्तान को छुड़ायेंगे, ऐसा विचार करते हुए आपको त्रास क्यों नहीं होता? ख़ून तो हमें अपना करना चाहिये; क्योंकि हम नामर्द बन गये हैं, इसलिए हम ख़ून करने का विचार करते हैं। ऐसा करके आप किसे आज़ाद करेंगे? धींगड़ा ने जो ख़ून किया है उससे या जो ख़ून हिन्दुस्तान में हुए हैं उनसे देश को फ़ायदा हुआ है, ऐसा अगर कोई मानता है, तो बड़ी भूल करता है। धींगड़ा को मैं देशाभिमानी मानता हूँ, लेकिन उसका देशप्रेम पागलपन से भरा था। उसने अपने शरीर का बलिदान ग़लत तरीक़े से दिया; उससे अन्त में तो देश को ही नुक़सान होने वाला है।

पाठक : आपको नहीं लगता कि आपकी यह बात आपके ही ख़िलाफ़ जाती है? आपको स्वीकार करना होगा कि अँग्रेज़ों ने ख़ुद जो कुछ हासिल किया है, वह मारकाट करके ही हासिल किया है। आप कह चुके हैं कि उन्होंने जो कुछ हासिल किया है वह बेकार है, लेकिन इससे मेरी दलील को धक्का नहीं पहुँचता। उन्होंने बेकार (चीज़) पाने का सोचा और उसको पाया। मतलब यह कि उन्होंने अपनी मुराद पूरी की। साधन क्या था, इसकी चिन्ता हम क्यों करें? अगर हमारी मुराद अच्छी हो तो क्या हम उसे चाहे जिस साधन से, मार-काट करके भी पूरा नहीं करेंगे?

सम्पादक : अँग्रेज़ों ने मार-काट की और हम भी कर सकते हैं, यह बात तो ठीक है। लेकिन मार-काट से जैसी चीज़ उन्हें मिली वैसी ही हम भी ले सकते हैं। आप क़बूल करेंगे कि वैसी चीज़ हमें नहीं चाहिये। आपका यह मानना बहुत बड़ी भूल है कि साधन और साध्य के बीच कोई सम्बन्ध नहीं है। इस भूल के कारण उन लोगों तक ने घोर कृत्य किये हैं

जो ख़ुद को धार्मिक मानते हैं। यह तो धतूरे का पौधा लगाकर मोगरे के फूल की इच्छा करने जैसा हुआ। साधन बीज है और साध्य—हासिल करने की चीज़—पेड़ है; इसलिए जो सम्बन्ध बीज और पेड़ के बीच है, वही साधन और साध्य के बीच है। आप जैसा बोते हैं, ठीक वैसा ही काटते हैं।[२५]

'हिन्द स्वराज' में गाँधी सावरकर की उस हत्यापरक नैतिकी से टक्कर ले रहे थे, जो एक आज़ाद देश के साध्य के रूप में ब्रिटिश अधिकारियों की हत्याओं को साधन के रूप में मान्य ठहराती थी। दरअसल, इस तरह के साधनों को अपनाने का नतीजा, इन साधनों को अपनाने वाले लोगों के लिए, नये साधनों और साध्यों के विकसित होने की प्रक्रिया में, एक अखण्ड हिन्दू राष्ट्र को हासिल करने की ख़ातिर, वर्षों बाद अनिवार्यतः उनके विरोधी, यानी गाँधी की हत्या के रूप में सामने आने वाला था।

जैसे ही गाँधी लन्दन से लौटकर दक्षिण अफ्रीका के सत्याग्रह आन्दोलन में मुब्तिला हुए, सावरकर ने हिन्दुस्तान में एक राजनैतिक हत्या को अंजाम देने का षड्यन्त्र रचा। २१ दिसम्बर, १९०९ को हिन्दुस्तान के नासिक ज़िले के एक अँग्रेज़ मजिस्ट्रेट ए.एम.टी. जैक्सन की, जो अपने पद से हटने ही वाला था, उसके विदायी-समारोह के दौरान गोली मारकर हत्या कर दी गयी। अनन्त कन्हारे नामक इस सोलह वर्षीय हत्यारे पर मुक़दमा दायर किया गया और उसको मौत की सज़ा सुनायी गयी। जैक्सन की हत्या के लिए उसने जिस ब्रॉउनिंग पिस्तौल का इस्तेमाल किया था उसके बारे में पता चला कि वह लन्दन से सावरकर के पास से आयी थी, जिन्होंने इसे दूसरी पिस्तौलों के साथ एक मध्यस्थ की मार्फ़त ग़ैरक़ानूनी ढंग से हिन्दुस्तान भेजा था। कन्हारे के साथ षड्यन्त्र में शामिल अन्य आरोपियों के पास से सावरकर के ख़त बरामद हुए। इस नौजवान हत्यारे के मक़सद के तार सावरकर से जुड़े थे, जिनके बड़े भाई बारबराराव पर मजिस्ट्रेट जैक्सन द्वारा देशद्रोह का अभियोग लगाया गया था। बारबराराव को दोषी पाया गया था और उनको आजीवन कारावास की सज़ा सुनायी गयी थी।

कन्हारे ने अपने मुक़दमे के दौरान बयान दिया था कि उसने सावरकर के बड़े भाई की सज़ा का बदला लेने के लिए जैक्सन की हत्या की थी।[२६]

ब्रिटेन की बम्बई सरकार ने सावरकर पर देशद्रोह, हथियार बाँटने, और जैक्सन की हत्या के लिए उकसावा देने के आरोप लगाते हुए उनकी गिरफ़्तारी का वारण्ट तार द्वारा लन्दन भेजा। सावरकर ने लन्दन में अधिकारियों के समक्ष आत्मसमर्पण कर दिया था और उनको बम्बई लाया गया, जहाँ उन पर मुक़दमा चलाया गया और उनको दोषी पाया गया। जून १९११ में उन्होंने उस अण्डमान द्वीप पर पोर्ट ब्लेयर की सेलुलर जेल में पचास साल का कारावास भोगना शुरू किया, जो अपनी कठोर परिस्थितियों के लिए कुख्यात था। सावरकर को हिन्दुस्तान की सबसे क्रूर जेल में दस साल तक सज़ा भुगतनी पड़ी। सज़ा का पहला साल ख़त्म होने के पहले ही उन्होंने अँग्रेज़ सरकार से क्षमा की याचना की। १९१३ में उन्होंने एक और याचिका दायर की जिसमें उन्होंने कहा :

> अगर सरकार अपने अनेकविध उपकार और दया के चलते मुझे मुक्त कर देती है, तो मैं पहला व्यक्ति होऊँगा जो अँग्रेज़ सरकार की संवैधानिक प्रगति का और उसके प्रति निष्ठा का कट्टरतम पक्षधर हुए बिना नहीं रहूँगा, जो कि उस प्रगति की सबसे मुख्य शर्त है...। इसके अतिरिक्त, मेरे संवैधानिक मार्ग पर चलने लगने से भारत और भारत से बाहर के वे सारे भटके हुए नवयुवक सही मार्ग पर लौट आयेंगे जो किसी समय मुझे मार्गद्रष्टा समझकर मेरी ओर ताकते थे। सरकार मुझे जिस किसी भी काम के योग्य समझेगी मैं वह काम करने को तैयार हूँ, क्योंकि जिस तरह मेरा मत-परिवर्तन आन्तरिक विवेक से परिचालित है, उसी तरह, आशा है, मेरा भावी आचरण भी परिचालित होगा। मुझे जेल में रखकर उसकी तुलना में कुछ भी प्राप्त नहीं होगा जो मुझे मुक्त करके प्राप्त किया जा सकता है। जो महाशक्तिशाली होता है, वही दयावान होने की सामर्थ्य रखता है, और इसलिए एक भटका हुआ बेटा माई-बाप सरकार के अभिभावकीय द्वार के अलावा और कहाँ लौट सकता है?[२७]

जिस वक़्त सावरकर अँग्रेज़ों से अण्डमान द्वीप की जेल से रिहाई की भीख माँग रहे थे, उस वक़्त गाँधी दक्षिण अफ्रीका में अपने सत्याग्रह का समापन कर रहे थे। जब १९१५ में गाँधी हिन्दुस्तान वापस लौटे तो उनको नये सिरे से हत्या के कुतर्क का सामना करना पड़ा। दक्षिण अफ्रीका में बाईस साल

रह चुकने के बाद उनको हिन्दुस्तान के स्वाधीनता आन्दोलन में नवागन्तुक की तरह देखा जा रहा था। लेकिन उन्होंने नवागन्तुक की तरह बरताव नहीं किया। जब उनका ऐसे छात्रों से सामना होता था जो इस बात पर ज़ोर देते थे कि राजनैतिक हत्याएँ अँग्रेज़ों से मुक्ति के लिए एक ज़रूरी रणनीति है, तो गाँधी उनका विरोध करने के मामले में अडिग बने रहते थे।

१३ मार्च, १९१५ को गाँधी ने कलकत्ता में उग्रवादी छात्रों के एक विशाल जमावड़े को सम्बोधित किया। उन्होंने उन छात्रों से कहा कि राजनैतिक हत्यायें ''हिन्दुस्तान में एक पूरी तरह से विजातीय उपज'' हैं। उन्होंने कहा कि जो लोग हिन्दुस्तान का आतंकीकरण करना चाहते हैं उनको यह समझ लेना चाहिये कि मैं ''उनके ख़िलाफ़ खड़ा होऊँगा।'' तब भी, आतंकवाद के प्रति उनकी प्रतिबद्धता की उन्होंने सराहना की—हत्या करने की उनकी तत्परता की नहीं, जिसका वे तिरस्कार करते थे, बल्कि जान दे देने की उनकी इच्छा की, जिसके लिए, अपने अहिंसक प्रतिरोध के दौरान वे ख़ुद तैयार रहते थे। उन्होंने राजनैतिक हत्या के पैरोकारों से कहा कि अगर उनके पास देश के लिए कोई योजना है, तो उसे उनको ''खुलेआम जनता के सामने रखना'' चाहिये। उन्होंने कहा :

> अगर मैं राजद्रोह के पक्ष में हूँ, तो मुझे राजद्रोह के पक्ष में खुलकर बोलना चाहिये। मुझे अपने विचारों को सार्वजनिक करना चाहिये और उसके नतीजों के लिए तैयार रहना चाहिये...अगर आप मरने के लिए तैयार हैं, तो मैं भी आपके साथ मरने को तैयार हूँ।[२८]

१९१७ से १९२० और १९३० के दशकों तक गाँधी अँग्रेज़ी साम्राज्य के ख़िलाफ़ राजद्रोह की ओर मुड़ते रहे, उन्होंने खुलेआम उसकी पैरवी की, और उस प्रक्रिया में मरने के लिए तैयार रहे। इसकी शुरुआत हुई थी १९१७ में चम्पारण ज़िले के किसानों के साथ चलायी गयी उस मुहिम से, जिसका उद्देश्य था अँग्रेज़ों के बँटाईदारी के अनुबन्धों में निहित अन्याय पर विजय पाना।[२९] जब गाँधी हालात की पड़ताल करने वहाँ पहुँचे, तो अँग्रेज़ों ने उनको जेल की धमकी देते हुए उस इलाक़े से तत्काल बाहर चले जाने का आदेश दिया। जब गाँधी ने एक न्यायाधीश के समक्ष इस आदेश को मानने से इनकार कर दिया, तो उनके समर्थन में हज़ारों किसानों ने अहिंसक ढंग से अदालत को घेर लिया। अँग्रेज़ों ने उस आदमी के सामने से पीछे हट जाना ही बेहतर समझा जो न सिर्फ़ अपनी गिरफ़्तारी

को बल्कि अपनी मौत तक को निमन्त्रण दे रहा था। उसके बाद सत्याग्रह की एक साल लम्बी, आधारभूत, कामयाब मुहिम चली—जो समूचे देश के लिए एक आदर्श बन गयी।

गाँधी ने कहा, "मैंने जो कुछ किया था वह साधारण-सा काम था। मैंने ऐलान कर दिया था कि अँग्रेज़ मेरे ही मुल्क में मेरे ऊपर हुक्म नहीं चला सकते।"[३०] गाँधी के इस साधारण-से कृत्य को असाधारण बनाने वाला इस कृत्य का संक्रामक चरित्र था। चम्पारण के किसानों ने अन्याय के सामने सिर झुकाना बन्द कर दिया था। वे अँग्रेज़ों के दख़ल के प्रति खुलेआम गाँधी जितने ही निर्भीक बन गये थे। जनता के बीच निर्भयता का एक उदाहरण—अपने जीवन की क़ीमत चुकाते हुए भी आततायी के प्रति असहयोग—अँग्रेज़ी हुकूमत के अन्त की शुरुआत का प्रतीक बन गया।

जनवरी १९३० में लिखे गये अपने लेख 'द कल्ट ऑफ़ बम' में गाँधी ने हिंसा के बरक्स अहिंसा के अपने चुनाव का वर्णन इन शब्दों में किया था :

> इतना काफ़ी नहीं है कि हम छिपाकर की गयी हिंसा के माध्यम से अँग्रेज़ों की ज़िन्दगियों को असुरक्षित बनाते हुए उनको बाहर खदेड़ें। इसका परिणाम स्वाधीनता के रूप में नहीं बल्कि निरी अराजकता के रूप में सामने आयेगा। स्वाधीनता की स्थापना सिर्फ़ हम दिल और दिमाग़ के प्रति एक अपील के माध्यम से अपने मतभेदों को सुलझाते हुए, स्वयं अपने बीच जैविक एकता विकसित करते हुए ही कर सकते हैं, उन लोगों को आतंकित करते हुए या उनकी हत्या करते हुए नहीं, जिनके बारे में हमारा ख़याल है कि वे हमारे अभियान में बाधा डाल सकते हैं, बल्कि एक धैर्यपूर्ण और विनम्रतापूर्ण सुलूक के माध्यम से, विरोधी का मतपरिवर्तन करते हुए।

हिंसा का विकल्प था, "जन-समुदाय की बड़े पैमाने की सविनय अवज्ञा।"[३१]

अहिंसा के माध्यम से स्वतन्त्रता की अपनी कल्पना का सार गाँधी ने तीन शब्दों में पेश किया था : 'करो या मरो।' 'करो या मरो' क्रान्ति का उनका मरते दम तक मन्त्र बना रहा था : अपने समूचे जीवन के साथ अन्याय का प्रतिरोध करो।[३२] इसे प्यार से करो। अहिंसक ढंग से, खुलेआम, निर्भीकतापूर्वक प्रतिरोध करो। इसके जो भी नतीजे हों उनको सहर्ष झेलो,

मरने की हद तक : 'करो या मरो।'

साम्राज्य के प्रति अपने भय को हिन्दुस्तानियों ने सबसे ज़्यादा प्रभावशाली ढंग से उस राष्ट्रव्यापी सत्याग्रह के दौरान झाड़ फेंका था जिसकी पहल १९३० के नमक आन्दोलन के साथ हुई थी। एक बार फिर, साम्राज्यवादी क़ानून की निर्भीक खुलेआम अवज्ञा का एक उदाहरण व्यापक जन-आन्दोलन की उत्प्रेरक घटना बन गया। गाँधी के आश्रम के अठहत्तर लोग उनके साथ तीन हफ़्तों की पैदल यात्रा करते हुए समुद्र तट पर पहुँचे। ६ अप्रैल, १९३० को गाँधी "नीचे झुके और उन्होंने कुदरती नमक से युक्त एक मुट्ठी गीली मिट्टी उठायी,"[३३] और इस तरह उस क़ानून को तोड़ दिया जिसने हिन्दुस्तानी नमक के स्वामित्व, इस्तेमाल और विक्रय पर अँग्रेज़ों का एकाधिकार क़ायम कर रखा था। गाँधी के इस कृत्य ने समूचे राष्ट्र में एक अहिंसक संकेत प्रसारित कर दिया।

उसी दिन दिये गये एक साक्षात्कार में उन्होंने कहा था : "चूँकि नमक-क़ानून का तकनीकी या आनुष्ठानिक उल्लंघन किया जा चुका है, इसलिए अब यह कृत्य उस हर आदमी के लिए सुलभ होगा जो जहाँ उसकी मरज़ी हो और जहाँ उसके लिए सुविधाजनक हो वहाँ पर नमक तैयार करने के लिए नमक-क़ानून के तहत अभियोग झेलने का जोख़िम उठाने को तैयार होगा।" उन्होंने विशेष रूप से हिन्दुस्तान के गाँवों के उन ग़रीब लोगों को सम्बोधित किया जिनको नमक-क़ानून ने सबसे ज़्यादा क्षति पहुँचायी थी। गाँधी ने सभी के लिए सविनय अवज्ञा की सिफ़ारिश की लेकिन साथ में यह भी जोड़ा : "यह बात ग्रामीणों के समक्ष एकदम स्पष्ट कर दी जानी चाहिये कि यह उल्लंघन खुलेआम होना चाहिये और किसी तरह चोरी-छिपे नहीं होना चाहिये।"[३४]

जनता ने ज़बरदस्त सविनय अवज्ञा के साथ गाँधी के उदाहरण और परामर्श का अनुसरण किया—समुद्र से नमक उठाना, नमक बनाना, नमक की नीलामी करना, नमक बेचना, नमक ख़रीदना। हिन्दुस्तानियों द्वारा क़ानून तोड़े जाने की इन घटनाओं से अदालतों में हिन्दुस्तानियों का ताँता लग गया। पुलिस ने इस उमड़ते ज्वार को पीछे धकेलने की कोशिश में ज़्यादा से ज़्यादा गिरफ़्तारियाँ कीं। कारागारों में जगह नहीं बची।

पुलिस ने ५ मई को रात १.३० बजे गाँधी की कुटिया में जाकर उनको

जगाया और उनको गिरफ़्तार कर लिया। इसके पहले उसी रात उन्होंने ब्रिटिश वायसराय को एक पत्र लिखकर घोषणा की थी कि उनका अगला क़दम अपने साथियों के साथ धरसाना जाकर अँग्रेज़ों द्वारा नियन्त्रित नमक कारख़ाने पर क़ब्ज़ा करने का होगा।[३५] इसकी बजाय गाँधी को जेल जाना पड़ा, लेकिन नमक कारख़ाने पर धावा बोलने का जो प्रण उन्होंने किया था उसको आन्दोलन ने पूरा किया।

२१ मई, १९३० को यूनाइटेड प्रेस के संवाददाता वेब मिलर ने सारी दुनिया को धरसाना में अँग्रेज़ साम्राज्य की पुलिस और निहत्थे सत्याग्रहियों के बीच हुई उस मुठभेड़ की ख़बर दी जो इस संवाददाता की आँखों के सामने हुई थी :

> सफ़ेद वस्त्रधारी स्वयंसेवकों ने चाँदनी रात में घुटनों के बल बैठकर प्रार्थनाएँ कीं, और कवयित्री-नेता श्रीमती सरोजिनी नायडू के जोशीले भाषण के साथ...धरसाना नमक कारख़ाने पर स्वाधीनता-संग्राम के २,५०० प्रदर्शनकारियों ने सामूहिक हमला बोल दिया।
>
> घर की बनी मोटी खद्दर की साड़ी और, बिना जुराबों के, मुलायम चप्पलें धारण किये इस कवयित्री ने अपने साथी आन्दोलनकारियों को इस धावे के लिए प्रोत्साहित किया।
>
> स्वयंसेवकों को हमले के लिए अग्रसर करते हुए उन्होंने पुकार लगायी, "हिन्दुस्तान की इज़्ज़त आपके हाथों में है। आपको किसी भी सूरत में किसी तरह की हिंसा का प्रयोग नहीं करना है। आपको पीटा जायेगा लेकिन आपको विरोध नहीं करना है : आघातों से बचने के लिए आपको अपना हाथ भी ऊपर नहीं उठाना है।
>
> "भले ही गाँधी की काया जेल में है, लेकिन उनकी आत्मा आपके साथ है।"
>
> सुबह के धुँधलके में एक-दूसरे से सटे खड़े स्वयंसेवकों के अँधेरे झुण्ड से 'गाँधीजी की जय' के नारे गूँज उठे।
>
> स्वयंसेवकों ने कतारें बना लीं, जिनके आगे चलने वाले नेताओं के हाथों में रस्सियाँ और तार काटने के औज़ार थे। वे धीरे-धीरे नमक कारख़ाने की ओर बढ़े।
>
> इस संक्षिप्त जुलूस के निशाने पर चमचमाते नमक के वे ढेर थे जिनको

पुलिस द्वारा खड़ी की गयी कँटीले तारों की बाड़ों ने घेर रखा था। स्थानीय सूरत पुलिस के लगभग ४०० जवान बाड़ों के अन्दर और बाहर खड़े हुए थे। कई अँग्रेज़ अधिकारी पुलिस को निर्देश दे रहे थे, जिनको पाँच से ज़्यादा व्यक्तियों को एकत्र होने से रोकने के आदेश दिये गये थे।

गाँधी के दूसरे बेटे मणिलाल गाँधी जुलूस के सबसे आगे चल रहे थे। जैसे ही यह भीड़ नमक के ढेरों के क़रीब पहुँची, तो लोगों ने 'इंक़िलाब ज़िन्दाबाद!' के नारे लगाने शुरू कर दिये।

ये कतारें सुबह ६.३० बजे नमक कारख़ाने पर पहुँचीं। कुछ तालियाँ बजीं और जिन नेताओं के हाथों में रस्सियाँ थीं, उनने कँटीले तारों की बाड़ों को सहारा देने के लिए गाड़े गये खम्भों को उखाड़ने के इरादे से उन पर फन्दे डालने की कोशिश की। पुलिस भागती हुई आयी और उसने उन लोगों से वहाँ से हट जाने को कहा। स्वयंसेवकों ने मना कर दिया।

कतार ने ख़ामोश रहते हुए चेतावनी की उपेक्षा की और धीरे-धीरे आगे बढ़ती गयी...

अचानक, एक आदेश पर ढेरों पुलिसवाले प्रदर्शनकारियों की ओर भागे और उनके सिरों पर लोहे की मूठ वाले अपने डण्डे बरसाने लगे। एक भी प्रदर्शनकारी ने आघातों से बचने के लिए अपना हाथ ऊपर नहीं उठाया। वे टेनपीन्स की तरह ज़मीन पर लुढ़क गये। जहाँ पर मैं खड़ा हुआ था वहाँ से मैं नंगे सिरों पर पड़ती लाठियों के कुत्सित प्रहारों की आवाज़ें सुन सकता था। अपनी बारी आने का इन्तज़ार करती भीड़ हर प्रहार पर गहरी साँस भरती हुई आह कर उठती थी।

जिनके सिरों पर चोटें पड़ी थीं वे बेहोश होकर ज़मीन पर पड़े थे, या पड़े-पड़े खोपड़ी फटने या कन्धे टूटने की पीड़ा से छटपटा रहे थे। दो-तीन मिनट के भीतर ही ज़मीन शरीरों से ढक गयी। उनके सफ़ेद कपड़ों पर ख़ून के बड़े-बड़े धब्बे फैले हुए थे। जो अब तक चोट खाने से बचे रह गये थे, वे क़तार से अलग हुए बिना ख़ामोश और दृढ़ निश्चय के साथ तब तक आगे बढ़ते गये जब तक कि वे भी चोट खाकर गिर नहीं गये। जब पहली क़तार का हर व्यक्ति ज़मीन पर गिरा दिया गया, तो स्ट्रेचर सँभाले लोग पुलिस की रोक-टोक के बिना तेज़ी-से भागते हुए आये और घायलों को उस एक छप्परदार झोंपड़ी में ले गये जिसका इन्तज़ाम एक कामचलाऊ अस्पताल के रूप में किया गया था।

तभी एक और क़तार तैयार होने लगी जिस दौरान उनके नेता उनसे आत्म-संयम बरतने का आग्रह करते रहे। वे धीरे-धीरे पुलिस की ओर बढ़े। हालाँकि हर किसी को मालूम था कि कुछ ही मिनटों के भीतर वह पीटकर गिरा दिया जायेगा, या शायद मार दिया जायेगा, लेकिन मुझे उनके चेहरों पर किसी तरह की हिचकिचाहट या भय का कोई निशान दिखायी नहीं दिया। वे निरन्तर सिर उठाये आगे बढ़ते गये, वहाँ न कोई संगीत था, न तालियों की गड़गड़ाहट थी, और न ही उनको प्रोत्साहित करने वाली ऐसी किसी सम्भावना का आश्वासन था कि वे गम्भीर चोट या मौत से बच सकते हैं। पुलिस भागती हुई आयी और उसने सिलसिलेवार और यान्त्रिक ढंग से इस दूसरी कतार को भी ढेर कर दिया। कोई मारपीट नहीं हुई, कोई संघर्ष नहीं हुआ : सिर्फ़ प्रदर्शनकारी उस वक़्त तक आगे बढ़ते रहे जब तक कि वे चोट खाकर गिर नहीं गये। कहीं कोई चीख़-चिल्लाहट सुनायी नहीं देती थी, सिर्फ़ जब वे चोट खाकर गिरते थे तब कराहने की आवाज़ें भर सुनायी देती थीं। घायलों को उठाकर ले जाने के लिए पर्याप्त संख्या में स्ट्रेचर ढोने वाले नहीं थे : मैंने अठारह घायलों को एक साथ ले जाते हुए देखा, जबकि बयालीस लोग अभी भी बहते ख़ून से लथपथ ज़मीन पर स्ट्रेचरवालों के इन्तज़ार में पड़े थे। जिन कम्बलों का इस्तेमाल स्ट्रेचरों के रूप में किया जा रहा था वे ख़ून से सराबोर हो गये थे...।

कई बार ऐसा हुआ कि नेतागण इन्तज़ार करती भीड़ पर से अपना नियन्त्रण खो बैठे। वे आगे-पीछे भागते हुए उन बेहद उत्तेजित लोगों से व्यग्रतापूर्ण ढंग से निवेदन करते हुए उनको गाँधी के निर्देशों को याद रखने की समझाइश देते। ऐसा प्रतीत होता था जैसे वह निहत्थी भीड़ पुलिस पर सामूहिक हमला करने की कगार पर थी। प्रभारी अँग्रेज़ अधिकारी, सूरत के सुपरिंटेण्डेण्ट रॉबिन्सन ने विस्फोट की आसन्न सम्भावना को भाँपते हुए एक छोटी-सी पहाड़ी पर गोलियाँ दागने के लिए तैयार पच्चीस राइफ़लधारियों को तैनात कर दिया था। वह मेरे पास आया, और मेरी पहचान के बारे में पूछताछ करने के बाद उसने मुझसे कहा : ''बेहतर होगा कि आप इस जगह से दूर चले जायें क्योंकि यहाँ गोलियाँ चल सकती हैं। हमें मजबूर होकर भीड़ पर गोलियाँ चलानी पड़ सकती हैं।'' जिस वक़्त हम लोग यह बातचीत कर ही रहे थे, तभी विश्वविद्यालय में पढ़ने वाला एक गाँधीवादी नौजवान छात्र भागता हुआ रॉबिन्सन के पास

आया जिसका चेहरा ग़ुस्से से विकृत था। उसने खादी का अपना कुरता फाड़ा और अपनी नंगी छाती को सामने करते हुए वह ज़ोर-से चीख़ा : "मुझे गोली मार दो! मुझे गोली मार दो! मार डालो मुझे, ये मेरे देश की ख़ातिर ज़रूरी है!" नेताओं ने भीड़ को किसी तरह शान्त किया।

गाँधी के आदमियों ने अपनी रणनीति बदली, वे पच्चीस-पच्चीस के समूह में आगे बढ़े और, ज़्यादा क़रीब जाने की कोशिश किये बिना, नमक के ढेरों के पास बैठ गये। कॉफ़ी के रंग वाले एक भारी-भरकम, बदसूरत पारसी पुलिस सार्जेंट एन्टिया के नेतृत्व में पुलिस की टुकड़ी एक बैठे हुए समूह के पास पहुँची और उसने भीड़ जमा न करने के आदेश का हवाला देते हुए उन लोगों से तितर-बितर होने को कहा। गाँधी के अनुयायियों ने उनकी उपेक्षा करते हुए उन लाठियों की तरफ़ भी नहीं देखा जो धमकी भरे अन्दाज़ में उनके सिरों के ऊपर मँडरा रही थीं। एन्टिया के एक आदेश पर बिना कोई ग़ुस्सा दर्शाये पिटाई का सिलसिला शुरू हो गया। तीन-तीन, चार-चार शरीर एक-दूसरे के ऊपर लुढ़क गये। उनके सिर के घावों से बेतहाशा ख़ून बह रहा था। एक के बाद एक समूह आगे बढ़ते गये, बैठते गये, और प्रहारों को रोकने के लिए एक भी हाथ उठाये बिना उन्होंने ख़ुद को उस निर्मम पिटायी के अधीन कर दिया।

अन्ततः पुलिस इस प्रतिरोधहीनता से कुपित हो उठी, और वह अपने कोप में, मेरा ख़याल है, उस रोष में साझा कर रही थी जिसे मैं प्रदर्शनकारियों में पहले ही महसूस कर चुका था जो उनमें जवाबी हमला न कर पाने की वजह से व्याप्त था। उन्होंने बैठे हुए लोगों के पेट और अण्डकोशों पर वहशियाना ढंग से लातें मारना जारी रखा। घायल आदमी यातना से छटपटा और चीख़ रहे थे, जिससे लगता था पुलिस का आवेश और भी भड़क रहा था। भीड़ अपने नेताओं से छिटककर लगभग अलग हो गयी। इसके बाद पुलिस उन बैठे हुए लोगों के हाथ या पैर पकड़कर उनको घसीटने लगी। कभी-कभी वे उनको सौ गज तक घसीटकर ले जाते, और उनको गड्ढों में पटक देते। एक व्यक्ति को घसीटकर उस गड्ढे में ला पटका गया जहाँ पर मैं खड़ा था : उसके शरीर के गिरने से हुए छपाके ने मुझे कीचड़ से सराबोर कर दिया। एक और पुलिसवाले ने एक अन्य गाँधीवादी को घसीटकर उस गड्ढ़े में ला पटका और फिर अपनी लाठी से उसके सिर को बुरी तरह पीटा। घण्टे-घण्टे बाद स्ट्रेचरधारी आकर अचेत और बहते ख़ून से लथपथ शरीरों को लादकर ले जाते।

ज़्यादातर समय सूरत की स्थानीय भावशून्य पुलिस हमला करने को अनिच्छुक प्रतीत होती थी। यह ध्यान देने लायक़ बात थी कि जब अधिकारी लाइन के दूसरे किसी हिस्से में व्यस्त होते थे, तो पुलिस ढीली पड़ जाती थी, और फिर धमकाना और पीटना तभी शुरू करती थी जब अधिकारी वापस लौट आते थे। मैंने ऐसा भी कई बार देखा जब स्वयंसेवक पुलिस से अपने साथ मिल जाने का अनुरोध कर रहे थे...

ग्यारह बजते-बजते शेड में गर्मी १६६ पर पहुँच गयी और गाँधीवादी कार्यकर्ताओं की गतिविधियाँ ठण्डी पड़ गयीं। मैं घायलों का हालचाल जानने उस कामचलाऊ अस्पताल में गया। वे एक खुली, ताड़ की पत्तियों के छप्पर वाली झोंपड़ी की छाया में नंगी ज़मीन पर कतारबद्ध पड़े हुए थे। मैंने ३२० घायलों की गिनती की, जिनमें से कई फटी हुई खोपड़ियों वाले लोग अभी भी अचेत थे, तो दूसरे लोग पेट और अण्डकोशों पर पड़ी लातों की पीड़ा से छटपटा रहे थे। गाँधी के लोग बहुत थोड़े-से स्थानीय डॉक्टरों को जुटा सके थे, जो ख़ासे अपर्याप्त साधनों के साथ जो बन पड़ रहा था वह कर रहे थे। ढेरों ऐसे घायल थे जिनको कई-कई घण्टों तक कोई इलाज उपलब्ध नहीं हो सका था और उनमें से दो लोग मर गये थे।[३६]

जिस धावे की ख़बर मिलर ने दी थी वह उसी शाम दुबारा किया गया था, और ४०० और भी स्वयंसेवक उसमें घायल हुए थे। दो दिन बाद पास के सत्याग्रह शिविर में, जिसको पुलिस ने कुछ सत्याग्रहियों को छोड़ ज़्यादातर ख़ाली करा लिया था, बचे हुए सत्याग्रहियों की एक बार फिर पुलिस से मुठभेड़ हुई। वहाँ उपस्थित एक गाँधीवादी ने पुलिस के साथ हुई उस अन्तिम मुठभेड़ का बयान इन शब्दों में किया था :

२३ तारीख़ को दुपहर बाद अधिकारी लौटे और उन्होंने शिविर में रह रहे लोगों के सारे काग़ज़ों को बड़ी सावधानी से जाँचा। कोई बीस पुलिसवालों ने हमें घेर लिया। हम अपने-अपने कामों में लगे हुए थे। चूँकि बहुत गर्मी थी, हमने पुलिस के अपने भाइयों को ताज़ा ठण्डा पानी पिलाया। २१ और २२ की सुबह, हमने उनको पूरे धीरज और ख़ामोशी के साथ अपना ख़ून दिया था। जब २२ की सुबह पुलिस हमें वहाँ से

> बाहर खदेड़ने के लिए आयी थी, तो उन्होंने ख़ुद ही हमारे रसोई-भण्डार से कुछ फल उठाकर खा लिये थे, जो हमने अपने घायल सिपाहियों के लिए लाकर रखे हुए थे। अगर उनने हमसे पूछा होता, तो भी हमने उनको ख़ुशी-ख़ुशी वे फल दे दिये होते।[३७]

एक बार गाँधी से पूछा गया था कि क्या वे ईसा के इस उपदेश (सर्मन ऑन द माउण्ट) में विश्वास करते हैं कि ''अगर कोई आदमी आपका कोट ले लेता है, तो उसको अपना चोग़ा भी ले जाने दो।'' उन्होंने जवाब दिया :

> आपने जिस छन्द को उद्धृत किया उसमें ईसा ने अहिंसक असहयोग के महान् सिद्धान्त को चित्रात्मक और अर्थपूर्ण ढंग से प्रस्तुत किया है। अपने विरोधी के साथ आपका असहयोग उस वक़्त हिंसक हो जाता है जब आप प्रहार के जवाब में प्रहार करते हैं, और यह लम्बी अवधि के दौरान निष्फल होता है। आपका असहयोग उस वक़्त अहिंसक होता है जब आप अपने विरोधी को उसकी ज़रूरत की चीज़ों की जगह सब कुछ दे देते हैं। आपने अपने ऊपरी सहयोग से उसको हमेशा के लिए निहत्था कर दिया होता है, जो कि असल में सम्पूर्ण असहयोग होता है।[३८]

१९३० के सविनय अवज्ञा आन्दोलन के सत्याग्रहियों ने प्रेमपूर्ण भावना से अंजाम दिये गये अहिंसक असहयोग की मदद से अँग्रेज़ों को निहत्था कर दिया था। जैसे-जैसे मारे गये हिन्दुस्तानियों की संख्या बढ़ती गयी, वैसे-वैसे अँग्रेज़ों का स्वयं को जायज़ ठहराने का तर्क कमज़ोर पड़ता गया।

अगर गाँधी के समुदाय के लोग करो या मरो के लिए तैयार न होते—अगर वे लम्बी जेल-यात्राओं, पिटायी और स्वयं मृत्यु की मार्फ़त अपने अहिंसक प्रतिरोध को क्रियान्वित करने के लिए तैयार न हुए होते, तो मुट्ठी-भर नमक की मार्फ़त राष्ट्र को भेजे गये अहिंसा के संकेत का कोई अर्थ नहीं रह गया होता। नमक सत्याग्रह स्वराज की गाँधी की कल्पना का साकार होना था। ये हिंसा पर पश्चिम के विश्वास से आज़ादी थी। यह अहिंसा के माध्यम से आज़ादी थी। जेल के दरवाज़ों में प्रवेश करने की प्रक्रिया में, निर्मम पुलिस बलों के बीच घुस जाने की प्रक्रिया में, और स्वयं अपना जीवन न्योछावर कर देने की प्रक्रिया में हिन्दुस्तानी आज़ाद हुए, जबकि अँग्रेज़ों ने उपनिवेशीकृत लोगों को ग़ुलाम बनाने की अपनी हिंसक शक्ति को खो दिया। हिंसा से न डरने वाले लोगों पर हिंसा का कोई ज़ोर नहीं चलता। अँग्रेज़ दुबारा कभी हिन्दुस्तान पर अपना वर्चस्व

क़ायम नहीं कर सके। उपनिवेशवादियों के प्रति बरते गये स्नेहपूर्ण प्रतिरोध की प्रक्रिया में दुख और मौत को गले लगाने की गाँधी और उनके समुदाय की तत्परता स्व-शासन की कुंजी थी।

हालाँकि, करो या मरो की अपनी तत्परता में गाँधी प्रलोभन से मुक्त नहीं थे। स्वराज की ख़ातिर अपनी मृत्यु को असमय आमन्त्रण देना उनकी ज़िन्दगी का सबसे बड़ा प्रलोभन रहा हो सकता है। ईश्वर की मरज़ी के मुताबिक़ किसी भी क्षण अहिंसक ढंग से प्राण त्याग देने के लिए गाँधी ने पूरे जीवन भर प्रार्थना की थी और ख़ुद को तैयार किया था। अगस्त १९४२ में, जब उनको लगा कि स्वाधीनता आन्दोलन ब्रिटेन के साथ एक गतिरोध की दिशा में बढ़ रहा है, तो उनको लगा उनके जीवन के उत्सर्ग का समय आ गया है।

प्रधानमन्त्री विन्स्टन चर्चिल और उनके सलाहकार, हिन्दुस्तान के गृह सचिव लियोपोल्ड अमेरी ने गाँधी के खिलाफ़ रक्षात्मक कार्रवाई करने का फ़ैसला किया। चर्चिल और अमेरी गाँधी की इस माँग से आशंकित थे कि अँग्रेज़ दूसरे विश्वयुद्ध के दौरान या तो हिन्दुस्तान छोड़कर चले जायें या राष्ट्रव्यापी सविनय प्रतिरोध का सामना करने को तैयार रहें। जैसे ही अखिल भारतीय कांग्रेस कमेटी ने ८ अगस्त की बम्बई की अपनी बैठक में भारत छोड़ो प्रस्ताव पारित किया, वैसे ही इन अँगेज़ नेताओं ने गाँधी और कांग्रेस के दूसरे नेताओं को गिरफ़्तार करने की योजना बना ली। ब्रिटिश वॉर कैबिनेट ने तो एक मुकाम पर गाँधी को हिन्दुस्तान से बाहर (सम्भवतः दक्षिण अफ्रीका के न्यासलैण्ड उपनिवेश में) भेज देने तक का फ़ैसला कर लिया था, ताकि अगर वे जेल में रहकर उपवास करने लगते, तो उनको ज़्यादा आसानी से नियन्त्रित किया जा सकता।[३९] द वॉर कैबिनेट ने अन्त में उनको हिन्दुस्तान के पुराने आग़ा ख़ाँ पैलेस में बन्द करने का चुनाव किया।

गाँधी जानते थे कि अँग्रेज़ स्वाधीनता आन्दोलन को एक असहनीय युद्धकालीन व्यवधान के रूप में कुचलने की तैयारी कर रहे हैं। उन्होंने उनकी इस चुनौती को आज़ादी के लिए हर चीज़ कुर्बान कर देने के

आमन्त्रण की तरह लिया। बम्बई की बैठक में उन्होंने कांग्रेस के नेताओं से आज़ाद हिन्दुस्तान की ख़ातिर अपनी जान दे देने का आह्वान किया :

> यह एक छोटा-सा मन्त्र है जो मैं आपको दे रहा हूँ। इसको आप अपने दिलों में उतार लीजिये और इसे आपकी एक-एक साँस में इसको व्यक्त होने दीजिये। यह मन्त्र है : 'करो या मरो'। हम या तो हिन्दुस्तान को आज़ाद करें या इसकी कोशिश में अपनी जान दे दें...अब के बाद से हर मर्द और औरत अपने जीवन के एक-एक पल को इस बोध के साथ जिये कि वह सिर्फ़ आज़ादी हासिल करने की ख़ातिर खा या जी रहा/रही है और, अगर ज़रूरत पड़ी तो इस लक्ष्य को हासिल करने की ख़ातिर मर जायेगा/जायेगी।[४०]

गाँधी चाहते थे कि अपने इन शब्दों पर अमल करने वाले वे पहले व्यक्ति हों। जैसा कि उनके सहयोगी और यहाँ तक कि अँग्रेज़ भी इस नतीजे पर पहुँच चुके थे कि गिरफ़्तार होते ही वे "अगर ज़रूरत पड़ी, तो इस लक्ष्य को हासिल करने की ख़ातिर" आमरण अनशन पर बैठने की कगार पर थे। वे तो बिना जल तक के उपवास करने पर विचार कर रहे थे, जो वे जानते कि उपवास को 'संक्षिप्त और फुर्तीला' बना देगा।[४१]

गाँधी के सचिव महादेव देसाई को भय था कि यह सचमुच ही संक्षिप्त, फुर्तीला और मृत्यु की ओर ले जाने वाला होगा—एक ऐसी मृत्यु जिसके बारे में देसाई को लगता था कि युद्ध के तनाव से ग्रस्त अँग्रेज़ नेताओं ने उसका सहर्ष स्वागत किया होता। देसाई को भय था कि "सरकार जिस तरह की हताशा की स्थिति में थी उसमें वह उनको उस अग्निपरीक्षा के दौरान मर जाने की छूट देगी" और वह "गाँधी मृत्यु की ख़बर को दबा तक सकती थी।"[४२]

इससे भी बदतर, जैसा कि महादेव को लग रहा था, गाँधी की सोच थी, जो एक ऐसी असामान्य हताशा और हड़बड़ी की सूचना दे रही थी जिसकी अहिंसा के साथ संगति नहीं बैठती थी। देसाई ने गाँधी के चार अन्य प्रभावशाली सहयोगियों को इस बात के लिए तैयार कर लिया कि वे उनके साथ मिलकर अपने नेता को तत्काल ख़त लिखकर उससे इस तरह का क़दम उठाने पर पुनर्विचार करने का अनुरोध करें। महादेव ने लिखा :

> पिछले दिन आपने देवदास गाँधी के सबसे छोटे बेटे, और मुझसे यह

कहा था कि ''यह सब होने वाला है, तुम लोग मुझे ज़िन्दा नहीं देखोगे।'' उस समय मैं बहुत विचलित हुआ था। मुझे लगा था कि यह नतीजे को हासिल करने की हड़बड़ी थी जो उसको उपवास के माध्यम से संक्षिप्त और फुर्तीली बनाने के लिए ज़िम्मेदार थी। और मुझे लगा था कि आप इस तथ्य से उदासीन थे कि दुनिया आपके इस रुख़ को समझ पायेगी या नहीं समझ पायेगी...

कृपया मुझे क्षमा करें लेकिन मुझे लगा था कि यह पूरा-का-पूरा विचार ही भ्रामक है। कृपया अपने दिमाग़ से यह संक्षिप्त और फुर्ती का ख़याल निकाल दीजिये। जिस तरह आम के पेड़ जल्दी से बड़े नहीं होते, उसी तरह कुर्बानी भी जल्दबाज़ी में नहीं दी जाती।[४३]

गाँधी ने अपने सहयोगियों के इस बेहद ज़रूरी अनुरोध के जवाब में एक संक्षिप्त, अस्पष्ट-सा नोट लिखा।[४४]

महादेव के बेटे नारायण देसाई ने अपने पिता की डायरी के आधार पर ''जेल भेजे जाने के तुरन्त बाद गाँधी के आमरण अनशन पर बैठने के इरादे'' को लेकर कांग्रेस वर्किंग कमेटी के विरोध के बारे में लिखा है। जवाहरलाल नेहरू ने इस बात पर ज़ोर दिया था कि बापू को ख़ुद को इस तरह के फ़ैसले से नहीं बाँध लेना चाहिये। मौलाना ने कहा था कि इस तरह का क़दम आख़िरी क़दम होना चाहिये। पन्त ने अपने इस भय को व्यक्त किया था कि इसकी वजह से हिंसा और अराजकता फैल जायेगी। सत्यमूर्ति को लगा था कि आज़ाद हिन्दुस्तान को बापू की ज़रूरत उससे ज़्यादा होगी जितनी वह ग़ुलाम हिन्दुस्तान को है। प्रफुल्ल घोष का मानना था कि यह उपवास एक आत्मघात होगा। नरेन्द्र देव ने कहा था कि वे इस उपवास के पूरी तरह से ख़िलाफ़ हैं...सरदार पटेल ने ज़बरदस्त विरोध दर्ज़ कराया।

''गाँधी ने यह कहकर वर्किंग कमेटी को सान्त्वना दी कि अभी उन्होंने कोई फ़ैसला नहीं किया है।''[४५]

जब पुलिस ९ अगस्त, १९४२ को सुबह के अँधेरे में गाँधी और देसाई को गिरफ़्तार करने पहुँची, तो नारायण देसाई, जो उस समय सात साल के थे, ने अपने पिता के लिए थोड़ा-सा सामान बाँधना शुरू कर दिया। महादेव ने उनको यह कहकर रोका कि ''इस सब चीज़ों की कोई

ज़रूरत नहीं है। बापू का अनशन मेरे सिर पर डेमाक्लीज़ की तलवार की तरह लटक रहा है। अगर वे अनशन पर बैठते हैं, तो मुमकिन है सरकार उनको मर जाने दे। मैं यह सब देखने के लिए जीवित रहने वाला नहीं हूँ। मैं नहीं जानता कि मैं जेल में एक हफ़्ते से ज़्यादा जीवित रह पाऊँगा या नहीं।''[४६]

जब गाँधी गिरफ़्तार किये जा रहे थे तो उनके उपवास को लेकर आशंकित अपने एक दोस्त से उन्होंने कहा था कि उनका ''इरादा तत्काल अनशन की घोषणा करने का नहीं था।''[४७] अनशन का दरवाज़ा खुला ही रहा।

महादेव देसाई का अपना स्वास्थ्य भी एक नाज़ुक मोड़ पर था। जब महादेव ने गाँधी के साथ आग़ा ख़ाँ पैलेस में प्रवेश किया था, तो वे हाल ही में हुए हृदयाघात से उबर रहे थे। सचिव गाँधी के लिए जिस तरह से समर्पित, ऊर्जस्वित ढंग से रोज़मर्रा काम जारी रखे हुए थे, उसके चलते आश्रम उनके कमज़ोर दिल के बारे में लगभग भूल चुका था।

जेल में महादेव गाँधी पर उद्विग्न नज़र रखे हुए थे, क्योंकि उनको भय था कि वे किसी भी समय वह घातक अनशन शुरू कर सकते थे। महादेव को बार-बार यह दुहराते हुए सुना गया था कि ''ईश्वर से मेरी एक ही प्रार्थना है, 'मेहरबानी करके मुझे बापू से पहले उठा लें,' और ईश्वर ने मेरी प्रार्थना को कभी अनसुना नहीं किया।''[४८] साथी क़ैदी उनको ज़बरदस्त तनाव में रहते हुए देख रहे थे। छह दिन बाद महादेव अचानक ढह गये। उनकी मृत्यु गाँधी की बाँहों में हुई।

गाँधी नीचे झुककर महादेव का सिर सहलाते हुए चिल्लाये, ''महादेव! उठो! महादेव!''[४९]

जिस तरह ईसा की पुकार पर लेज़ारॅस उठ खड़े हुए थे, वैसा कुछ नहीं हुआ : महादेव नहीं उठे।

जब बाद में गाँधी से उनके इस शिष्य को लगायी गयी पुकार के बारे में पूछा गया, तो गाँधी ने कहा,

> मुझे पूरा विश्वास है कि अगर महादेव ने एक बार भी आँखें खोलकर मेरी ओर देखा होता, तो वह उठ गया होता। उसने अपनी ज़िन्दगी में एक बार भी ऐसा नहीं किया कि मेरी आज्ञा न मानी हो। अगर मेरे शब्द

उसके कानों तक पहुँच सके होते, तो मुझे पूरा विश्वास है कि वह मौत से लड़कर उठ खड़ा हुआ होता।[५०]

गाँधी को अपने शिष्य के प्रेम की गहरायी को महसूस के लिए शायद यह ज़रूरी था कि महादेव अपनी आँखें न खोलते।

नारायण देसाई का ऐसा विश्वास है कि उनके पिता की मृत्यु की वजह से ही गाँधी एक उतावले, और शायद सांघातक अनशन से विमुख हुए थे। गाँधी के एक अन्य सचिव और जीवनीकार प्यारेलाल इस बात से सहमत हैं कि महादेव की मौत ने गाँधी के उपवास को रोका था। उन्होंने कहा था :

> जब गाँधीजी को आमरण अनशन पर बैठने से रोकने के लिए तमाम लोगों के अनुरोध नाकाम रहे, तब महादेव सफल हुए। ये मेरी जानकारी में गाँधीजी के समूचे जीवन की अपनी तरह की एकमात्र घटना है।[५१]

गाँधी ने सीधे-सीधे यह कहा था :

> महादेव का बलिदान कोई छोटी चीज़ नहीं है। उसने 'करो या मरो' के आह्वान का पूरी तरह पालन किया। यह बलिदान हिन्दुस्तान की मुक्ति के दिवस को तेज़ गति देकर रहेगा।[५२]

अपने गुरु की ख़ातिर शिष्य पहले ही चला गया।

१९४४ की गर्मियों में, जब अँग्रेज़ अन्ततः हिन्दुस्तान को स्वाधीनता प्रदान करने की दिशा में बढ़ रहे थे, तब गाँधी उन लोगों के गिरोह द्वारा एक से अधिक बार सताये और धमकाये गये, जिनमें से कुछ लोग साढ़े तीन साल बाद उनकी हत्या करने वाले थे।

इस तरह की पहली घटना जुलाई १९४४ में हुई, जब गाँधी अपनी अन्तिम जेल यात्रा के बाद बीमारी से उबरते हुए पंचगनी की यात्रा पर गये थे। एक चार्टर्ड बस में सवार होकर पच्चीस नौजवान पूना से पंचगनी पहुँचे। शाम ५.३० बजे आयोजित होने वाली गाँधी की प्रार्थना-सभा के पहले इन आदमियों ने शहर में घूम-घूमकर गाँधी-विरोधी नारे लगाये। प्रत्यक्षदर्शियों द्वारा इस बारे में दिये गये ब्योरे अलग-अलग हैं कि इस समूह का नेता कौन था और उसने उस प्रार्थना-सभा में क्या किया था।

कुछ प्रत्यक्षदर्शियों के मुताबिक़ नाथूराम गोडसे हाथ में खंजर लिये 'गाँधी मुर्दाबाद!' का नारा लगाता हुआ गाँधी की ओर दौड़ा। गाँधी के दो समर्थकों ने गोडसे को क़ाबू में कर उसका हथियार छीना। यह वही आदमी था जिसने ३० जनवरी, १९४८ को गाँधी को गोली मारकर उनकी हत्या की थी। गाँधी का बचाव करने वाले इन दो व्यक्तियों में से एक व्यक्ति था डी. भिलारे गुरुजी, जो बाद में कांग्रेस की ओर से विधान सभा के सदस्य बने थे। गुरुजी ने याद किया था कि जब उन्होंने तथा एक और आदमी ने नाथूराम को पकड़ा और उससे संघर्ष किया, तो गाँधी ने उनको पुकारा और हमलावर के साथ अभद्रता न बरतने का निर्देश दिया। वे चाहते थे कि नाथूराम गोडसे को उनके पास लाया जाता ताकि वे उससे बात कर सकते।[५३] पुलिस ने गोडसे और उसके साथियों को गिरफ़्तार कर लिया। गाँधी ने, गोडसे से आग्रह किया था कि वह उनके साथ आठ दिन बिताये ताकि वे उसका दृष्टिकोण समझ सकें। गोडसे ने उनके निमन्त्रण को ठुकरा दिया था और उदार-हृदय गाँधी ने उसको आज़ादी के साथ वहाँ से चले जाने की इज़ाज़त दे दी थी।

दो पुलिस अधिकारियों के मुताबिक़, यह लोगों का समूह था जिसने नारे लगाते हुए सभा में बाधा डाली थी, उनके किसी खंजरधारी नेता ने गाँधी पर हमला करने की कोशिश नहीं की थी। पुलिस के इस बयान के मुताबिक़ इस झुण्ड का नेता नाथूराम गोडसे नहीं, बल्कि उसका दोस्त नारायण आप्टे था।[५५] हालाँकि नेता के रूप में पुलिस द्वारा की गयी आप्टे की पहचान इसलिए भी महत्त्वपूर्ण है, क्योंकि यह नारायण आप्टे ही था जिसको १९४८ में गोडसे के साथ मौत की सज़ा सुनायी गयी थी, क्योंकि दोनों ने मिलकर गाँधी की हत्या की अगुआई की थी।

भविष्य के इन दोनों हत्यारों में से जिस किसी ने भी जुलाई १९४४ में गाँधी की हत्या करने या महज़ उनकी सभा में ख़लल डालने के उद्देश्य से भीड़ का नेतृत्व किया हो, लेकिन यह घटना गाँधी के भविष्य पर मँडराती एक और आदमी की छाया का साक्ष्य थी, और वह आदमी था विनायक दामोदर सावरकर जो गाँधी का लन्दन के ज़माने का अपराजेय शत्रु था। नाथूराम गोडसे और नारायण आप्टे, दोनों ही सावरकर के शिष्य थे, जो अब सम्भावित हत्यारों के एक काडर के रूप में जेल से आज़ाद हो चुके थे।

अँग्रेज़ी साम्राज्य से सावरकर द्वारा की गयी क्षमादान की याचना उनके लिए फलदायी साबित हुई, साम्राज्य के इस 'भटके हुए बेटे' के लिए, जैसा कि उन्होंने १९१३ में 'माई-बाप सरकार के द्वार' पर क्षमादान की याचना पेश करते हुए स्वयं को कहा था।[५६] पोर्ट ब्लेयर के एकान्त कारावास के दौरान सावरकर की विचारधारा साम्राज्य के ख़िलाफ़ विद्रोह से विमुख हो चुकी थी। सितम्बर १९१४ में उन्होंने हिन्दुस्तान की अँग्रेज़ सरकार को एक ख़त लिखकर एक साझा नस्लपरक पृष्ठभूमि पर आधारित ऐसे हिन्दुस्तानी-अँग्रेज़ी गठबन्धन की उम्मीद ज़ाहिर की थी जो उनके मुताबिक़ अँग्रेज़ी साम्राज्य को 'आर्य साम्राज्य' में रूपान्तरित कर देती।[५७] उन्होंने लिखा था कि "अगर अँग्रेज़ी साम्राज्य हिन्दुस्तान को उसकी आज़ादी के लिए अनिवार्य शासन-पद्धति से लैस कर दें," तो वे और अन्य क्रान्तिकारी नेता अब "ब्रिटिश साम्राज्य के साथ मैत्री स्थापित करने को तैयार और उत्सुक हैं।"[५८]

१९२१ में दूसरे क़ैदियों के साथ अपनी चर्चा के दौरान सावरकर ने गाँधी द्वारा चलायी जा रही स्वाधीनता की राष्ट्रव्यापी मुहिम की यह कहकर निन्दा की थी कि वह

> अहिंसा और सत्य के विकृत सिद्धान्त से हासिल की जाने वाली थी। स्वराज के लिए चलाया गया इन दो सिद्धान्तों पर आधारित असहयोग आन्दोलन एक शक्तिहीन आन्दोलन था जिससे देश की शक्ति का विनाश सुनिश्चित था। यह एक मरीचिका है, एक विभ्रम है, जो उस समुद्री तूफ़ान से भिन्न नहीं है जो जिस ज़मीन से होकर गुज़रता है उसको सिर्फ़ उजाड़ता ही है। यह विक्षिप्तता की बीमारी है, एक महामारी और अहंकार का उन्माद।[५९]

१९२१ में अँग्रज़ों ने सावरकर को अण्डमान द्वीप से हटाकर रत्नागिरि स्थित हिन्दुस्तान के एक अधिक सह्य कारावास में भेज दिया, जहाँ वे जेल के पुस्तकालय के प्रभारी बन गये। १९२३ में उनको वहाँ से यरवदा जेल भेज दिया गया, जहाँ उनको जेल कारख़ाने का मुखिया बना दिया गया और कक्षाओं में पढ़ाने की इज़ाज़त दे दी गयी। उन्होंने अपनी इस नयी आज़ादी का इस्तेमाल हाल ही में क़ैद किये गये सत्याग्रहियों के विचारों को बदलने के लिए किया।

उन्होंने अपने संस्मरणों में लिखा था कि

> मैंने यहाँ गाँधी के इन तमाम अनुयायियों की तीख़ी आलोचना की ताकि उनकी आँखों पर पड़ा परदा हट सकता...। चरखा कातकर, स्वराज हासिल करना, हिन्दुओं के कर्तव्य के रूप में मुसलमानों के, ख़िलाफ़त आन्दोलन का समर्थन करना, और अहिंसा की हास्यास्पद परिभाषाएँ, इन सबकी मैंने अकाट्य तर्कों और इतिहास के हवालों के माध्यम से धज्जियाँ उड़ा दीं।[६०]

गाँधी ख़ुद भी उसी समय यरवदा जेल के एक क़ैदी थे जब सावरकर वहाँ थे। गाँधी उस साम्राज्य के ख़िलाफ़ देशद्रोह के आरोप में कै़द थे जिसके प्रति अब सावरकर वफ़ादरी की पैरवी कर रहे थे। गाँधी, जो कि साम्राज्य के एक भूतपूर्व वफ़ादार नागरिक हुआ करते थे, अब उसके सबसे प्रमुख विरोधी बन गये थे, जबकि प्रसिद्ध विद्रोही सावरकर ने अँग्रेज़ों से वादा किया था कि वे अपनी रिहाई के बदले में राजनैतिक कार्रवाई से दूर रहेंगे।

सावरकर ने साम्राज्य के प्रति अपनी निष्ठा का वचन यरवदा में बम्बई के अँग्रेज़ गवर्नर सर जॉर्ज लॉयड को दिये गये एक साक्षात्कार में दिया था। उन्होंने अपनी रिहाई के लिए गवर्नर द्वारा रखी गयी इस शर्त को स्वीकार किया था कि वे न तो रत्नागिरि ज़िले के बाहर जायेंगे और न ही किसी राजनैतिक गतिविधि में मुब्तिला होंगे। सावरकर को यरवदा जेल से ६ जनवरी, १९२४ को रिहा कर दिया गया।[६१]

उन्होंने अँग्रेज़ों के सामने अपने घुटने टेक देने का औचित्य यह कहते हुए प्रतिपादित किया था कि वे एक बन्दी बना लिये गये सेनापति थे, और अपनी तुलना उन्होंने भगवान कृष्ण से की थी :

> युद्धबन्दी सेनापति युद्ध संचालित नहीं कर सकते और रणभूमि में नहीं आ सकते। वे अपनी निष्ठा का वचन देने के बदले जमानत पर छोड़ दिये जाते हैं, उन भगवान कृष्ण की तरह जो इस बात पर राज़ी हो गये थे कि वे पूरे युद्ध के दौरान अस्त्र नहीं उठायेंगे। और उनके इस समझौते को कोई अपमानजनक चीज़ की तरह नहीं देखा गया था।''[६२]

सावरकर ने अपने संस्मरणों में अपनी रिहाई से पहले अपने साथी क़ैदियों के साथ हुई एक बातचीत को बयान किया था। लगता है जैसे इन लोगों द्वारा उनको दी गयी विदायी ने उनको १९०९ में लन्दन में गाँधी के साथ हुई बहस के विषय की याद दिला दी थी : 'रामायण' में वर्णित रावण पर

राम की विजय, पाप पर पुण्य की विजय। वे याद करते हुए लिखते हैं कि उनके समर्थकों ने १९२४ की उनकी रिहाई को महाकाव्यात्मक पदावली में यह कहते हुए घोषित किया था कि "सावरकर, अपने देश से आपका निर्वासन वैसा ही था जैसे राम का निर्वासन था, जिनको चौदह बरस के लिए वनवास में जाना पड़ा था...। आपने भी उसी तरह की कठिन परीक्षाओं, कष्टों और अपने प्रियजनों के वियोगों को झेला है।" सावरकर कहते हैं कि उन्होंने इसके जवाब में कहा था :

> इस तुलना में एक बहुत बड़ी चूक है। राम को देशनिकाला दिया गया था, लेकिन राम ने रावण को ख़त्म कर युद्ध को जीत लिया था। मुझे भी देशनिकाला दिया गया और उसकी पीड़ाओं को मैंने झेला, लेकिन रावण अभी भी ज़िन्दा है। मैं स्वयं को तभी आज़ाद महसूस करूँगा जब यह काम पूरा हो जायेगा। ईश्वर की कृपा बनी रही तो यह काम उसी तरह ख़ुद-ब-ख़ुद पूरा हो जायेगा जिस तरह वे दूसरे छोटे-छोटे काम हुए हैं जिनमें मैंने हाथ डाला है। एक दिन, कभी, यह काम भी हो जायेगा और तब आप फ़र्क़ को समझ सकेंगे, और तब वह घटना आपको बहुत पीड़ा पहुँचायेगी।[६३]

'एक दिन, कभी' रावण की हत्या के माध्यम से राम की विजय के नाटक की पुनर्प्रस्तुति, जो 'आपको पीड़ा पहुँचायेगी', की सावरकर की यह भविष्यवाणी उनके जेल-संस्मरणों के अँग्रेज़ी अनुवाद में शामिल की गयी थी। सावरकर द्वारा जाँचा गया यह अनुवाद १९५० में,[६४] सावरकर के चेलों की मण्डली द्वारा की गयी गाँधी की हत्या के दो साल बाद प्रकाशित हुआ था।

१९२४ में समुद्र तट के एक छोटे-से नगर रत्नागिरि में रिहाई के बाद सावरकर वाक़ई राजनैतिक गतिविधियों में तो मुब्तिला हुए, लेकिन उन्होंने ऐसा कुछ भी नहीं किया जिससे अँग्रेज़ अधिकारी परेशान होते। रत्नागिरि की जेल में रहते हुए सावरकर ने अपनी सबसे प्रसिद्ध पुस्तक 'हिन्दुत्व : व्हाट इज़ अ हिन्दू?' लिखी थी, जो उनके द्वारा नयी-नयी अपनायी गयी हिन्दू राष्ट्रवादी विचारधारा की उद्घोषणा

करने वाला निबन्ध था। जेल के बाहर वे अपनी आक्रामक रूप से मुस्लिम-विरोधी और सांस्कृतिक रूप से हिन्दूवादी विश्व-दृष्टि के प्रमुख प्रचारक बन गये थे। हिन्दुओं और मुसलमानों के बीच वे जिस तरह के दोटूक विभाजन को प्रोत्साहित कर रहे थे वह व्यावहारिक तौर पर बाँटो और राज करो की अँग्रेज़ों की रणनीति का एक हिन्दुस्तानी अनुमोदन था।

मार्च १९२५ में रत्नागिरि में सावरकर के शुरुआती मुलाक़ातियों में एक के.बी. हेडगेवार थे, जो एक चिकित्सक थे और हाल में प्रकाशित सावरकर की पुस्तक हिन्दुत्व से प्रेरित थे। हेडगेवार ने सावरकर से परामर्श किया कि उनकी हिन्दू राष्ट्रवादी कल्पना को किस तरह साकार किया जाये। इस विचार-विमर्श के बाद हेडगेवार ने राष्ट्रीय स्वयंसेवक संघ (आरएसएस) की स्थापना की,[६५] जिसके सीधे-सादे नाम के पीछे एक ऐसा संगठन छिपा हुआ था जो सचेत ढंग से मुसोलिनी की फ़ासीवादी ब्लैकशर्ट्स मुसोलिनी की राष्ट्रीय फ़ासीवादी पार्टी का अर्धसैनिक धड़ा, "राष्ट्रीय सुरक्षा के लिए सक्रिय स्वयंसेवी नागर सेना," की नक़ल करता था।[६६] यह आरएसएस बीसवीं सदी के अन्त में हिन्दुस्तान में राजनैतिक सत्ता हासिल करने के उद्‌देश्य से मुसलमानों को आतंकित करने के लिए कुख्यात होने वाला था। जिस समय सावरकर ने एक नया विचारधारात्मक अनुयायी वर्ग तैयार करने की शुरुआत की थी, तब १९२७ में गाँधी रत्नागिरि के उनके घर पर उनसे एक दोस्ताना मुलाक़ात करने गये थे। यह दोनों की आख़िरी मुलाक़ात थी। मुलाक़ात के बाद जब गाँधी वहाँ से निकल रहे थे, तो उन्होंने सावरकर से कहा, "आप जो भी प्रयोग कर रहे हैं उनकी क़ीमत राष्ट्र को चुकानी पड़ेगी।"[६७]

१९२९ में डाक विभाग के एक कर्मचारी को रत्नागिरि स्थानान्तरित किया गया। गोडसे के परिवार के नगर में आने के तीन दिन बाद, विनायक का उन्नीस साल का बेटा नाथूराम पहली बार सावरकर से मिलने गया। जैसा कि नाथूराम के छोटे भाई और गाँधी की हत्या के षड्यन्त्र में शामिल गोपाल ने लिखा है, नाथूराम तब "अक्सर सावरकर से मिलने जाया करते थे...। नाथूराम ने ख़ुशी-ख़ुशी वीर सावरकर के लेखन की प्रतिलिपियाँ तैयार करने का काम सँभाल रखा था।"[६८] नाथूराम की इस समर्पण-भावना से प्रभावित होकर सावरकर ने उसको अपना सचिव नियुक्त कर लिया।[६९] नाथूराम आरएसएस में भी भर्ती हो गया, जहाँ अन्त में वह उसकी

एक शाखा के 'अकादेमिक विभाग' का मुखिया बन गया।[७०] नाथूराम को एक ऐसा पेशा हाथ लग गया था जिसमें वह आजीवन लगा रहने वाला था —सावरकर की शिक्षाओं के अनुसरण, प्रचार और क्रियान्वयन का पेशा।

१९३० में, सावरकर ने हिन्दू महासभा नामक एक मुसलमान-विरोधी, सैन्योन्मुख संगठन तैयार करने में मदद की। वे १९३७ से १९४४ तक इस महासभा के अध्यक्ष रहे। जब दूसरा विश्वयुद्ध शुरू हुआ, तो सावरकर ने हिन्दू नौजवानों से अँग्रेज़ों के नेतृत्व वाले सैन्य बलों में शामिल होने का अनुरोध किया ताकि वे "एक लड़ाकू नस्ल में पुनर्जन्म ले सकते।"[७१] उनका १९४० का नारा हिन्दू राष्ट्रवाद के साथ युद्धपरक उद्यम का गठजोड़ क़ायम करने वाला था : "सारी राजनीति का हिन्दूकरण करो और हिन्दुत्व का सैन्यीकरण करो।"[७२]

सावरकर के अनुयायियों की साज़िश से जुड़ी १९४४ की एक दूसरी घटना एक बार फिर गाँधी की हत्या की पूर्वसूचना देने वाली थी। यह पहली घटना—सितम्बर १९४४—के दो महीने बाद की है, जब गाँधी मोहम्मद अली जिन्ना के साथ वह बातचीत करने वाले थे जिसको लेकर उनको उम्मीद थी कि वह इस मुसलमान नेता के साथ एकता क़ायम करने वाली साबित होगी। नाथूराम गोडसे समेत नौजवानों का एक और समूह गाँधी के सेवाग्राम आश्रम में पहुँचा, जिसने गाँधी को जिन्ना से मिलने से रोकने के लिए सार्वजनिक रूप से शपथ ली। इन लोगों ने इस मुलाक़ात के लिए गाँधी को आश्रम से बाहर जाने से रोकने की तैयारी के सिलसिले में आश्रम के द्वार को घेर लिया। जब पुलिस ने इन आदमियों को गिरफ़्तार कर उनकी तलाशी ली, तो उन्होंने पाया कि एक व्यक्ति ने अपने पास "७१/२ इंच लम्बा एक पैना चाकू छिपा रखा था।"[७३]

गाँधी के सचिव प्यारेलाल ने गाँधी पर लिखी अपनी जीवनी में उस बातचीत का वर्णन किया है जो उस दिन गिरफ़्तार करने वाले एक अधिकारी तथा उस आदमी के बीच हुई थी जिसने वह चाकू छिपा रखा था :

> उस अधिकारी ने मज़ाक़ के लहजे में कहा, "जो भी हो, तुम्हें एक शहीद होने का सन्तोष तो मिल ही गया।"
>
> उस आदमी ने फुर्ती से जवाब दिया, "नहीं, वह तब मिलेगा जब कोई व्यक्ति गाँधी जी की हत्या कर देगा।"

अधिकारी ने कहा, ''यह मसला हल करने की ज़िम्मेदारी तुम नेताओं पर ही क्यों नहीं छोड़ देते? उदाहरण के लिए, सावरकर आकर यह काम कर सकते हैं।''

उस आदमी ने जवाब दिया, ''यह गाँधी जी के लिए कुछ ज़्यादा ही बड़ा सम्मान देना होगा। इस काम के लिए अपने बग़ल में खड़े आदमी की ओर संकेत करते हुए, जमादार ही काफ़ी होगा।''[७४]

प्यारेलाल टिप्पणी करते हैं : ''जिस आदमी को जमादार कहा गया था वह उस घेराबन्दी में उसका साथ देने वाला व्यक्ति—नाथूराम विनायक गोडसे था—गाँधी का भावी हत्यारा।

गाँधी की हत्या, जिसे वास्तव में गोडसे ने अंजाम दिया था, का सन्दर्भ यह था कि गाँधी ने १२ जनवरी, १९४८ की दिल्ली की अपनी प्रार्थना-सभा में यह ऐलान किया था कि अगले दिन से वे आमरण अनशन पर बैठने वाले हैं। उन्होंने कहा था कि ''मैं हिन्दुओं, सिखों और मुसलमानों के बीच हार्दिक मैत्री के लिए लालायित हूँ।''[७६] पिछले डेढ़ साल से हिन्दू, सिख और मुसलमान एक-दूसरे की हत्याएँ करने में लगे थे, जिनके परिणामस्वरूप और जिनकी वजह से अँग्रेज़ी हुकूमत द्वारा अगस्त १९४७ में हिन्दुस्तान और पाकिस्तान नामक दो नये स्वाधीन देशों के रूप में उस देश का विभाजन किया गया था जो इसके पहले तक एक हिन्दुस्तान हुआ करता था। बड़ी तादाद में हिन्दुओं और सिखों को पाकिस्तान से, और लगभग उतने ही मुसलमानों को हिन्दुस्तान से निकाल बाहर कर दिया गया था। दोनों तरफ़ के हज़ारों लोग मर गये थे, मर रहे थे, या अपने शत्रुओं से जान बचाकर भाग रहे थे।

गाँधी व्याकुल थे। उन्होंने कहा था :

> एक समय था जब इस बात पर किसी को भरोसा नहीं होता था कि हिन्दुस्तान अहिंसा के रास्ते स्वाधीनता हासिल कर सकेगा। लेकिन अब जबकि स्वाधीनता एक हक़ीक़त बन चुकी है, हम अहिंसा को अलविदा कह रहे हैं...। अगर हिन्दुस्तान को अब अहिंसा की कोई ज़रूरत नहीं रह गयी है, क्या उसे मेरी ज़रूरत भी रह गयी हो सकती है? मुझे ज़रा भी

> अचरज नहीं होगा अगर राष्ट्रीय नेता मेरे प्रति सारा सम्मान व्यक्त करने के बावजूद एक दिन यह कहें कि "इस बुड्ढे से हम तंग आ चुके हैं। ये हमें अकेला क्यों नहीं छोड़ देता?"[७७]

अक्टूबर १९४६ में गाँधी हताशा के शिकार हो गये। उन तक ख़बरें पहुँचीं कि पूर्वी बंगाल के मुस्लिम-बहुल आबादी वाले नोआखाली ज़िले के मुसलमान हिन्दुओं का जनसंहार कर रहे हैं। इसके बदले में हिन्दू-बहुल आबादी वाले बिहार प्रान्त के हिन्दू मुसलमानों का जनसंहार कर रहे थे। हिन्दू-मुसलमान एकता का जो सपना गाँधी आजीवन देखते आये थे वह अँधेरे में डूब रहा था। उन्होंने तुरन्त नोआखाली जाने का निश्चय किया।

उन्होंने एक दोस्त से कहा था, "मैं नहीं जानता, मैं वहाँ जाकर क्या कर पाऊँगा, मैं तो सिर्फ़ इतना जानता हूँ कि जब तक मैं वहाँ नहीं जाऊँगा तब तक मुझे शान्ति नहीं मिलेगी।" उनका विचार सिर्फ़ नोआखाली के लोगों तक, वहाँ के हिन्दुओं और मुसलमानों तक पहुँचने का, और जो ईश्वर कराता उसे करने का था। विचार जब तक कार्यरूप नहीं लेता तब तक वह अशक्त बना रहता है। उन्होंने कहा कि

> लेकिन अपनी नवजात पवित्रता से युक्त और हमारे अस्तित्व की अविभाजित उत्कटता स लैस एक क्रियात्मक विचार शक्ति का पुंज बन सकता है और इतिहास रच सकता है।[७८]

नोआखाली एक डेल्टा पर स्थित चालीस वर्ग किलोमीटर में फैला सघन बसावट वाला क्षेत्र था, जहाँ तक सिर्फ़ जलमार्ग से, वनस्पतियों से ढकी पगडण्डियों के रास्ते, और नाज़ुक पुलों से होकर ही पहुँचा जा सकता था।[७९] इसकी आबादी में १,८०,०००० मुसलमान और ४०,०००० हिन्दू शामिल थे। ये अल्पसंख्यक हिन्दू भूमिपति और व्यवसायी थे। उनने उन मुसलमान कामगारों के मन में बैठे अन्याय के अहसास की ओर कोई ध्यान नहीं दिया था जिनने, अन्यत्र हिन्दुओं द्वारा मुसलमानों के मारे जाने के क़िस्सों से क्रोधित होकर नोआखाली के हिन्दुओं पर वहशियाना हमले कर दिये थे।[८०]

गाँधी उन गाँवों में गये जो सबसे ज़्यादा प्रभावित हुए थे। इन सभी जगहों पर एक ही तरह की हालत थी—थोड़े-से हिन्दू परिवारों की जिन झोंपड़ियों को जलाकर राख कर दिया गया था, वे बड़ी तादाद में मुसलमानों के घरों

से घिरी हुई थीं। इस तरह के ज़्यादातर इलाक़ों के हिन्दू मार दिये गये थे, जिनके शवों के जले हुए अवशेष और अस्थियाँ जहाँ-तहाँ बिखरे पड़े थे। अन्य हिन्दू भाग गये थे। जो बचे रह गये थे उनके चेहरों पर वीरानी छायी हुई थी। वे गहरे सदमे और आतंक में रह रहे थे। ज़्यादातर मुसलमान गाँधी के सवालों के जवाब में साफ़ मुकर गये। उस भयावहता की ज़िम्मेदारी लेने को कोई तैयार नहीं था, जो चारों तरफ़ पसरी हुई थी।

लेकिन जहाँ गाँधी यह देख रहे थे कि बंगाल में किस तरह बहुसंख्यक मुसलमानों ने हिन्दुओं की मारकाट की थी, वहीं उनको वे ख़बरें भी सुनने को मिल रही थीं कि किस तरह बिहार में बहुसंख्यक हिन्दू मुसलमानों के क़त्ल कर रहे थे।[८१]

१८ नवम्बर, १९४६ की अपनी प्रार्थना-सभा में गाँधी ने उस ख़ौफ़ का वर्णन किया था जिसे उन्होंने नोआखाली में सर्वत्र देखा था। इसी के साथ उन्होंने इस बारे में भी बात की थी कि इस ख़ौफ़ पर किस तरह विजय पायी जा सकती थी :

> जितना ही मैं इन इलाक़ों में गया, उतना ही मैंने पाया कि भय आपका सबसे बड़ा दुश्मन है। आतंकवादी और आतंकित, दोनों ही समान रूप से इसके शिकार होते हैं। यह उनके मर्मस्थलों को नष्ट कर देता है। आतंकवादी को अपने शिकार से किसी चीज़ का भय होता है। वह आतंक के शिकार व्यक्ति का वह मज़हब हो सकता है, जो आतंकवादी के मज़हब से भिन्न होता है, या वह आतंक के शिकार व्यक्ति की दौलत हो सकती है...।
>
> लेकिन ऐसा कोई इनसान न कभी हुआ है और न होगा जो किसी ऐसे इनसान को डरा सके जिसने भय को अपने हृदय से निकाल फेंका है क्योंकि ईश्वर हमेशा निर्भय व्यक्ति के साथ होता है। अगर हम ईश्वर को अपना एकमात्र आश्रय बना लें, तो हमारे सारे भय जाते रहेंगे। जब तक आप अपने अन्दर निर्भीकता को विकसित नहीं करते, तब तक इन इलाक़ों में हिन्दुओं को या मुसलमानों को शान्ति नहीं मिल पायेगी।[८२]

निर्भीकता का अर्थ था आतंक में डूबे क्षेत्र के भीतर अकेले चलते चले जाना। विचार आतंक से लड़ने के लिए एक कार्य-योजना की माँग करता था, जिसमें गाँधी अपने सहकर्मियों के साथ साझा करते। उन्होंने मुट्ठीभर

सत्याग्रहियों को आमन्त्रित किया जो उनके साथ निडरता को जीने के लिए आतंक में डूबे नोआखाली के एक के बाद एक गाँव में फैल गये थे। उनमें से हरेक सामूहिक हत्या के कुकर्मियों और उनके शिकारों के बीच अकेला रह रहा था। वे "उस गाँव के हिन्दुओं की सुरक्षा और हिफ़ाज़त की ख़ातिर स्वयं को बन्धक बनाने के लिए"[८३] मौजूद थे। वे जले हुए और तहस-नहस कर दिये गये मकानों की सफ़ाई करते, घरों का पुनर्निर्माण करते, समुदाय की सेवा करते, और हिन्दुओं और मुसलमानों के बीच धीरे-धीरे आपसी विश्वास को फिर से स्थापित करते। जो हिन्दू आतंक से घबराकर भाग गये थे, उनकी सुरक्षित, शान्तिपूर्ण वापसी के लिए वे मुसलमानों से मदद माँगते। निर्भीकता की ख़ातिर हर सत्याग्रही अपना रचनात्मक काम अकेले करता था या करती थी, जिसके लिए वह सम्बन्धित गाँव के लोगों की मदद पर निर्भर होता था/होती थी।[८४] उद्देश्य था निर्भीक अहिंसा के माध्यम से नोआखाली से आतंक को हटाना।

गाँधी के दल के एक शंकालु व्यक्ति ने कहा, "आप ऐसे लोगों से संवेदनशीलता की उम्मीद कैसे कर सकते हैं जो आपके ख़ून के प्यासे हैं? अभी हाल ही में आपके दो कार्यकर्ताओं की हत्या कर दी गयी थी।"

"मुझे मालूम है," गाँधी ने कहा, "इसी ग़ुस्से को क़ाबू में करना हमारा काम है।"

उन्होंने अपने एक दोस्त को लिखा था :

> मैं जिस काम में यहाँ लगा हूँ वह हो सकता है मेरा आख़िरी कर्म हो। अगर मैं यहाँ से ज़िन्दा और सकुशल लौट आता हूँ, तो यह मेरे लिए पुनर्जन्म प्राप्त करने जैसा होगा। मेरी अहिंसा की यहाँ जिस तरह बार-बार परीक्षा ली जा रही है, वैसी कभी नहीं ली गयी।[८५]

जनवरी १९४७ में श्रीरामपुर गाँव में रहने के बाद गाँधी ने आतंकग्रस्त इलाक़े में पैदल चलते हुए रोज़मर्रा तीर्थयात्रा की शुरुआत की। सात सप्ताहों के भीतर उन्होंने ११६ मील चलते हुए ४७ गाँवों का भ्रमण किया।[८६]

हर रोज़ सुबह ७.३० बजे सूरज के उगने के साथ गाँधी अपनी यात्रा पर निकल पड़ते—रवीन्द्रनाथ ठाकुर का गीत 'एकला चलो' गाते हुए, जो उनकी इस तीर्थयात्रा के मूल विचार को व्यंजित करता था :

अकेले चलो

अगर तेरी पुकार सुन कोई न आये तो फिर अकेला चल;
अगर वे सब डर के मारे दीवार की ओर मुँह मोड़ लें,
तो हे अभागे,
तू डरे बिना मुक्त-कण्ठ अपनी बात कह।

जब निर्जन वनप्रान्तर में वे तुझे अकेला छोड़कर चले जायें,
तो ओ अभागे,
पथ के कण्टकों को अपने पैरों से कुचलता हुआ
ख़ून से लथपथ रास्ते पर तू अकेला चल।

जब प्रभंजन से भरी अँधेरी रात में
कोई दीपक उठा तुझे रोशनी न दिखाये,
ओ अभागे,
तू अपनी पीड़ा की बिजली से अपने हृदय को जला
और उसे अकेला जलने दे।[८७]

आकाश और हरियाली की पृष्ठभूमि में गाँधी को ऊँचे खम्भों पर टिके बाँस के पुल, शैंको को पार करते हुए देखा जा सकता था। सतहत्तर साल की उम्र में ख़तरनाक ढंग से फिसलन-भरे पुलों पर अपना रास्ता बनाते हुए चलने के लिए सबसे पहले मदद की ज़रूरत थी। लेकिन उन्होंने एक दिन में चार बार कम ऊँचाई वाले पुलों पर अभ्यास करने के बाद कहा, "मुझे इसे अकेले ही पार करना होगा।"[८८] वे जल्दी ही हर शैंको पर निर्भय होकर चलने लगे।

उन्होंने दूसरी बाधाओं का सामना भी किया—उनके रास्ते पर छोड़ दिया गया इनसानी मल, कभी कोई उनके चेहरे पर थूक देता, हत्या कर दिये जाने का निरन्तर ख़तरा।[८९] जैसे ही वे हर सुबह हल्की रोशनी में डूबे खेतों से होकर गुज़रते, तो वे काम पर जाते मुसलमान किसानों को सलाम करते जाते थे।[९०]

गाँधी से भयभीत दुर्भावनाग्रस्त नेताओं की चेतावनियों के बावजूद, लोग इस तीर्थयात्री के दुआ-सलामों का जवाब देते थे। वे उनकी सान्ध्यकालीन प्रार्थना-सभाओं में शामिल होते थे।[९१] लेकिन वहाँ पर भी गाँधी को मौत

के ख़तरे का सामना करना पड़ा। इस तरह की तकरारों को वे पुलिस की मदद के बिना ख़ुद ही निपटा लेते थे, जैसा कि एक संवाददाता ने देखा था, जिसने लिखा था :

> गाँधी ने सरकार के साथ ऐसा निश्चित कर रखा था कि उनकी प्रार्थना-सभाओं के दौरान किसी को गिरफ़्तार न किया जाये। एक मुसलमान आया जो महात्मा से अप्रभावित था। उसने महात्मा का गला पकड़ लिया और उसे उनका दम घुटने और चेहरा नीला पड़ने तक दबाये रहा। इस सबके बीच गाँधी मुस्कुराते रहे, बल्कि हँसते रहे। प्रतिरोध और असन्तोष तक के उस अभाव ने हमलावर को इस क़दर हतोत्साहित कर दिया कि उसने उनका गला छोड़ दिया। बाद में वह आया और महात्मा के पैरों पर गिर पड़ा और अपने उस कृत्य के लिए माफ़ी माँगने लगा।[९२]

धीरे-धीरे आतंक से परे की शक्ति की दिशा में गाँधी की इस तीर्थयात्रा ने नोआखाली पर एक असर डाला, जिसमें उनके सहकर्मियों द्वारा सम्बन्धित गाँवों में किये गये रचनात्मक काम ने भी योगदान किया था। उनकी मौजूदगी ने हिन्दू और मुसलमान, दोनों में साहस को विकसित किया।

विभाजन-पूर्व की हिंसा के एक सर्वेक्षण में न्यायमूर्ति जी.डी. खोसला ने नोआखाली में गाँधी के अहिंसक प्रतिबल को इन शब्दों में बयान किया था :

> गाँधी ने विक्षिप्त नोआखाली में विवेक और मानसिक सन्तुलन की रोशनी पैदा की थी। बड़ी तादाद में मुसलमानों ने आगे बढ़कर हिन्दू अल्पसंख्यकों की हिफ़ाज़त वचन दिया। आत्मविश्वास एक बार फिर लौटा, और हिन्दुओं ने अपने दिलों से ख़ौफ़ को निकाल बाहर कर अपने घरों को वापस लौटना शुरू कर दिया।[९३]

नोआखाली की अग्नि-परीक्षा ने अहिंसा को नहीं मारा। इसने सत्याग्रह की ताक़त में गाँधी की आस्था को और भी मज़बूती प्रदान की।[९४] इसके बाद वे मुसलमानों के जनसंहार में लगे उस हिन्दू आतंकवाद से लड़ने बिहार गये, और अन्ततः कलकत्ता और दिल्ली गये, जिसके दुश्चक्र को सिर्फ़ अहिंसा के रास्ते ही ख़त्म किया जा सकता था।

नोआखाली से लेकर बिहार, कलकत्ता और दिल्ली तक गाँधी एक ऐसा तड़ितदण्ड (लाइटनिंग रॉड) बन गये थे जो एक ओर उन इलाक़ों

के मुसलमानों की हिंसा को अपने में सोख रहा था जिनको मुसलमान पाकिस्तान की ख़ातिर हिन्दुओं से ख़ाली करवाना चाह रहे थे, और दूसरी ओर उन हिन्दुओं की हिंसा को सोख रहा था जो मुसलमानों से रहित एक शुद्ध हिन्दुस्तान चाहते थे। दिल्ली में इस अन्धड़ के केन्द्र में जहाँ हिन्दुओं का वर्चस्व था, गाँधी पर इसलिए हमला किया गया क्योंकि वे मुसलमानों का पक्ष ले रहे थे, जो कि उस सन्दर्भ में सच था। वे हमेशा अल्पसंख्यकों का पक्ष लेते थे। वे स्वयं को हमेशा उन लोगों से तादात्म्य करके देखते थे जो सबसे ज़्यादा वध्य स्थिति में होते थे, वे लोग जिनको नजरेथ के ईसा ने 'इनमें से अल्पतम' ('लीस्ट ऑफ़ दीज़')[९५] कहा था। कभी मुसलमान, कभी हिन्दू या सिख, और हमेशा ही अछूत या हरिजन (जैसा कि गाँधी वर्ण-व्यवस्था के सबसे निचले पायदान के इन लोगों को पुकारते थे)—'इनमें से अल्पतम' की यह पहचान राजनैतिक या सामाजिक परिस्थितियों पर निर्भर करती थी। गाँधी निचले पायदान के इन लोगों के साथ जिये और उन्हीं के लिए मरे।

जनवरी १९४८ में हिन्दुस्तान की हिन्दुओं के वर्चस्व वाली राजधानी दिल्ली में मुसलमानों के पक्षधर बन चुकने के बाद गाँधी के सिर पर मँडराता ख़तरा गहरा गया था। दक्षिणपन्थी हिन्दुओं ने स्वयं को गाँधी की अपनी कांग्रेस पार्टी के ख़ास तत्त्वों के साथ मिला लिया था। सावरकर के अनुयायी सरकार के मन्त्रिमण्डलीय और प्रशासनिक पदों पर थे।[९६] हिन्दू महासभा और राष्ट्रीय स्वयंसेवक संघ के उग्रवादियों ने हिन्दुस्तान के सुरक्षा बलों में भी घुसपैठ कर ली थी। प्रमुख पुलिस अधिकारी गाँधी के विविधतापूर्ण, धर्मनिरपेक्ष संघ के लोकतान्त्रिक आदर्श की बजाय एक पूरी तरह से हिन्दू राष्ट्र के प्रति ज़्यादा प्रतिबद्ध थे।[९७] अगर सम्भावित रूप से मुसलमानों के पक्षधर एक सत्याग्रही पर उन लोगों द्वारा हमला किया जाता, जिनके प्रति पुलिस हमदर्दी रखती थी, तो इन अधिकारियों पर इस सत्याग्रही के जीवन की रक्षा करने का भरोसा नहीं किया जा सकता था। इस तरह राज्य की पुलिस ने गाँधी की हत्या के लिए परिप्रेक्ष्य उपलब्ध कराया।

गाँधी जानते थे कि वे अपना बचा-खुचा जीवन एक ज्वालामुखी पर जी रहे थे। वे अपने सहकर्मियों से लगातार कहते रहते थे, "आप देखते नहीं? मैं अपनी चिता पर सवार हूँ।" क्या वे हालात के संकेतों को नहीं समझ पा

रहे थे? वे उनकी मृत्यु के संकेत थे। उन्होंने यह कहते हुए अपनी चेतावनी पर बल दिया था कि "आपको यह मालूम होना चाहिये कि यह एक लाश है जो आपसे यह बात कह रही है।"[९८]

अमंगलकारी विभाजन ने हत्या के लिए मंच तैयार कर दिया। यह उनके अपने शिष्यों, जवाहरलाल नेहरू और वल्लभभाई पटेल की भागीदारी से घटित हुआ था, क्योंकि यही लोग स्वाधीनता मिलने के महीनों पहले से चली आ रही अन्तरिम सरकार का नेतृत्व कर रहे थे।

जब फ़रवरी १९४७ में अँग्रेज़ों ने भारत को छोड़कर चले जाने के अपने इरादे का ऐलान कर दिया, तो उन्होंने सत्ता के हस्तान्तरण की शुरुआत की, जो उतना ही विभाजनकारी था जितनी विभाजनकारी उनकी हुकूमत थी। सत्ता के हस्तान्तरण के बारे में गाँधी की कांग्रेस पार्टी से एक तरह की बात करते हुए, और मोहम्मद अली जिन्ना तथा मुस्लिम लीग से दूसरी तरह की बात करते हुए, अँग्रेज़ों ने 'बाँटो और राज करो' की अपनी रणनीति को जारी रखा। इसका नतीजा हिन्दुस्तान के विभाजन और पाकिस्तान के निर्माण के रूप में सामने आया।[९९]

१९४७ के पहले दो महीनों के दौरान नोआखाली की यात्रा करने के बाद गाँधी ने पाया कि जिन्ना और नेहरू ने उनकी जानकारी के बिना स्वतन्त्र मुस्लिम राज्य के लिए जिन्ना द्वारा चलायी जा रही उस हिंसक मुहिम के सामने घुटने टेक दिये थे, जिसको विभाजन के पक्षधर अँग्रेज़ी प्रशासन के दबाव से बल मिला हुआ था।[१००] पाकिस्तान बनने की छूट के साथ विभाजन के लिए नेहरू और पटेल के अनुमोदन ने गाँधी के इन भूतपूर्व प्रतिनिधियों तथा कांग्रेस के दूसरे नेताओं को, अन्तरिम सरकार में मुस्लिम लीग के प्रतिनिधियों द्वारा महीनों से डाली जाती रही रुकावट का सामना करने के बाद, अन्ततः हिन्दुस्तान की स्वाधीन सरकार में निर्विघ्न शक्ति हासिल करने में सक्षम बना दिया। पाकिस्तान के रूप में स्वतन्त्र राज्य की ख़ातिर मुस्लिम नेताओं के हट जाने ने नेहरू और पटेल को मुक्ति का वह अहसास कराया जिसके साथ वे हिन्दुस्तान पर हुकूमत कर सकते थे। जब अँग्रेज़ों ने गुपचुप ढंग से तय कर दी गयी हिन्दुस्तान और पाकिस्तान की सरहदों का खुलासा

कर दिया, और लाखों की तादाद में हिन्दू, मुसलमान और सिख आपसी नरसंहार से घबराकर इन सरहदों के पार भागे, तो गाँधी इस विभाजन के भयावह नतीजों पर क़ाबू पाने के उपायों को तलाशने का संघर्ष कर रहे थे।

विभाजन के बाद हिन्दुओं और मुसलमानों के बीच एकता क़ायम करने के लिए गाँधी द्वारा किये गये दिल्ली के उपवास ने उस हत्यारे फ़ैसले के लिए एक तर्क उपलब्ध करा दिया जो फ़ैसला सावरकर और उनके शिष्य पहले ही ले चुके थे। गाँधी वर्षों से उनके निशाने पर रहे थे। लेकिन उनकी हत्या करने का इससे ज़्यादा उपयुक्त अवसर उनको कभी महसूस नहीं हुआ था। अब हत्यारे गाँधी पर विभाजन का दोषारोपण कर सकते थे, और कुप्रचार का सहारा लेकर उनकी हत्या को हिन्दू राष्ट्रवाद के बचाव के एक कृत्य के रूप में उचित ठहरा सकते थे। अपने गुरु के मार्गदर्शन और आशीर्वाद से एक गिरोह तैयार करने के बाद, नाथूराम गोडसे और नारायण आप्टे सावरकर के प्रमुख हत्यारों की भूमिका निभाने जा रहे थे। गोडसे पूना से प्रकाशित 'अग्रणी' नामक उस अख़बार का–जिसका नया नामकरण 'हिन्दू राष्ट्र'[१०१] किया था–सम्पादक और नारायण आप्टे उसका प्रकाशक था, जो सावरकर के उग्र हिन्दूवाद का प्रचार किया करता था। सावरकर के प्रति उनका रिश्ता पूरी तरह से साष्टांग दण्डवत् वाला था। आप्टे ने इसका सार-संक्षेप सावरकर की हिन्दुत्व सम्बन्धी विचारधारा पर केन्द्रित भाषण के लिए लिखे गये अपने एक नोट में इस तरह प्रस्तुत किया था :

> नेता— सावरकर
> नीति— नेता की आज्ञा का पालन करना।
> एक नेतृत्व का क्या अर्थ है? सम्बन्ध।
> ऊपर से मिले आदेशों का पालन करना।[१०२]

गाँधी द्वारा उनके दिल्ली उपवास की घोषणा के दो दिन पहले गोडसे और आप्टे उन शस्त्रों के लिए ऑर्डर भेज चुके थे, जिनका इस्तेमाल वे हत्या की योजना के क्रियान्वयन के लिए करने वाले थे। यह ऑर्डर उन्होंने १० जनवरी को पूना के हथियार-विक्रेता दिगम्बर बडगे को भेजा था। उन्होंने बडगे से कहा था कि वह आवश्यक विस्फोटक, रिवॉल्वर, और हथगोले १४ जनवरी तक बम्बई-स्थित हिन्दू महासभा के कार्यालय में पहुँचा दे।[१०३] सावरकर बम्बई आ गये थे, जहाँ हत्यारे अपने इस गुरु से अन्तिम निर्देश

और आशीर्वाद प्राप्त करने वाले थे। १२ जनवरी की रात, जब गोडसे और आप्टे ने अपने टेलीप्रिण्टर पर गाँधी के उपवास की घोषणा के बारे में पढ़ा, तभी उन्होंने महात्मा की हत्या के लिए लक्ष्य के तौर पर २० जनवरी की तिथि सुनिश्चित कर ली।[१०४]

अपने अन्तिम उपवास के पहले दिन, १३ जनवरी को, गाँधी ने कहा था कि

> मैं तभी अपना उपवास तोड़ूँगा जब दिल्ली में शान्ति बहाल हो जायेगी। अगर दिल्ली में शान्ति बहाल हो जाती है, तो इसका असर न सिर्फ़ पूरे हिन्दुस्तान पर पड़ेगा बल्कि पाकिस्तान पर भी पड़ेगा। जब यह हो जायेगा तभी एक मुसलमान शहर में अकेला घूम सकेगा।[१०५]

जिस दौरान गाँधी दिल्ली में अपने उद्योगपति मित्र जी.डी. बिड़ला के घर पर उपवास कर रहे थे, तभी हिन्दुस्तान की सरकार के मन्त्रिमण्डल के सदस्य पास ही में एक अत्यन्त विवादास्पद मुद्दे पर पुनर्विचार करने के लिए बैठक कर रहे थे। जब पिछले अगस्त में अँग्रेज़ों ने हिन्दुस्तान और पाकिस्तान को स्वाधीनता प्रदान की थी, तो पाकिस्तान अविभाजित हिन्दुस्तान की बाक़ी रक़म में से साढ़े-पाँच करोड़ रुपयों का लेनदार बनता था। लेकिन जब दोनों नयें देशों के बीच कश्मीर क्षेत्र की विवादास्पद सरहद को लेकर लड़ाई छिड़ गयी तो हिन्दुस्तान की सरकार ने उस भुगतान को रोक लिया था। मन्त्रिमण्डल के सदस्य जानते थे कि हिन्दुस्तान द्वारा पाकिस्तान को उक्त भुगतान न किये जाने से गाँधी विचलित थे। दूसरी तरफ़ वे इस सम्भावना से भयभीत थे कि अगर पाकिस्तान के लिए उक्त भुगतान कर दिया गया तो उसको उस चीज़ के लिए धन उपलब्ध हो जायेगा जिसे वे कश्मीर पर पाकिस्तान के क़ब्ज़े की कार्रवाई के रूप में देखते थे। हिन्दू-मुसलमान एकता के लिए किया जा रहा गाँधी का आमरण अनशन मन्त्रिमण्डल के इन सदस्यों पर दबाव डालकर उनको उनकी मानसिक और राजनैतिक सीमाओं के परे धकेल रहा था।

गाँधी के उपवास के दूसरे दिन, १४ जनवरी को गोडसे और आप्टे पूना से चलकर बम्बई में हिन्दू महासभा के कार्यालय में पहुँचे, जहाँ वे बडगे

और उसके नौकर शंकर से मिले। बडगे ख़ाकी रंग का एक भारी-भरकम थैला लेकर आया था। इस थैले में विस्फोटक गन कॉटन (सेल्यूलोज़ नाइट्रेट) की दो पट्टियाँ, फ्यूज़, प्राइमर और पाँच हथगोले थे। बडगे, आप्टे और गोडसे हिन्दू महासभा के कार्यालय से चलकर सावरकर के घर गये। बडगे घर के बाहर इन्तज़ार करता रहा और आप्टे तथा गोडसे विस्फोटकों का थैला लेकर मकान के अन्दर चले गये।[१०६]

अगले दिन आप्टे ने बडगे से कहा, "सावरकर ने फ़ैसला किया है कि गाँधी जी, जवाहरलाल नेहरू और सुहरावर्दी को 'ख़त्म' कर दिया जाये और यह काम उन्होंने हमें सौंपा है।"[१०७]

सुहरावर्दी?

ये सुहरावर्दी कौन थे जिनके बारे में सावरकर ने कहा था कि उनको गाँधी और प्रधानमन्त्री नेहरू के साथ 'ख़त्म' कर दिया जाना चाहिये?

अपने विरोधियों के प्रति गाँधी के गहरे विश्वास का उदाहरण उन शहीद सुहरावर्दी के साथ उनकी निरन्तर मैत्री में देखा जा सकता था, जो १९४६-४७ के दौरान बंगाल के मुख्यमन्त्री रहे थे।

जब गाँधी ने १९४७ में बंगाल के नोआखाली ज़िले की अकेले सुलह-यात्रा की थी, तब मुख्यमन्त्री सुहरावर्दी ने उनसे कहीं और चले जाने के लिए कहा था। सुहरावर्दी अल्पसंख्यक हिन्दुओं के ख़िलाफ़ मुसलमानों की हिंसा को कम करके आँक रहे थे, जबकि इन हिन्दुओं के उत्पीड़न को गाँधी ने प्रत्यक्ष देखा था। अगस्त १९४६ में कलकत्ता में हुए विराट जनसंहार में सुहरावर्दी अपनी सरकार की मिलीभगत के लिए हिन्दुओं के बीच कुख्यात थे। इस हत्याकाण्ड में, मुस्लिम लीग की 'सीधी कार्रवाई' और हिन्दुओं के प्रतिशोध के चार भयावह दिनों के दौरान ४ हज़ार लोग मारे गये थे और ११ हज़ार लोग घायल हुए थे।[१०८] हिन्दू शहीद सुहरावर्दी को अपना परम शत्रु मानते थे,[१०९] जिनके बारे में माना जाता था कि वही कलकत्ता के इस विराट जनसंहार के लिए सबसे ज़्यादा ज़िम्मेदार थे।[११०] लेकिन गाँधी दोनों पक्षों की ज़िम्मेदारी और प्रायश्चित्त पर बल देते थे और

इस मामले में वे किसी को बख़्शने को तैयार नहीं थे। उन्होंने सुहरावर्दी से सम्पर्क किया था, उनको चुनौती देने के लिए, लेकिन उनकी निन्दा करने के लिए नहीं।

कलकत्ता के उत्पात के बाद हुई पहली मुलाक़ात में गाँधी ने व्यंग्यात्मक मुस्कुराहट के साथ सुहरावर्दी से पूछा था, "ये क्या है, शहीद साहब, आपको हर कोई गुण्डों का मुखिया कहकर पुकारता है? ऐसा कोई व्यक्ति नहीं दीखता जो आपके बारे में कोई अच्छी राय रखता हो!"

सुहरावर्दी ने तपाक से जवाब दिया : "महात्मा जी, क्या लोग आपकी पीठ-पीछे आपके बारे में भी भला-बुरा नहीं कहते?"

"हो सकता है," गाँधी ने हँसते हुए कहा। "तब भी कुछ लोग तो हैं ही जो मुझे महात्मा कहते हैं। लेकिन, शहीद सुहरावर्दी, मैंने एक भी आदमी को आपको महात्मा कहते नहीं सुना!"

सुहरावर्दी ने कहा, "महात्मा जी, लोग आपके मुँह पर जो कहते हैं उस पर विश्वास मत कीजिये!"[१११]

यद्यपि सुहरावर्दी गाँधी के साथ चुहल कर सकते थे, लेकिन वे कलकत्ता में हुई हत्याओं के लिए कोई ज़िम्मेदारी लेने को तैयार नहीं थे। उन्होंने गाँधी के उन दोटूक ख़तों को भी ख़ारिज कर दिया था जिनमें कहा गया था कि मुख्यमन्त्री की पुलिस नोआखाली में हिन्दुओं के ख़िलाफ़ दंगा करते मुसलमानों को जानबूझकर अनदेखा कर रही थी। सुहरावर्दी ने पूरे आत्मविश्वास के साथ कहा था कि "मेरी पुलिस मेरी आँखें और कान हैं।" अपने निजी अनुभव के आधार पर गाँधी ने कहा था कि "आँख और कान के रूप में यह पुलिस अन्धी और बहरी है।"[११२]

जहाँ सुहरावर्दी के ख़त झगड़ालू होते गये, वहीं गाँधी ने अपने एक जवाब में उनको 'माइ डियर शहीद' कहकर सम्बोधित किया, इसके बाद उन्होंने उनको उस मुलाक़ात की याद दिलायी जब वे बहुत जवान हुआ करते थे—चरखा कातते एक महत्त्वाकांक्षी सत्याग्रही हुआ करते थे। गाँधी ने याद दिलाया कि किस तरह उन्होंने उनको उत्साहपूर्वक प्रयत्न करते हुए देखा था,

हालाँकि आप एक सीधा और महीन धागा भी नहीं खींच पा रहे थे। और

> फिर, अगर मुझे ठीक-ठीक याद है तो, जब मैंने आपके लिए स्नेह के किसी दूर के रिश्ते के विशेषण का इस्तेमाल किया था, तो आपने मेरी बात में सुधार करते हुए कहा था कि आप मेरे बेटे की तरह महसूस करते हैं। मैं अभी भी उसी तरह सोचना चाहूँगा कि आप वही शहीद हैं और मुझे गर्व है कि मेरा बेटा बंगाल का मुख्यमन्त्री है।[११३]

मई १९४७ में जब सुहरावर्दी काफ़ी बुझ चुके थे और अपनी सत्ता खो रहे थे, तो वे स्वाधीन बंगाल के एकीकरण की मुख्यमन्त्री की योजना पर गाँधी का समर्थन हासिल करने उनसे मिलने आये। गाँधी ने कहा,

> अतीत की निरी अवहेलना के भीतर से एक नया बंगाल जन्म नहीं ले सकता। अगर अतीत भूलों से भरा हुआ हो, तो जब तक अतीत की उन भूलों को सुधारा नहीं जाता, तब तक लोग नये प्रस्ताव की ईमानदारी पर भरोसा नहीं कर सकते।[११४]

गाँधी के सहयोगी निर्मल बोस ने एक हत्या की जाँच-पड़ताल के काम में राजनैतिक विफलता का मुद्दा उठाया। जब सुहरावर्दी ने एक बार फिर किसी तरह की निजी ज़िम्मेदारी लेने से इनकार कर दिया, तो गाँधी फट पड़े और उन्होंने कहा, ''हाँ, आप सिर्फ़ उसी हत्या के लिए नहीं बल्कि बंगाल में गयी एक-एक जान के लिए ज़िम्मेदार हैं, वह चाहे हिन्दू की जान हो या मुसलमान की।''

सुहरावर्दी ने पलटकर जवाब देते हुए कहा, ''नहीं, ज़िम्मेदार तो आप हैं, क्योंकि आपने मुसलमानों के साथ अन्याय किया है।''

गाँधी ने कहा, ''बेवकूफ़ी की बात मत करिये।''[११५]

सुहरावर्दी अगले दिन फिर से संयुक्त सम्प्रभु बंगाल के अपने प्रकरण को सामने रखने के लिए वापस लौटे। उन्होंने स्वीकार किया कि ''इसमें सबसे बड़ी रुकावट यह है कि आज कोई भी हिन्दू मेरी बात नहीं सुनेगा।''

गाँधी ने अपनी पूरी ईमानदारी के साथ मदद की एक अनूठी पेशकश की। उन्होंने कहा, ''मैं आपके सचिव की भूमिका निभाऊँगा। मैं आपके साथ एक ही छप्पर तले रहूँगा। मैं इस बात को सुनिश्चित करूँगा कि हिन्दू कम-से-कम इतना करें कि धीरज के साथ आपकी बात सुनें। क्या आप इस प्रस्ताव को स्वीकार करने को तैयार हैं?''

पहली बार, सुहरावर्दी इस क़दर हक्का-बक्का रह गये कि उनसे कोई जवाब देते नहीं बना। वे फुर्ती-से चले गये। बोस उनको उनकी कार तक छोड़ने गये, तो वे बुदबुदाये, ''क्या पागलपन-भरा प्रस्ताव है! इसके अभिप्रायों की थाह लेने के लिए मुझे दस बार सोचना पड़ेगा।''[११६]

तीन महीने बाद, जब गाँधी कलकत्ता में रुके, तो एक बार फिर उनकी मुलाक़ात हुई। सुहरावर्दी की बंगाल-योजना हिन्दुओं और मुसलमानों, दोनों पक्षों की ओर से अमान्य कर दी गयी थी। मुख्यमन्त्री का उनका कार्यकाल समाप्त होने को था। हिन्दुओं और मुसलमानों के बीच दंगे कलकत्ता में स्थायी हो चुके थे। यह ११ अगस्त, १९४७ का दिन था, उससे चार दिन पहले, जब ब्रिटेन हिन्दुस्तान और पाकिस्तान का बँटवारा कर उनको स्वाधीनता प्रदान करने वाला था। जैसे ही मुसलमान हिन्दुस्तान छोड़कर पाकिस्तान भागे, कलकत्ता के बचे हुए मुसलमानों को पिछले वर्ष कलकत्ता में हुए विराट जनसंहार का हिन्दुओं का पलटवार झेलना पड़ा।

सुहरावर्दी ने गाँधी से कलकत्ता में बने रहने का अनुरोध किया। वह एक जलते हुए नगर में तब्दील हो चुका था। क्या वे शान्ति बहाल होने तक अपने कलकत्ता-प्रवास को लम्बा खींच पायेंगे?[११७]

गाँधी ने कहा, ''अगर मैं और आप साथ रहने को तैयार हों, तो मैं यहाँ बना रहूँगा। ये मेरा आपके सामने दूसरा प्रस्ताव है। हमें तब तक काम करते रहना होगा जब तक कि हर हिन्दू और मुसलमान सुरक्षित ढंग से उस जगह वापस नहीं लौट आता जहाँ पर वह पहले रहता था। हमें आख़िरी साँस तक अपने इस प्रयत्न को जारी रखना होगा।''[११८]

सुहरावर्दी जानते थे कि गाँधी गम्भीर ढंग से बात कर रहे थे। मुसलमान नेता को अहिंसा की आग में आमन्त्रित किया जा रहा था। उनके हाँ कहने के नतीजे जीवन को बदल डालने वाले होते।

गाँधी ने उनको सोच-विचार के लिए वक़्त दिया। ''घर जाइये और अपनी बेटी से सलाह करिये,'' उन्होंने कहा, साथ में उन्होंने वह बात भी कह दी जिसके बारे में उनका यह सम्भावित शिष्य पहले से ही जानता था और जिसका उसको डर था कि ''पुराने सुहरावर्दी को मर जाना होगा।''[११९]

अगले दिन सुहरावर्दी ने अपने फ़ैसले की ख़बर गाँधी को भिजवा दी।

उन्होंने हाँ कहा।[120]

१३ अगस्त को गाँधी और सुहरावर्दी कलकत्ता की बेलियाघाट झुग्गी बस्ती में एक पुरानी परित्यक्त मुस्लिम कोठी में रहने चले गये। उस पहली ही रात ग़ुस्साये हुए हिन्दू नौजवान मकान के दरवाज़े और खिड़कियाँ तोड़कर अन्दर घुस आये और उनने गाँधी को घेर लिया। उनने कहा कि वे अब अहिंसा का उनका कोई उपदेश नहीं सुनना चाहते। उनने उनसे वहाँ से चले जाने को कहा। गाँधी ने उनको बातचीत में मुब्तिला किया।

उन्होंने पूछा, "मैं जो कि जन्मजात हिन्दू हूँ, धार्मिक तौर पर हिन्दू हूँ, अपनी जीवन-शैली में हिन्दुओं का हिन्दू हूँ, मैं भला हिन्दुओं का 'दुश्मन' कैसे हो सकता हूँ?"[121]

अगले दिन ये नौजवान गाँधी के साथ लम्बी बातचीत करने को वापस आये। सुहरावर्दी उस दौरान गाँधी की बग़ल में बैठे थे। जाते-जाते इन नौजवानों ने वादा किया कि वे अपने दोस्तों को मुसलमानों के साथ सुलह के लिए तैयार कर लेंगे।

सत्य के साथ अपने कलकत्ता-प्रयोग के लिए गाँधी ने एकदम सही साथी का चुनाव किया था। हिन्दुओं के लिए शैतानियत के प्रतीक बन चुके सुहरावर्दी कलकत्ता की चेतना के केन्द्र में थे। जैसा कि गाँधीवादी अध्येता डेनिस डेल्टन ने कहा है,

> कोई दूसरा ऐसा व्यक्ति नहीं हो सकता था जो इतने अच्छे ढंग से मुसलमानों को सन्देह से निहत्था कर और साथ ही हिन्दुओं के विद्वेष को आकर्षित कर उनको उस 'प्रयोग' की ओर खींच लाता जहाँ उनको अहिंसक ढंग से तटस्थ बनाया जा सकता।[122]

१४ अगस्त को, हिन्दुस्तान और पाकिस्तान की स्वाधीनता की पूर्वसन्ध्या पर दस हज़ार से ज़्यादा लोग गाँधी की प्रार्थना-सभा के अहाते में जमा हो गये। वे चिल्ला रहे थे, "सुहरावर्दी कहाँ है?" गाँधी ने कहा कि उनकी मौजूदगी से आप भड़क सकते थे और इस स्थिति को टालने के लिए वे घर के अन्दर ही रुके हुए हैं, लेकिन वे अगले दिन की प्रार्थना-सभा में यहाँ होंगे।

जब गाँधी अन्दर चले गये, तो लोगों ने सुहरावर्दी को पुकारते हुए इमारत

पर पथराव किया। गाँधी ने एक खिड़की का दरवाज़ा खोला। उन्होंने भीड़ को शान्त किया, सुहरावर्दी को खिड़की पर लाये, और अपने उस दोस्त के कन्धे पर हाथ रखा।

जैसे ही सुहरावर्दी ने बोलने की कोशिश की, भीड़ में से किसी ने चिल्लाकर कहा : "क्या आप कलकत्ता के विराट हत्याकाण्ड के लिए ज़िम्मेदार नहीं हैं?"

सुहरावर्दी ने कहा, "हाँ, हम सभी हैं।"

"क्या आप मेहरबानी करके मेरे सवाल का जवाब देंगे?"

"हाँ, वह मेरी ज़िम्मेदारी थी।"

सुहरावर्दी की आत्मस्वीकृति का यह क्षण विनय और शिष्टाचार का क्षण था। बाद में गाँधी ने कहा था कि "यह एक निर्णायक अवसर था। इसने लोगों के हृदय के शुद्धीकरण का काम किया। मैं इसे महसूस कर पा रहा था।"[१२३]

१५ अगस्त को, स्वाधीनता दिवस पर, हिन्दुओं और मुसलमानों के जुलूस एक साथ कलकत्ता की सड़कों से होकर गुज़रे। अपने पारस्परिक जश्न के दौरान वे इस तरह व्यवहार कर रहे थे जैसे वे आपसी लड़ाइयाँ भूल चुके थे। गाँधी को इस पर सन्देह था। वे बुलबुले के फूट पड़ने का इन्तज़ार करते रहे, और जिसे हिन्दुस्तान 'कलकत्ता का चमत्कार' कह रहा था, वह चमत्कार ढाई हफ़्ते तक जारी रहा।

३१ अगस्त की रात को कलकत्ता की शान्ति ठीक उसी जगह भंग हुई जहाँ पर उसकी शुरुआत हुई थी—गाँधी की मौजूदगी में ही। दंगाइयों की एक भीड़ बेलियाघाट के घर में घुस पड़ी और उसने गाँधी को जगा दिया। क्रोधावेश से भरे हुए हिन्दू एक घायल आदमी को लिये हुए थे जिसके सारे शरीर पर पट्टियाँ बँधी हुई थीं और जिसके बारे में उनका कहना था कि वह मुसलमानों की हिंसा का शिकार हुआ था। वे अपने उस साथी हिन्दू का बदला लेने के लिए सुहरावर्दी (जो बाहर थे) को पकड़ना चाहते थे। गाँधी सोने की अपनी चटाई पर से उठ खड़े हुए। उन्होंने अपने उद्विग्न सहकर्मियों के बन्धन से छूटकर उस उग्र भीड़ के बीच जाने की कोशिश की, जो सुहरावर्दी से बदला लेने की माँग कर रही थी।

गाँधी ज़ोर से चिल्लाये, "ये सब क्या है? मार डालो मुझे! मैं कहता हूँ,

मार डालो मुझे! क्यों नहीं मार डालते मुझे?''[१२४] उन्होंने लगभग वही किया। किसी ने उन पर लाठी फेंकी। वह उनके सिर से टकराने से बाल-बाल बची, और दीवार से जा टकरायी। उनको निशाना बनाकर फेंकी गयी एक ईंट उनके दोस्त को लगी जिससे उसे चोट पहुँची। बाद में गाँधी ने कहा था, ''वह भीड़ के क़ानून के मुताबिक़ मौत की सज़ा की असंवेदनशील नक़ल करने की कोशिश थी।''[१२५]

अन्त में गाँधी ने भारी स्वर में, जितना भीड़ को सम्बोधित करते हुए उतना ही ख़ुद को सम्बोधित करते हुए कहा, ''मेरा ईश्वर मुझसे पूछता है, 'तुम कहाँ खड़े हो?' ('माई गॉड आस्क्स मी, 'व्हैरयर डू यू स्टेण्ड?'...) मैं अन्दर से बहुत दुखी हूँ। क्या यही उस शान्ति की वास्तविकता है जो १५ अगस्त को स्थापित हुई थी?''[१२६]

अगले दिन ठीक उस घर के सामने हत्या हुई। जिस वक़्त दो मुसलमानों को ट्रक के पीछे बिठाकर किसी सुरक्षित स्थान पर ले जाया जा रहा था, तभी उनकी हत्या कर दी गयी थी। पास की किसी छत से उन पर हथगोले फेंके गये थे। गाँधी बाहर आये और उन्होंने उन शवों के क़रीब खड़े होकर प्रार्थना की। वे शहर में फैल रही हिंसा से हिल उठे थे। रात होते-होते पचास लोग मारे जा चुके थे और तीन सौ लोग घायल हो चुके थे। गाँधी ने तबाही के शिकार हुए इलाक़ों का दौरा किया।[१२७] उन्होंने उसी रात उपवास शुरू करते हुए प्रेस में उसकी घोषणा कर दी।[१२८] उन्होंने कहा, ''ये 'करो या मरो' की स्थिति होगी। या तो शान्ति स्थापित होगी या मैं मर जाऊँगा।''[१२९]

उनके उपवास के पहले दिन दंगे जारी रहे। दो सत्याग्रही, जिनने हिंसा को रोकने की कोशिश की थी, मारे गये। गाँधी ने उनके जीवन का जश्न मनाया और अपना उपवास जारी रखा। शहर भर में शान्तिपूर्ण जुलूस निकाले गये।

चौथे दिन हत्यारे गिरोहों के नेता गाँधी से मिलने पहुँचे। उन्होंने उनसे उपवास तोड़ने की विनती करते हुए अपने हथियार समर्पित कर दिये। वे गाँधी द्वारा मुकर्रर की गयी कोई भी सज़ा भोगने को ख़ुशी-ख़ुशी तैयार थे।[१३०]

गाँधी ने कहा, ''आपके लिए मेरी ओर से यह सज़ा है कि आपको तुरन्त

मुसलमानों के बीच जाकर उनको पूरी हिफ़ाज़त का आश्वासन देना होगा। जिस क्षण मुझे इस बात का पक्का यक़ीन हो जायेगा कि सच्चा हृदय-परिवर्तन हो चुका है, उसी क्षण मैं उपवास छोड़ दूँगा।''[१३१]

४ सितम्बर की रात सुहरावर्दी कलकत्ता के सारे सम्प्रदायों का एक प्रतिनिधिमण्डल लेकर पहुँचे।[१३२] गाँधी ने उनसे कहा कि वे सिर्फ़ तभी अपना उपवास तोड़ेंगे जब वे लोग हिंसा की वापसी को रोकने के लिए अपना जीवन देने को तैयार हों। प्रतिनिधिमण्डल के नेता दूसरे कमरे में चले गये। आधा घण्टे बाद वे एक हस्ताक्षरित वचन-पत्र लेकर वापस आये जिसमें गाँधी से वादा किया गया था : ''अब जबकि कलकत्ता में एक बार फिर से अमन-चैन बहाल हो गया है, अब हम शहर में कभी भी साम्प्रदायिक कलह की छूट नहीं देंगे और इसे रोकने के लिए मरते दम तक कोशिश करेंगे।''[१३३]

गाँधी को यह प्रतिज्ञा-पत्र प्राप्त हुआ, तो उनके जीवन को बचाने की कोशिश में लगे कई और गिरोहों के नेता ट्रक में भरकर वहाँ आ पहुँचे। यह ट्रक उन हथगोलों और हथियारों से भरा हुआ था जो वे गाँधी के सामने समर्पित करना चाहते थे। गाँधी इस निश्चय पर पहुँचे कि शान्ति की ओर कलकत्ता की वापसी वास्तविक थी। सुहरावर्दी ने उनको एक गिलास में एक औंस नीबू का मीठा रस दिया, और उनने अपना उपवास तोड़ दिया।[१३४]

दो दिन बाद, एक प्रार्थना-सभा में सुहरावर्दी ने ऐलान किया कि वे शान्ति की अगली मुहिम में गाँधी के साथ होंगे। उन्होंने कहा कि वे उनके साथ पंजाब जायेंगे—लेकिन पंजाब जाने की बजाय वे दिल्ली गये। उन्होंने कहा,

> मैंने पूरी निष्कपटता के साथ स्वयं को महात्मा जी के आदेशों के अधीन कर दिया है। अब के बाद से मैं उनके आदेशों पर अमल करूँगा।[१३५]

सुहरावर्दी ने गाँधी की हत्या के लिए बाक़ी बचे पाँच महीनों तक उनके साथ काम किया। उस पतझर के मौसम में सुहरावर्दी आपसी सहयोग के लिए गाँधी द्वारा जिन्ना से की जा रही निस्सार अपीलों के सिलसिले में गाँधी के पक्ष से मध्यस्थ की भूमिका निभाते हुए हिन्दुस्तान और पाकिस्तान के बीच निरन्तर आवाजाही करते रहे।

अक्टूबर में गाँधी ने सुहरावर्दी का एक और महँगा आह्वान करते हुए उनको सन्देश भेजा : ''हिन्दुओं और मुसलमानों को दोस्तों और भाइयों की तरह, जो कि वे हैं, रहने को तैयार करने की कोशिश में मुझे और आपको मरना होगा।''[१३६]

शहीद सुहरावर्दी गाँधी की हत्या के बाद के वर्षों में पाकिस्तान में लोकतन्त्र की पक्षधरता करने वाले आन्दोलन के नेता बनने वाले थे। १९५६ में नेशनल असेम्बली के विपक्षी नेता के तौर पर उन्होंने पाकिस्तान का संविधान तैयार करने में मदद की।[१३७] इसके बाद वे सितम्बर १९५६ से अक्टूबर १९५७ तक पाकिस्तान के प्रधानमन्त्री रहे।

जब वे प्रधानमन्त्री के पद से हटे, तो अगली सरकार ने संविधान को स्थगित कर मार्शल लॉ की घोषणा कर दी। १९५८ में सुहरावर्दी ने अय्यूब खाँ की तानाशाही का समर्थन करने से इनकार कर दिया। १९५९ में सरकार ने उनकी राजनैतिक गतिविधियों पर प्रतिबन्ध लगा दिया। चूँकि उन्होंने असहमति के अपने स्वर को बुलन्द करना जारी रखा, इसलिए १९६२ में उन पर 'राष्ट्रविरोधी गतिविधियों' का आरोप लगा दिया गया।[१३८] उनको छह महीने तक एकान्त कारावास में क़ैद करके रखा गया।

अगस्त १९६२ में जेल से रिहा होने पर सुहरावर्दी ने अय्यूब खाँ की सैन्य तानाशाही के विरोध में साहसपूर्वक एक प्रतिरोध आन्दोलन की शुरुआत की। उनका लक्ष्य था १९५६ के संविधान और संसदीय लोकतन्त्र को बहाल करना।

जिस दौरान लोकतन्त्र-समर्थक आन्दोलन विकसित हो रहा था, तभी इसके नेता सुहरावर्दी अचानक ५ दिसम्बर, १९६३ को बेरुत (लेबनान) के एक होटल के कमरे में मर गये। ''असामान्य रूप से रहस्यमय परिस्थितियों में''[१३९] मृत सुहरावर्दी को सम्भवतः उनके शयन-कक्ष में ''ज़हर दे दिया गया था या कोई ज़हरीली गैस देकर मार दिया गया था।''[१४०]

शहीद सुहरावर्दी के संस्मरणों के सम्पादक मोहम्मद तालुकदार ने सुहरावर्दी की मौत से कुछ ही समय पहले पाकिस्तान के शक्तिशाली व्यक्तियों द्वारा दिये गये दो अनिष्टसूचक वक्तव्य नोट किये हैं। पहला वक्तव्य पाकिस्तान के तत्कालीन विदेशमन्त्री ज़ुल्फ़िकार अली भुट्टो द्वारा दिया गया था, जिन्होंने एक आपसी दोस्त की मार्फ़त सुहरावर्दी को चेतावनी दी थी : ''सुहरावर्दी से कहो कि वे पाकिस्तान लौटने की कोशिश न करें। अन्यथा

मैं इस बात को सुनश्चित करूँगा कि वे कभी इस मुल्क की ज़मीन पर क़दम न रख पायें।''[१४१] भुट्टो की इस धमकी के बाद पाकिस्तान के सेण्ट्रल इण्टेलिजेंस ब्यूरो के एक अधिकारी की ओर से सुहरावर्दी के बेटे को सचेत किया गया : ''अपने पिता से कहो कि वे अपना पूरा ख़याल रखें। अफ़वाह है कि वे उन पर हाथ डालने की कोशिश में हैं।'' तीन दिन बाद उनके पिता मर चुके थे।[१४२]

आन्तरिक संघर्षों का शिकार रहा यह मुसलमान नेता, जिसने गाँधी के साथ मिलकर कलकत्ता को एक और नरसंहार से बचाने की ख़ातिर अपना जीवन दाँव पर लगा दिया था, पाकिस्तान में लोकतन्त्र की रक्षा करते हुए मारा गया।

जिस लक्ष्य ने गाँधी को अपने 'बेटे' के प्रति गर्व से भर दिया होता, उस लक्ष्य के रास्ते पर चलते हुए शहीद सुहरावर्दी अपने आध्यात्मिक पिता के साथ दिल्ली में हत्या के निशाने पर था।

प्रधानमन्त्री नेहरू के साथ-साथ गाँधी और सुहरावार्दी को मारने के हत्यारों के इरादे की पुष्टि बाद में नाथूराम गोडसे द्वारा होने वाली थी। गाँधी की हत्या के ज़ुर्म में गिरफ़्तारी के बाद गोडसे ने नेहरू के सुरक्षा प्रमुख जी.के. हाण्डू के सामने क़बूल किया था कि उनके अगले निशाने पर नेहरू थे। जैसा कि बाद में गाँधी की हत्या की भारत सरकार द्वारा नये सिरे से करायी गयी जाँच-पड़ताल में हाण्डू ने गवाही दी थी, ''गोडसे ने मेरे सामने यह क़बूल किया था कि उनका अगला निशाना प्रधानमन्त्री नेहरू होते।''[१४३]

सावरकर और उनके सह-षड्यन्त्रकारियों ने गाँधी—और अगर हत्यारों की मण्डली सावरकर के इस आदेश को कि ''उनको भी ख़त्म कर दो'' को क्रियान्वित करने में कामयाब हो जाती, तो गाँधी के सहकर्मियों, नेहरू और सुहरावर्दी—की हत्याओं के औचित्य-प्रतिपादन के लिए भी पाकिस्तान से आये शरणार्थियों की पीड़ा को भुनाने की योजना बनायी हुई थी।[१४४] इस तरह हत्यारे उस लोकतन्त्र के लिए एक संघातक आघात पहुँचा सकते थे जो उस नवजात परिन्दे की तरह था जिसने अभी पंख

फड़फड़ाना भी नहीं सीखा था। अगर हत्यारे गाँधी और नेहरू की हत्या करने में कामयाब हो जाते, तो उन्होंने अभी-अभी स्वाधीन हुए देश के दो महानतम नेताओं का सफाया कर दिया होता। हिन्दू-मुस्लिम समझौते के मुख्य स्रोत सुहरावर्दी की हत्या एक बोनस होती। इन हत्याओं से पैदा हुए संकट का फ़ायदा उठाकर सावरकर की मुसलमान-विरोधी हिन्दू महासभा और आरएसएस सत्ता पर क़ाबिज़ हो सकते थे। जो हिन्दू और सिख पाकिस्तान के अपने घरों से विस्थापित हुए थे वे हिन्दुस्तान में घिरकर रह गये मुसलमान अल्पसंख्यकों के प्रति नेहरू-समर्थित गाँधी के सहयोग को लेकर असन्तुष्ट थे। गाँधी की, और मुमकिन हो पाता तो नेहरू और सुहरावर्दी की हत्या कर सावरकर हिन्दुओं और सिखों के शरणार्थी शिविरों में गाँधी-विरोधी आग को भड़काने की उम्मीद लगाये हुए थे।

मानो षड्यन्त्रकारियों की योजनाओं की पुष्टि करते हुए उसी रात दिल्ली में मुसलमानों की हिंसा के शिकार सिखों का एक समूह बिड़ला हाउस के बाहर एकत्र हुआ। वे नारे लगा रहा थे : 'ख़ून के बदले ख़ून!' 'हम इन्तकाम चाहते हैं!' 'गाँधी को मर जाना चाहिये!'

प्रधानमन्त्री नेहरू गाँधी से मुलाक़ात करने के बाद अपनी कार से रवाना होने को थे। ये नारे सुनकर वे कार से बाहर आये, प्रदर्शनकारियों की ओर दौड़े, और चिल्लाये, "कौन है जो 'गाँधी को मर जाना चाहिये' चिल्लाने की हिमाकत कर रहा है? अगर उसमें दम है, तो मेरे सामने आकर उन शब्दों को दुहराये! उससे पहले मुझको मारना होगा!" नारेबाज़ तितर-बितर हो गये।

अपने बिस्तर पर लेटे गाँधी ने बाहर के इस शोर को सुना। उन्होंने पूछा, "वे लोग क्या चिल्ला रहे हैं?"

"वे चिल्ला रहे हैं, 'गाँधी को मर जाना चाहिये'।"

"वे कितने लोग हैं?"

"बहुत ज़्यादा नहीं हैं।"

गाँधी ने आह भरते हुए प्रार्थना की, "राम, राम, राम।"[१४५]

उपवास के तीसरे दिन, १५ जनवरी को, गाँधी के डॉक्टरों ने उनकी किडनी के निष्क्रिय होने की चेतावनी दी। गाँधी इतने कमज़ोर हो चुके

थे कि वे प्रार्थना के लिए सभा-मण्डप तक चलकर नहीं जा सकते थे, इसलिए वे अपने बिस्तर पर से ही माइक्रोफ़ोन के माध्यम से बोले।

उन्होंने हिन्दुस्तान के मुसलमानों की दुर्दशा के अपने उपवास के केन्द्रीय मुद्दे को दुहराया, लेकिन उन्होंने यह भी कहा कि उनका उपवास पाकिस्तान के हिन्दू और सिख अल्पसंख्यकों के पक्ष में भी है। ये ''सभी की ख़ातिर आत्म-शुद्धीकरण की प्रक्रिया'' थी।[१४६]

उस दिन भारत सरकार ने पाकिस्तान के लिए तत्काल पाँच करोड़ पचास लाख रुपयों के भुगतान की घोषणा की थी। सरकार के मन्त्रियों ने कहा था कि वे

> राष्ट्रपिता के उपवास को लेकर सारी दुनिया में व्याप्त बेचैनी में साझा करते हैं। उन्हीं की तरह हम लोगों ने भी उस वैमनस्य, पूर्वग्रह और सन्देह को दफ़नाने के उपायों और रास्तों की बेचैनी के साथ तलाश की है जिनने हिन्दुस्तान और पाकिस्तान के रिश्तों में ज़हर घोला हुआ है।[१४७]

सरकार के इस फ़ैसले को एक 'अनूठी कार्रवाई' के रूप में सराहते हुए गाँधी ने कहा,

> इससे न सिर्फ़ कश्मीर के मुद्दे का बल्कि दोनों देशों के बीच के सारे मतभेदों का सम्मानजनक हल निकल सकना चाहिये। मौजूदा दुश्मनी की जगह दोस्ती को ले लेना चाहिये।[१४८]

लेकिन वे उपवास तोड़ने को तैयार नहीं थे, जिससे उन्होंने यह बात स्पष्ट कर दी थी कि इस उपवास की शुरुआत उन्होंने महज़ सरकार पर उस ज़िम्मेदारी को पूरा करने का दबाव डालने के लिए नहीं की थी जिसे सरकार अब पूरा कर चुकी थी। वे इस बार एक ज़्यादा मज़बूत प्रमाण चाहते थे कि दिल्ली के हिन्दुओं, मुसलमानों और सिखों ने दिलों का ऐसा मिलाप हासिल कर लिया है जिसको ''हिन्दुस्तान और पाकिस्तान के तमाम दूसरे हिस्सों में उनके चारों ओर व्याप्त आगजनी भी तोड़ने में सक्षम नहीं होगी।''[१४९]

उपवास के चौथे दिन, १६ जनवरी को गाँधी का जीवन मुरझाने लगा था। वे ''पानी नहीं पी रहे थे और पेशाब नहीं कर रहे थे। चिकित्सकों ने उनको चेतावनी दी कि अगर वे इस उपवास से किसी तरह जीवित बच भी निकलते हैं, तो भी उनको स्थायी और गम्भीर शारीरिक क्षति पहुँचेगी।''[१५०]

चूँकि गाँधी उनमें से किसी की भी बात नहीं सुन रहे थे जो उनसे उपवास ख़त्म करने की याचना कर रहे थे, इसलिए उन लोगों ने उन पर यह बताने का दबाव डाला कि वे किस तरह की परीक्षा दिये जाने से सन्तुष्ट होंगे। तब जाकर, जैसा कि प्यारेलाल बताते हैं, "कराची से एक तार आया। जिन मुसलमान शरणार्थियों को दिल्ली से खदेड़ दिया गया था, उनने पूछा था कि क्या वे अब दिल्ली के अपने घरों में वापस लौट सकते हैं। तार को पढ़ते ही गाँधी ने टिप्पणी की, 'ये है परीक्षा'।"

प्यारेलाल तुरन्त उस तार को लेकर "शहर के सारे हिन्दुओं और सिखों के सारे शरणार्थी शिविरों में गये जहाँ उन्होंने उन शरणार्थियों को समझाया कि उनको क्या करना होगा जिससे कि गाँधी अपना उपवास समाप्त कर दें। रात होते-होते १ हज़ार शरणार्थी इस घोषणा-पत्र पर हस्ताक्षर कर चुके थे कि अगर मुसलमान वापस लौटकर अपने मूल घरों में रहना चाहेंगे, तो वे उनका स्वागत करेंगे।" मुसलमानों की हिंसा के शिकार इन शरणार्थियों ने कहा कि वे लोग मुसलमानों के ख़ाली घरों पर क़ब्ज़ा करने की कोशिश नहीं करेंगे। जो शरणार्थी पहले ही मुसलमानों के घरों में जम गये थे, वे उन घरों को छोड़कर उनके मालिकों की वापसी का रास्ता साफ़ करने को तैयार थे।[१५१]

बदले में नेहरू और सरकार के दूसरे मन्त्रियों ने बेघर शरणार्थियों को अपने सरकारी निवासों में रहने के लिए आमन्त्रित किया। गाँधी के उपवास से द्रवित होकर दिल्ली के लोग अपने पुराने शत्रुओं की ओर करुणा का भाव अपना रहे थे।

अगले दिन बम्बई में बड़गे एक बार फिर से आप्टे और गोडसे के साथ सावरकर के दरवाज़े तक साथ गया। वे दोनों हत्यारे इस बार वहाँ इसलिए गये थे ताकि वे "उनका अन्तिम आशीर्वाद प्राप्त' कर सकते, जैसा कि गोडसे ने कहा था।"[१५२] गाँधी की हत्या के मुक़दमे के दौरान बडगे ने गवाही दी थी कि इस बार, मुलाक़ात के बाद, सावरकर गोडसे की बग़ल में चलते हुए बाहर तक आये थे। विदा करते समय सावरकर ने अपने इन चेलों से कहा था, "कामयाबी हासिल करने के बाद ही वापस आना।"[१५३] कुछ मिनट बाद टैक्सी में गोडसे ने बडगे से कहा,

> सावरकर भविष्यवाणी कर चुके हैं कि गाँधी के सौ साल वह उम्र जिस तक गाँधी ज़िन्दा रहने की उम्मीद करते थे; वास्तव में १२५ साल, पूरे

> हो चुके हैं। इसमें सन्देह की कोई गुंजाइश नहीं है कि हमें अपने काम में सफलता मिलेगी।[१५४]

गाँधी की हत्या के इस षड्यन्त्र में एक प्यादा मदनलाल पाहवा था, जो पाकिस्तान से आया एक नौजवान हिन्दू शरणार्थी था। विभाजन के बाद अपनी मातृभूमि से भागकर आने के बाद मदनलाल पाहवा को सावरकर के एक अनुयायी और हिन्दू महासभा के संगठनकर्ता विष्णु करकरे ने एक शरणार्थी शिविर में भर्ती कर दिया था। करकरे ने मुसलमान-विरोधी हमलों में आप्टे और गोडसे के साथ बहुत क़रीबी सहयोग किया था। पाहवा उनके आदेशों का पालन करता था। जब करकरे गाँधी की हत्या के षड्यन्त्र में शामिल हुआ, तो पाहवा भी अपने इस गुरु के साथ हो लिया। चूँकि मदनलाल पाहवा विस्फोटकों का इस्तेमाल करना जानता था, इसलिए वह उस गिरोह के लिए काफ़ी काम का आदमी था। और एक शरणार्थी के रूप में अपनी प्रतीकात्मक स्थिति के चलते वह हथियारों के विक्रेता बडगे के साथ एक बलि के बकरे के रूप में काम कर सकता था।

१७ जनवरी को, उपवास के पाँचवें दिन, डॉक्टरों ने एक बुलेटिन में गाँधी को चेतावनी दी कि

> हमारी राय में उपवास को जारी रखना बहुत ही अनिष्टकारी होगा। इसलिए लोगों से यह कहना हमारा कर्तव्य बनता है कि वे अविलम्ब उपवास को समाप्त करने के लिए आवश्यक परिस्थितियाँ पैदा करें।[१५५]

इसकी प्रतिक्रिया में दिल्ली में मुसलमानों, हिन्दुओं और सिखों ने एकजुट होकर बिड़ला हाउस की दिशा में जाते जुलूस निकाले। इनमें से एक जुलूस एक मील लम्बा था, जिसमें १ लाख लोग भागीदारी कर रहे थे।[१५६]

उस रात सारे समुदायों का प्रतिनिधित्व करने वाली केन्द्रीय शान्ति समिति ने बैठक कर एक प्रतिज्ञा-पत्र तैयार किया जिसका उद्देश्य गाँधी को इस बात का यक़ीन दिलाना था कि वे लोग वास्तव में शान्ति की ओर मुड़ गये हैं। उस समय तक गाँधी सन्निपात की अवस्था में पहुँच चुके थे। उन्होंने लोगों से कहा कि वे उनको बिस्तर में ले जायें जबकि वे बिस्तर में ही थे।[१५७]

१८ जनवरी की सुबह, छठवें दिन, जब शान्ति समिति के सदस्य गाँधी

के लिए प्रतिज्ञा-पत्र पर हस्ताक्षर कर रहे थे, तभी उनको ख़बर मिली कि उनकी हालत अचानक और भी ज़्यादा बिगड़ गयी है। वे बिड़ला हाउस की ओर भागे। गाँधी के कमरे में सौ से ज़्यादा लोगों की भीड़ जमा थी।[१५८] उनके बिस्तर के इर्द-गिर्द जमा होकर उन्होंने होश में आ चुके गाँधी को बताया कि शान्ति-प्रतिज्ञा को क्रियान्वित करने के लिए हिन्दुओं, मुसलमानों, सिखों और दूसरे समुदायों द्वारा ठोस क़दम उठाये जा चुके हैं। उन लोगों ने उनसे उपवास त्याग देने की प्रार्थना करते हुए एक के बाद एक उस एकता की गवाही दी जिसके प्रति वे अब प्रतिबद्ध थे। यहाँ तक कि आरएसएस और सावरकर के संगठन हिन्दू महासभा तक के प्रतिनिधियों ने उस प्रतिज्ञा में भागीदारी करते हुए गाँधी के जीवन को बचाने की पैरवी की।

अपने चारों ओर बेचैन चेहरों का घेरा देखते हुए गाँधी ने कहा कि उन लोगों ने उनको वह "सब कुछ दे दिया है जिसकी माँग मैंने की थी।"[१५९] तब उन्होंने शंकालु ढंग से उनसे सवाल-ज़वाब किये। क्या वे अपनी प्रतिज्ञा के निहितार्थों को समझ रहे थे?

उन्होंने सीधा इशारा करते हुए कहा, "मेरा ख़याल है कि आरएसएस और महासभा भी इस समझौते में शामिल हैं। अगर वे इस समझौते में सिर्फ़ दिल्ली की ख़ातिर शामिल हैं और दूसरी जगहों की ख़ातिर शामिल नहीं हैं, तो यह समझौता बहुत बड़ा छल है। मुझे मालूम है कि इस तरह के छल आज हिन्दुस्तान में बहुतायत से जारी हैं।"[१६०]

अगर यह पता चलता कि उन्होंने उन सारे लोगों को गम्भीरता से लेते हुए ख़ुद के साथ धोखा किया था, तो वे उपवास को नये सिरे से शुरू करने को तैयार थे। लेकिन फ़िलहाल वे सबसे पहले एकता की स्थापना की ख़ातिर पाकिस्तान जाना चाहते थे।[१६१]

१८ जनवरी को दोपहर १२.२५ बजे गाँधी ने अपने मुसलमान सहयोगी अब्दुल आज़ाद के हाथों सन्तरे का रस लिया और उसके घूँट लेने लगे, और इस तरह उन्होंने अपना उपवास तोड़ दिया।[१६२]

उस रात अपनी प्रार्थना-सभा में उन्होंने कहा था :

> मैंने इस उपवास की शुरुआत सत्य के नाम पर की थी जिसका पहचाना हुआ नाम ईश्वर है। एक जीते-जागते सत्य के बिना ईश्वर कहीं नहीं है।

ईश्वर के नाम पर हम झूठ बोलते रहे हैं और, लोगों की सामूहिक हत्याएँ करते रहे हैं, इस बात की परवाह किये बिना कि वे लोग निर्दोष थे या गुनहगार थे, वे मर्द थे या औरतें थीं, बच्चे थे या नवजात शिशु थे। हम अपहरणों में, बलात् धर्मपरिवर्तन में लिप्त रहे और यह सब हमने बेशर्मी के साथ किया। मैं नहीं जानता कि किसी भी व्यक्ति ने ये सारे कृत्य सत्य के नाम पर किये हैं। अपने होंठों पर उसी नाम के साथ मैंने उपवास तोड़ दिया है...।

...मेरी प्रतिज्ञा का अक्षरशः पालन दिल्ली के सारे नागरिकों, जिनमें हिन्दू महासभा और राष्ट्रीय स्वयंसेवक संघ के नेता शामिल हैं, की महान् सद्भावना द्वारा किया गया है...। पाकिस्तान से कई सन्देश आये हैं जिनमें से किसी भी सन्देश में असन्तोष का इज़हार नहीं किया गया है। मैं ईश्वर से, जो कि सत्य है, प्रार्थना करता हूँ कि वह हमें रास्ता दिखाये जैसे वह छह दिनों के दौरान दिखाता रहा है।[१६३]

२० जनवरी की सुबह आप्टे, बडगे, और बडगे का नौकर शंकर उस दिन देर शाम हत्या का प्रयत्न करने के सिलसिले में स्थिति का जायज़ा लेने बिड़ला हाउस पहुँचे। सहसा आप्टे ने इशारा कर अहाते में "काला सूट पहने एक तगड़े भद्रपुरुष" की ओर बडगे का ध्यान खींचा जो इमारत से बाहर निकल रहा था। अपने एक लक्ष्य को पहचानते हुए आप्टे ने फुसफुसाते हुए कहा, "यह है वो सुहरावर्दी।"[१६४] जैसा कि बडगे ने हत्या के मुक़दमे के दौरान गवाही दी थी, "आप्टे ने सावरकर की बात को दुहराते हुए कहा था कि जहाँ तक मुमकिन हो सके गाँधी और सुहरावर्दी, दोनों को 'ख़त्म' कर दिया जाना चाहिये। आगे उसने यह भी कहा कि अगर दोनों को 'ख़त्म' करना मुमकिन न हो, तो कम-से-कम दोनों में से एक को तो 'ख़त्म' कर ही दिया जाये।"[१६५]

तीनों आदमियों ने प्रार्थना-सभा के स्थल का और नौकरों के कमरों तक जाने वाले पीछे के रास्ते का निरीक्षण किया (जहाँ से खिड़की की सलाखों के रास्ते एक अदृश्य हत्यारा गाँधी पर उनके चार या पाँच क़दम पीछे से गोली चला सकता था[१६६], जबकि एक दूसरा हत्यारा हथगोला फेंककर

गाँधी और उनके पास मौजूद किसी भी व्यक्ति को उड़ा दे सकता था)।[१६७]

दुपहर बाद सात षड्यन्त्रकारियों ने दिल्ली के मेरीना होटल के एक कमरे में बैठक की। बडगे और करकरे के सुझावों को मंज़ूर करने के बाद,[१६८] आप्टे ने प्रार्थना-सभा में गाँधी और उनके साथियों की हत्या करने के सिलसिले में उनके निर्देशों को अन्तिम रूप दिया। योजना के अनुसार मदनलाल पाहवा भीड़ को दहशत में डालने के लिए पीछे की दीवार पर एक गनकॉटन बम का विस्फोट करने वाला था। जैसे ही बम फटता और गड़बड़ी फैलती, बडगे और शंकर नौकरों के कमरों की खिड़कियों से गाँधी पर गोली चलाते। वे दोनों ही गाँधी पर एक-एक हथगोला भी फेंकते।[१६९]

आप्टे ने नाथूराम के छोटे भाई गोपाल गोडसे से, साथ ही पाहवा और करकरे से भी कहा था कि वे लोग भी बचे हुए हथगोले गाँधी पर फेंकें। इस तरह अगर गोलियाँ चलाने वाले दोनों लोग गाँधी को मारने में नाकामयाब रहते, तो पाँच अन्य हत्यारे उन पर (और मुमक़िन है, उनकी बग़ल में मौजूद सुहरावर्दी पर) हथगोले फेंक रहे होते।

आप्टे ने कहा था कि वह और नाथूराम गोडसे अन्य पाँच हत्यारों को सही समय पर इशारा कर उनको सौंपी गयी ज़िम्मेदारियों को पूरा करने को कहेंगे।[१७०]

जब बडगे बिड़ला हाउस पहुँचा, तो प्रार्थना-सभा की शुरुआत हो चुकी थी। नौकरों के कमरों के पिछले दरवाज़े पर जमा लोगों को देखने के बाद, उसको अहसास हुआ कि गाँधी पर गोली चलाने के बाद वहाँ से भाग पाना असम्भव होगा। जैसा कि उसने अपनी गवाही में कहा था, उसने फ़ौरन आप्टे और गोडसे को इस बात के लिए राज़ी किया कि "मैं सामने से गोली चलाना पसन्द करूँगा। मैं ठीक उसके सामने की खुली जगह से गोली चलाऊँगा जहाँ महात्मा जी बैठे हुए हैं।"[१७१] उसने कहा कि शंकर, जो उसके आदेश का पालन करता था, भी गाँधी पर सामने से हमला करेगा। आप्टे और गोडसे इस संशोधित योजना से सहमत हुए, जो शायद यह सोचते थे कि इससे बडगे और भी सामने आ जायेगा जिससे पाहवा के साथ-साथ उसकी भी बलि का बकरा बनने की सम्भावना बन जायेगी।

लेकिन इस बीच बडगे के हाथ-पैर फूल चुके थे। वह एक तरफ़ गया

और उसने दो हथगोलों के साथ-साथ अपना और शंकर का रिवॉल्वर एक तौलिये में लपेट लिया। उसने अपराधसूचक चीज़ों से युक्त उस तौलिये को अपने थैले में रख लिया। उस थैले को उसने एक प्रतीक्षारत टैक्सी की पिछली सीट के नीचे रख दिया। इसके बाद वह आप्टे और गोडसे के साथ फिर से जा मिला और सभा में पहुँच गया, जिस दौरान उसने अपने हाथ अपनी बग़ल की जेबों में यूँ डाल रखे थे जैसे वह अभी भी अपने हथियार छिपाये हुए हो।[१७२]

गाँधी अपने उपवास की वजह से अभी भी इतने कमज़ोर थे कि उनको एक कुर्सी पर बिठाकर प्रार्थना-सभा में लाया गया था। जब वे वहाँ एकत्र लोगों को सम्बोधित कर रहे थे, तो उनकी आवाज़ बहुत क्षीण थी। माइक्रोफ़ोन काम नहीं कर रहा था, इसलिए जब गाँधी बोल चुके, तो उनकी सहकर्मी डॉ. सुशीला नय्यर ने अपने नोट्स के आधार पर गाँधी के वक्तव्य का सार-संक्षेप श्रोताओं के सामने दुहराया।[१७४]

गाँधी ने फुसफुसाती आवाज़ में कहा था, ''मुझे उम्मीद है कि जिन लोगों ने शान्ति के प्रतिज्ञा-पत्र पर हस्ताक्षर किये हैं उन लोगों ने सत्य के रूप में ईश्वर को साक्षी मानकर ऐसा किया होगा।'' उन्होंने फिर यह भी कहा कि ''मैंने सुना है कि हिन्दू महासभा के एक अधिकारी के पक्ष से इस प्रतिज्ञा-पत्र का खण्डन किया गया है। मुझे इस बात का दुख है।''[१७५]

वे अपने शिष्यों और सरकार के मन्त्रिमण्डल के प्रमुख पदों पर आसीन नेहरू और पटेल के बारे में भी बोले थे। उनको लगता था कि यह बात हर किसी को मालूम होनी चाहिये कि मुसलमानों के प्रति आदर-भावना के मामले में वे दोनों एकमत हैं। गाँधी ने कहा था, ''आपको याद रखना चाहिये कि जो आदमी मुसलमानों का दुश्मन है, वह हिन्दुस्तान का दुश्मन है।''[१७६]

तभी श्रोताओं के बीच से आप्टे ने हत्या के कार्यक्रम को अंजाम देने की शुरुआत करते हुए पाहवा को इशारा किया। उस नौजवान ने आज्ञाकारी ढंग से पिछली दीवार पर गनकॉटन चार्ज के फ़्यूज़ को सुलगा दिया।

जिस वक़्त फ़्यूज़ की आग चार्ज तक पहुँची, उस वक़्त गाँधी अल्पसंख्यकों

के साथ किये जाने वाले व्यवहार के मामले में अमेरिका और हिन्दुस्तान के बीच तुलना कर रहे थे :

> अमेरिका में नीग्रो लोगों के साथ अभी भी वैसा ही क्रूरतापूर्ण बरताव किया जाता है जैसे कि वे ग़ुलाम हों, और तब भी अमेरिकी लोग सामाजिक बराबरी के बारे में बढ़-चढ़कर बातें करते हैं। उनको अपने कृत्यों के अन्याय का अहसास नहीं होता...। हमारा ख़याल है कि हम बेहतर लोग हैं और हम इस तरह के काम नहीं कर सकते। और तब भी, ज़रा सोचिये कि यहाँ क्या होता है।[१७७]

तभी कान फोड़ देने वाले एक धमाके ने सभा-स्थल को हिला दिया। पिछली दीवार का एक बहुत बड़ा हिस्सा धराशायी हो गया। हवा में धुआँ और धूल के बादल छा गये।[१७८] दोनों गोडसे, आप्टे और करकरे, बडगे और शंकर द्वारा गाँधी पर हमला किये जाने की बेचैनी के साथ प्रतीक्षा कर रहे थे।

गाँधी ने अपना हाथ उठाया। उन्होंने भीड़ को शान्त होने का इशारा किया। लोग अपनी-अपनी जगहों पर लौट आये। अपने को गुपचुप ढंग से निहत्था कर चुके बडगे और शंकर ने कुछ नहीं किया। चश्मदीद गवाहों ने पाहवा की तरफ़ इशारा कर पुलिस को सचेत किया। जिस दौरान पाहवा को गिरफ़्तार किया जा रहा था, उसके छहों साथी षड्यन्त्रकारी भीड़ में घुल-मिल गये और वहाँ से भाग गये।

मदनलाल पाहवा से बिड़ला हाउस में ही शुरुआती पूछताछ की गयी। पुलिस के सवालों के जवाब में उसने केवल एक ही बात कही—मैंने इसलिए बम विस्फोट किया "क्योंकि मुझे शान्ति और मैत्री क़ायम रखने की गाँधी की नीति पसन्द नहीं है।"[१७९]

गाँधी के मृत्यु से बच निकलने पर उस रात बिड़ला हाउस में बधाइयों का ताँता लगा रहा। अँग्रेज़ वायसराय की पत्नी लेडी माउण्टबेटन गाँधी की बहादुरी की सराहना करने के लिए भागी आयीं।

गाँधी ने कहा कि वे अनजान थे, न कि बहादुर। उस वक़्त उनको यह अहसास नहीं हुआ था कि वह उनकी जान लेने की कोशिश थी। उनने सोचा था कि वे कोई सैनिक होंगे जो पास में कहीं युद्धाभ्यास कर रहे होंगे।

उन्होंने कहा,

> इस बार मैंने कोई बहादुरी नहीं दिखायी। अगर किसी ने मुझ पर सामने से एकदम क़रीब से गोली चलायी होती और मैंने मुस्कुराते हुए और अपने मन में राम का नाम जपते हुए उसकी गोली का सामना किया होता, तो निश्चय ही मैं बधाइयों का पात्र होता।[१८०]

उन्होंने कहा कि उस नौजवान के लिए किसी को भी दोष नहीं देना चाहिये जिसको गिरफ़्तार किया गया है :

> उन्होंने बिना किसी सबूत के यह मान लिया है कि मैं हिन्दुत्व का दुश्मन हूँ। जब वह कहता है कि वह ईश्वर के आदेश का पालन कर रहा है, तो वह सिर्फ़ ईश्वर को अपने दुष्कर्म में एक सहभागी बना रहा है। लेकिन ऐसा मुमकिन नहीं है। इसलिए जो लोग उसके पीछे हैं या वह जिनके हाथों का औज़ार है, उनको यह समझ लेना चाहिये कि इस तरह की चीज़ हिन्दू धर्म को नहीं बचा पायेगी।[१८१]

जैसा कि १९०९ में धींगड़ा द्वारा की गयी कर्जन विली की हत्या के मामले में हुआ था, वैसे ही इस मामले में भी गाँधी जानते थे कि अपराध की वास्तविक ज़िम्मेदारी परदे के पीछे किसी चीज़ में है—जैसे कि वह थी, उस षड्यन्त्र में जो दोनों ही मामलों में एक ही व्यक्ति, विनायक सावरकर द्वारा प्रेरित था।

गाँधी को इस बारे में कोई भ्रम नहीं था कि पाहवा की गिरफ़्तारी का यह मतलब था कि ख़तरा समाप्त हो गया था। जब उनको बताया गया कि उनके एक सहकर्मी का कहना था कि मुमकिन है कि पता चले कि प्रार्थना-सभा का वह विस्फोट एक हानि-रहित मज़ाक़ से ज़्यादा कुछ नहीं था, तो इस विचार पर गाँधी हँस पड़े थे। उन्होंने आश्चर्य व्यक्त किया था, ''मूर्ख! तुमको दिखायी नहीं देता? इसके पीछे एक भयानक और व्यापक षड्यन्त्र है।''[१८२]

जहाँ उनके सहकर्मी अपने-अपने कामों में लग गये, वहीं गाँधी अपनी मृत्यु के लिए तैयार हो गये।

नाथूराम गोडसे और नारायण आप्टे बम्बई भाग गये, जहाँ वे अपने गिरोह के सबसे क़रीबी साथी करकरे से एक बार फिर से मिलने में कामयाब रहे। इस बीच, जिन लोगों को गोडसे और आप्टे अपने अख़बार 'हिन्दू राष्ट्र' की ज़िम्मेदारी सौंप गये थे, उन लोगों ने हत्या के इस प्रयत्न को गाँधीवादी शरणार्थियों के कृत्य के रूप में रिपोर्ट किया। हिन्दू राष्ट्र की सुर्ख़ियों में दावा किया गया : "गाँधी की तुष्टीकरण की नीति के ख़िलाफ़ क्रुद्ध हिन्दू शरणार्थियों की द्योतक प्रतिक्रिया का प्रदर्शन"[१८३] हत्या की कोशिश का दोष—या गाँधी के शत्रुओं की दृष्टि से इसका श्रेय—शरणार्थियों को देना आसान था। जो एकमात्र षड्यन्त्रकारी पुलिस द्वारा पकड़ा गया था वह शरणार्थी मदनलाल पाहवा ही था।

दिल्ली के एक पुलिस थाने में पाहवा ने जल्दी ही पूछताछ करने वालों के सामने समूचे षड्यन्त्र को क़बूल कर लिया।[१८४] उसने पुलिस को एक षड्यन्त्रकारी का नाम "किक्री (उसका रहनुमा किरकिरे) बताया।[१८५] अपने छह में से प्रत्येक साथी के बारे में बताते हुए उसने कहा कि उनमें से एक पूना के अख़बार, 'हिन्दू राष्ट्र' या 'अग्रणी' का सम्पादक था—जो नाथूराम गोडसे की एक निश्चित पहचान थी, जिसको वह 'देशपाण्डे' के छद्नाम से जानता था।[१८६] पाहवा पुलिस को मेरीना होटल के उस कमरे में ले गया जहाँ पर गोडसे और आप्टे, जिनका नाम होटल के रजिस्टर में 'एस. और एम. देशपाण्डे' दर्ज था, ने अन्य लोगों के साथ योजना के बारे में अन्तिम बैठक की थी। जब पुलिस ने उस कमरे की तलाशी ली, तो उनको एक ड्रॉर में हिन्दू महासभा के एक नेता आशुतोष लाहिरी का एक प्रेस समाचार मिला, जिसमें "गाँधीजी द्वारा वांछित नौ-सूत्रीय वचन-पत्र पर उसकी संस्था द्वारा हस्ताक्षर किये जाने का" खण्डन किया गया था।[१८७] उस प्रेस समाचार में कहा गया था कि हिन्दू महासभा "हिन्दुस्तान में मुसलमान अल्पसंख्यकों के साथ किये गये बरताव के सन्दर्भ में महात्मा गाँधी और उनके अनुयायियों की बुनियादी नीति के ख़िलाफ़ थी।"[१८८] यहाँ यह एक महत्त्वपूर्ण सुराग़ था कि पाहवा के सह-षड्यन्त्रकारी हिन्दू महासभा से जुड़े हुए थे। उस कमरे के मुसाफ़िरों ने धुलाई के लिए जो कपड़े दिये थे उनमें तीन कपड़े ऐसे थे जिन पर नाम के आद्याक्षर के रूप में 'एनवीजी' (जो 'नाथूराम विनायक गोडसे' का सूचक था) लिखा हुआ था। गाँधी के सम्भावित हत्यारे की पहचान बताने वाले

इन सारे साक्ष्यों का महत्त्व मदनलाल पाहवा द्वारा पुलिस को दिये गये इस कँपकँपा देने वाले बयान से रेखांकित होता है : "वे फिर से आयेंगे।"[१८९] आप्टे और करकरे के साथ मिलकर नाथूराम गोडसे ३० जनवरी को गोली मारकर गाँधी की हत्या करके पाहवा की इस भविष्यवाणी को सच साबित करने वाला था।

यह कैसे हुआ?

अभियोगात्मक और सन्दिग्ध अपराधी की पहचान कराने वाली सारी जानकारी पुलिस के पास थी। पाहवा उनको चेतावनी दे रहा था कि हत्यारे वापस आयेंगे।

इसके अलावा, षड्यन्त्रकारी अपनी योजना पर अमल कर पाते इसके हफ़्ते भर पहले ही मदनलाल पाहवा ने पूरी योजना का खुलासा कर दिया था। बम्बई में जिस प्रोफ़ेसर जे.सी. जैन के यहाँ वह काम करता था उसको उसने गाँधी की प्रार्थना-सभा में 'बम फेंकने' की अपनी आगामी भूमिका के बारे में बता दिया था कि इसका उद्देश्य उस सभा में फैलाना था ताकि उसके सहयोगी गाँधी की हत्या कर सकते।[१९०] जब तक जैन २१ जनवरी के अख़बार में उस बम काण्ड की ख़बर पढ़कर सदमे की हालत में नहीं पहुँचा था तब तक उसको यही लगता रहा था कि पाहवा व्यर्थ के क़िस्से गढ़ रहा था। इसके बाद जैन ने किसी तरह बम्बई प्रान्त के प्रेमिअर बी.जी. खेर और बम्बई प्रान्त के गृहमन्त्री मोरारजी देसाई से मुलाक़ात की। वह गाँधी के सिर पर मँडराते हत्या के ख़तरे के बेहद महत्त्वपूर्ण मसले पर बम्बई के इन दो सबसे महत्त्वपूर्ण पदाधिकारियों का ध्यान आकर्षित करने में सफल हुआ। जैन ने इन सरकारी नेताओं को सूचित किया कि उसको पाहवा से यह जानकारी मिली है कि वह बम विस्फोट एक ऐसी चीज़ का हिस्सा है जो गाँधी की हत्या का 'एक बड़ा षड्यन्त्र' प्रतीत होती है :

> मदनलाल ने मुझसे कहा था कि षड्यन्त्रकारियों ने एक गिरोह तैयार कर रखा था जिसके लिए अहमदनगर के किसी करकरे से धन मिल रहा था," और यह करकरे पाहवा के साथ उससे मिला था।[१९१] अगला सूत्र सावरकर थे जो, जैसा कि पाहवा ने बताया था, उससे दो घण्टे पहले मिले थे, और उन्होंने इस नौजवान हिन्दू शरणार्थी की इस बात के लिए

सराहना की थी कि उसने एक मुसलमान के मकान को डायनामाइट से उड़ा देने के प्रयत्न जैसा पराक्रम किया था।[१९२]

जैन का क़िस्सा सुनने के बाद, गृहमन्त्री ने कहा था कि उनके मन में "यह तगड़ा अहसास जागा था कि इस षड्यन्त्र के पीछे सावरकर था।"[१९३] देसाई ने कहा कि उन्होंने जैन से मिली जानकारी उसी रात अपने डिप्टी पुलिस कमिश्नर, जे.डी. नागरवाला के पास पहुँचा दी थी, और उनको पहले तो 'करकरे को गिरफ़्तार करने' का (करकरे को एक अन्य मामले में गिरफ़्तार किये जाने का वारण्ट जारी था लेकिन वह अभी तक हाथ नहीं लग सका था), दूसरे, "सावरकर के मकान और उनकी गतिविधियों पर सख़्त निगरानी रखने का," और तीसरे, "यह पता लगाने का कि इस षड्यन्त्र में और कौन-कौन लोग शामिल थे"[१९४] के आदेश जारी किये थे। देसाई ने कहा था कि उन्होंने इस षड्यन्त्र के बारे में जैन द्वारा दी गयी जानकारी की सूचना २२ जनवरी, १९४८ को अहमदाबाद में भारत के केन्द्र सरकार के गृहमन्त्री वल्लभभाई पटेल को भी दी थी, जो राष्ट्रीय सरकार के सुरक्षा-तन्त्र के प्रभारी थे।[१९५]

बम काण्ड और पाहवा की गिरफ़्तारी के बाद पटेल गाँधी की सुरक्षा में इज़ाफ़ा करना चाहते थे। उन्होंने गाँधी से कहा था : 'मैं चाहता हूँ कि पुलिस आपकी प्रार्थना-सभा में आने वाले हर व्यक्ति की तलाशी ले।"[१९६] जैसा कि पटेल निश्चित तौर पर जानते होंगे कि गाँधी क्या कहेंगे, महात्मा ने पुलिस को इस बात की इज़ाज़त देने से पूरी तरह से इनकार कर दिया कि वह तलाशी को प्रार्थना-सभा में किसी व्यक्ति के प्रवेश की शर्त के रूप में इस्तेमाल करे। उन्होंने कहा कि "मेरी आस्था मुझे इस बात की छूट नहीं देती कि प्रार्थना के वक़्त, जब मैं ख़ुद को पूरी तरह से ईश्वर के संरक्षण में सौंप चुका होता हूँ, तब मैं ख़ुद को किसी भी क़िस्म की मानवीय सुरक्षा के अधीन रखूँ।"[१९७] प्यारेलाल के मुताबिक़, पटेल ने गाँधी की इस ज़िद के सामने "अपने हथियार डालते हुए सब कुछ को दैव के अधीन छोड़ दिया।"[१९८]

एक ऐसे वक़्त में जो गाँधी के हत्यारों के एक बार फिर से एकजुट होने का वक़्त साबित होने वाला था, दैव के अधीन गृहमन्त्री का यह आत्मसमर्पण हत्या के बाद विवाद का विषय बनने से नहीं बच सका। ६ फ़रवरी,

१९४८ को हिन्दुस्तान की संसद के गाँधी की हत्या पर केन्द्रित एक विशेष सत्र में सांसद रोहिणी कुमार ने पटेल के सामने एक मुश्किल में डालने वाला सवाल खड़ा कर दिया था : ''क्या मैं जान सकता हूँ कि पुलिस को जिस व्यक्ति की सुरक्षा की ज़िम्मेदारी सौंपी गयी होती है, क्या वह उसकी सुविधा-असुविधा का अनुसरण करती है? सचाई ये है कि सुरक्षा के मामले में गवर्नर या गवर्नर जनरल, किसी से भी उसकी सुविधा-असुविधा के बारे में नहीं पूछा जाता।''

पटेल ने जवाब दिया : ''जहाँ तक मौजूदा मसले से ताल्लुक रखने वाले मुद्दे का सवाल है, सम्बन्धित व्यक्ति एक अलग कोटि का था, और उसके मामले में पुलिस के लिए उसकी सहमति प्राप्त किये बिना कोई भी कार्रवाई कर पाना असम्भव था।''[१९९]

पटेल का यह कहना सही था कि शारीरिक तलाशी जैसे हस्तक्षेपकारी मामले में गाँधी की सहमति प्राप्त करना अनिवार्य था। लेकिन, गाँधी की सुरक्षा के सिलसिले में पटेल की ज़िम्मेदारी तलाशी को लेकर महात्मा के पूर्वानुमेय इनकार के साथ समाप्त नहीं हो जाती थी। सच तो यह है कि पटेल ने २० तारीख़ के बम विस्फोट के बाद बिड़ला हाउस की सुरक्षा में इज़ाफ़ा करते हुए वहाँ तैनात पुलिस अधिकारियों की संख्या बढ़ा दी थी।[२००] ऐसा उन्होंने गाँधी की मंज़ूरी लेकर ही किया था।

जब गाँधी से उनके एक सहकर्मी ने उनसे सुरक्षा में हुई इस बढ़ोतरी के बारे में पूछा था, तो गाँधी ने कहा था, ''मैं तुम लोगों की तरह चिन्तित नहीं हूँ। अगर मैंने सुरक्षाकर्मियों की तैनाती की छूट न दी होती, तो मैंने सरदार पटेल, और जवाहरलाल नेहरू की चिन्ताओं में अपनी सुरक्षा की एक चिन्ता और जोड़ दी होती। उनकी ज़िम्मेदारियाँ पहले से ही बहुत भारी हैं।''[२०१]

गाँधी इस बात पर ज़ोर देते रहे कि राम अभी भी उनके वास्तविक रक्षक हैं, लेकिन तब भी उन्होंने (लोगों की तलाशी को छोड़) उन मुनासिब सुरक्षा उपायों की स्पष्ट मंज़ूरी दे दी थी जो पटेल और नेहरू को उनकी सुरक्षा के सन्दर्भ में ज़रूरी लगती रही हो सकती थी। उनका कहना था कि यह उन पर है : उनका सिर्फ़ यही विश्वास है कि ये पुलिस के सुरक्षाकर्मी ही मेरे जीवन की रक्षा करेंगे। इसलिए उनको वही करने दो जो उनकी मर्ज़ी है।''[२०२]

प्यारेलाल ने कपूर आयोग से कहा था कि इन अतिरिक्त अधिकारियों की तैनाती के अलावा मैं "यह नहीं कह सकता कि बम फेंके जाने के बाद पुलिस सम्बन्धी, कोई विशेष सावधानियाँ बरती गयी थीं या नहीं।" लेकिन एक बात उनको पक्के तौर पर लगती थी : "मदनलाल के बयान में जिन लोगों की ओर संकेत किया गया था उन लोगों को अगर पुलिस ने गिरफ़्तार कर लिया होता, तो गाँधी सुरक्षित बने रहे होते।"[२०३]

पुलिस ने इतनी ज़ाहिर-सी गिरफ़्तारियाँ क्यों नहीं कीं?

२१ जनवरी तक दिल्ली पुलिस और बम्बई पुलिस, दोनों के पास गाँधी की हत्या के लिए जारी षड्यन्त्र में शामिल प्रमुख लोगों की शिनाख़्त करने वाले बयान मौजूद थे। इसके अतिरिक्त, वे एक-दूसरे के सम्पर्क में थे।[२०४] तब भी नौ दिनों तक ये हत्यारे उस समय तक आज़ाद घूमते रहे जब तक कि उनमें से तीन, आप्टे, गोडसे और करकरे ३० तारीख़ को वापस दिल्ली की उस प्रार्थना-सभा नहीं पहुँच गये, जहाँ गोडसे ने गाँधी की हत्या कर दी।

इस घटना को मुमकिन बनाने के लिए, बीच के समय में हत्यारों को रोक सकने वाली किन्हीं गिरफ़्तारियों के बिना, अजीबोग़रीब घटनायें घटित होनी थीं। और वे घटित हुईं।

२१ जनवरी को दिल्ली के पुलिस महानिदेशक टी.जी. संजेवी ने बम्बई के डिप्टी पुलिस कमिश्नर जे.डी. नागरवाला को पाहवा के इक़बालिया बयान की सूचना देने के लिए अपने दो अधिकारियों को बम्बई भेजा। दिल्ली के इन अधिकारियों का दावा था कि जब उन्होंने अगले दो दिनों तक बम्बई के कमिश्नर नागरवाला से मुलाक़ात की, तो वे बहुत लापरवाही के साथ मिले। बदले में उनने उनको महज़ अँग्रेज़ी में लिखा हुआ एक नोट दिया (जिसको नागरवाला ने लेने से इनकार कर दिया)। उन्होंने "नागरवाला को मौखिक रूप से वह कुछ नहीं बताया जो उनकी जानकारी में था," जिसमें पाहवा द्वारा सह-षड्यन्त्रकारी के रूप में करकरे का नाम लिया जाना भी शामिल था। न ही उन्होंने पूना के अख़बार 'हिन्दू राष्ट्र' या 'अग्रणी' के सम्पादक की एक अन्य सह-षड्यन्त्रकारी के रूप में पाहवा द्वारा की गयी

शिनाख़्त के बारे में उन्हें बताया। इन अधिकारियों ने कमिश्नर को वह कुछ भी नहीं बताया जो उनकी जानकारी में था और जिससे हत्यारों की शिनाख़्त हो पाती।[२०५] न ही नागरवाला ने उनको उस बयान के विवरणों की जानकारी दी जो उनको प्रोफ़ेसर जैन दे चुके थे, जिसमें भी पाहवा और करकरे की शिनाख़्त के साथ-साथ सावरकर के साथ उनके ताल्लुक़ात की जानकारी थी—''वे सब जो सावरकर के अनुयायियों द्वारा की गयी राजनैतिक हत्या की कोशिश की ओर संकेत करते थे।''[२०६] पुलिस के प्रत्येक दस्ते ने इस तरह आचरण किया जैसे वे सार्थक ढंग से बात न करने के लिए मजबूर रहे हों, और बाद में गाँधी की मृत्यु के लिए उनमें से प्रत्येक ने दूसरे के असहयोगपूर्ण रवैये को दोषी ठहराया। नागरवाला ने उनसे मिलने आये उन दो अधिकारियों से कहा कि उनकी जाँच-पड़ताल नियन्त्रण में है और उन अधिकारियों को दिल्ली वापस जाने का आदेश दे दिया।[२०७]

इस बीच, नागरवाला की बम्बई पुलिस मोरारजी देसाई के आदेशों का पालन करती हुई सावरकर के मकान पर एक ऐसी निगरानी रखे हुए थी जो निष्प्रभावी साबित हुई। नागरवाला ने ''अपनी क्राइम रिपोर्ट नम्बर १ में कहा था कि सावरकर षड्यन्त्र के पीछे थे और यह कि वे बीमार होने का स्वाँग भर रहे थे और लोगों को यह ग़लत जानकारी दे रहे थे कि वे राजनीति से बाहर थे।''[२०८]

इस मुकाम पर गाँधी के मात्र सात दिन बचे थे जब उनके हत्यारे वापस आने वाले थे।

जब दिल्ली पुलिस के अधिकारी बिना कुछ हासिल किये बम्बई से लौटे, तो 'कपूर रिपोर्ट' ने इस बात को दर्ज़ किया है कि उनको ''तुरन्त पूना पुलिस को फ़ोन करके या तार भेजकर 'अग्रणी' के सम्पादक के बारे में सूचना देनी चाहिए थी और यह पूछताछ करनी चाहिए थी कि वह कौन था, उसके साथी कौन लोग थे, उसकी गतिविधियाँ क्या थीं और उनके अड्डे कौन-से थे। इसी के साथ-साथ उनको उनकी गिरफ़्तारी की माँग भी करनी चाहिए थी।''[२०९] लेकिन उनने कुछ मिलाकर इतना ही किया कि बम्बई के अपने नाकामयाब दौरे की रिपोर्ट भर सौंप दी।

गाँधी के पास जीवित रहने के लिए पाँच दिन बचे थे।

यह भी कि २५ जनवरी को दिल्ली के पुलिस महानिदेशक संजेवी की

मुलाक़ात बम्बई के उप महानिदेशक यू.एच. राणा से हुई थी जो संयोग से उस समय दिल्ली में ही थे। संजेवी ने राणा को पाहवा द्वारा दिल्ली पुलिस को दिये गये सबसे ताज़ा, २४ जनवरी के बयान की प्रतिलिपि सौंपते हुए उनसे वह बयान व्यक्तिगत तौर पर बम्बई पुलिस को सौंपने का आग्रह किया। अपने इस बयान में पाहवा अब तक अपने सह-षड्यन्त्रकारी के रूप में न सिर्फ़ हिन्दू राष्ट्र के सम्पादक (गोडसे) का उल्लेख कर चुका था, बल्कि अख़बार के 'मालिक' (आप्टे) का भी उल्लेख कर चुका था।[२१०]

राणा उस एक मुहिम पर बम्बई के लिए रवाना हुए जिसके लिए हालाँकि देर हो चुकी थी लेकिन वह तब भी गाँधी की जान बचा सकती थी। हालाँकि, उन्होंने हवाई जहाज़ से जाने की बजाय ट्रेन से जाने का फ़ैसला किया। बाद में उन्होंने कहा था कि ऐसा उन्होंने इसलिए किया "क्योंकि उनको हवाई जहाज़ से जाना अच्छा नहीं लगता था।"[२११] उन्होंने बम्बई के लिए एक बहुत लम्बा रास्ता भी चुना जिसने उनको छत्तीस घण्टे की ट्रेन-यात्रा कराते हुए आधा हिन्दुस्तान घुमा दिया।[२१२] इस दौरान गोडसे और आप्टे वास्तव में बम्बई में ही थे, जो सावरकर के साथ परामर्श करते हुए गाँधी की हत्या की योजना को नयी शक्ल दे रहे थे।[२१३]

जब राणा अन्ततः २७ जनवरी को बम्बई पहुँचे, तभी गोडसे और आप्टे हवाई जहाज़ से दिल्ली के लिए रवाना हुए थे। गाँधी के पास तीन दिन दिन बचे थे। राणा तब कमिश्नर नागरवाला से मिले। राणा ने बताया कि उन्होंने "मदनलाल का पूरा बयान मिस्टर नागरवाला को दिखाया था, लेकिन उनने वह बयान उनसे वापस ले लिया और नागरवाला ने उसको पूरा नहीं पढ़ा था।"[२१४] 'कपूर रिपोर्ट' ने इस बात को लक्ष्य किया था कि नागरवाला ने "मिस्टर राणा से मदनलाल के बयान के पूरे ब्योरे के बारे में जानकारी नहीं माँगी क्योंकि वे (नागरवाला) जो भी कार्रवाई पहले कर चुके थे उससे वे सन्तुष्ट प्रतीत होते थे। ये किंचित् विचित्र-सा कथन है क्योंकि मिस्टर नागरवाला प्रोफ़ेसर जैन द्वारा दी गयी उस जानकारी पर काम कर रहे थे, जो उन तक मोरारजी देसाई ने पहुँचायी थी, और दिल्ली में दिया गया मदनलाल का बयान इस जानकारी पर काम करने में मदद कर सकता था।"[२१५]

क्या वजह थी कि राणा ने नागरवाला को वह बयान नहीं सौंपा, जो गाँधी की हत्या की योजना में शरीक पाहवा के सह-षड्यन्त्रकारियों के बारे में

अतिरिक्त जानकारी मुहैया कराने वाला था?

और क्या वजह थी कि नागरवाला ने उस बयान को अपने पास नहीं रखा या उसकी प्रतिलिपि तैयार नहीं की, या उसको आमूलचूल नहीं पढ़ा क्योंकि कम से कम इतना तो वे कर ही सकते थे?

जब 'हिन्दू राष्ट्र' के सम्पादक और मालिक की शिनाख़्त का सवाल उठा, तो विभिन्न पुलिस अधिकारियों की अनभिज्ञता और उदासीनता और भी उलझन में डालने वाली थी। कपूर आयोग ने पाया कि भारत सरकार के पास यह जानकारी उसकी फ़ाइलों में पूरे समय मौजूद थी। 'अख़बारों के सालाना वक्तव्य' की प्रतियाँ भारत सरकार के गृह विभाग और सूचना एवं प्रसारण मन्त्रालय, दोनों को भेजी जा चुकी थीं। अख़बार की सूची में 'हिन्दू राष्ट्र' के सम्पादक के तौर पर एन.वी. गोडसे और मालिक के तौर पर एन.डी. आप्टे का नाम अंकित था, और दस्तावेज़ में इस अख़बार को 'सावरकर समूह के एक अख़बार' के रूप में दर्शाया गया था।[२१६]

पुलिस महानिदेशक टी. जी. संजेवी उस इंटेलीजेंस ब्यूरो के निदेशक भी थे, जो हिन्दुस्तान का पुलिस का सर्वोच्च पद है।[२१७] पाहवा के पकड़े जाने से लेकर गाँधी की हत्या तक के दस दिनों के दौरान गोडसे और आप्टे का 'हिन्दू राष्ट्र' से रिश्ता बताने वाली सूची संजेवी की अपनी फ़ाइलों में मात्र कुछ ही क़दम की दूरी पर थी। उन्होंने ये क़दम कभी नहीं उठाये। न किसी दूसरे पुलिस अधिकारी ने उठाये।

'कपूर रिपोर्ट' ने टिप्पणी की थी : ''जिन परिस्थितियों में वह घटना घटित हुई उनमें उसका घटित न होना अविश्वसनीय होता। मिस्टर यू.एच. राणा को मिस्टर संजेवी के साथ मिलकर मदनलाल के बयान को आमूलचूल पढ़ना चाहिये था, जो उन्होंने नहीं किया, जैसा कि मिस्टर संजेवी का नोट दर्शाता है, और यह कि दोनों में से एक ने भी २५ जनवरी को इंटेलीजेंस ब्यूरो या प्रेस इन्फ़ॉर्मेशन ब्यूरो से यह पता लगाने का थोड़ा भी कष्ट नहीं उठाया'' कि 'हिन्दू राष्ट्र' का मालिक (या सम्पादक) कौन था।[२१८]

और इस तरह जो लोग गाँधी का पीछा कर रहे थे, उनका पता लगाने और उनको गिरफ़्तार करने के मामले में आलस्य, विलम्ब और सरकारी उदासीनता से ग्रस्त पुलिस की जाँच-पड़ताल का यह सिलसिला चलता रहा।

पाहवा ने कहा था कि वे लोग वापस आयेंगे, और वे वापस आये। पुलिस ने अपनी अकर्मण्यता से हत्यारों के लिए एक और मौक़ा उपलब्ध करा दिया।

क्यों?

परदा पल भर के लिए उस वक़्त उठा था जब नागरवाला से यह पूछा गया था कि उन्होंने सावरकर को गिरफ़्तार या नज़रबन्द क्यों नहीं किया था। "उनका जवाब था कि हत्या के पहले उन्होंने ऐसा इसलिए नहीं किया था क्योंकि इससे महाराष्ट्र क्षेत्र में न सिर्फ़ उत्तेजना फैल जाती बल्कि उथल-पुथल मच जाती।"[२१९]

नागरवाला इस बात को स्वीकार कर रहे थे कि गाँधी की हत्या के पहले उनको सावरकर और उनके अनुयायी इतने शक्तिशाली दीखते थे कि उनको रोकना असम्भव था। पुलिस के नज़रिये से गाँधी के हत्यारों को हत्या करने के पहले छुट्टा घूमने देना शक्ति के लिए रियायत देना था।

२७ जनवरी की शाम गाँधी एक अमेरिकी पत्रकार विन्सेण्ट शिएन से मिले जो गाँधी से मिलने की तीव्र इच्छा से भरकर वर्माण्ट स्थित अपने फ़ॉर्म हाउस से वहाँ आये थे। शिएन को निरन्तर यह भय सता रहा था कि जल्दी ही गाँधी की हत्या हो सकती थी। शिएन चाहते थे कि वे दूसरे विश्व युद्ध और अणु बम के बाद उनके सामने उभरे मुश्किल सवालों को गाँधी के सामने रखते, लेकिन वे इस भयावह अहसास से प्रेरित थे कि इसके पहले ही गाँधी की हत्या हो जायेगी।[२२०] वे जो सवाल गाँधी से पूछना चाहते थे वे यह थे कि हिटलर के ख़िलाफ़ लड़े जाने के लिए जिस युद्ध की ज़रूरत पड़ी थी वह विश्व का संहार कर देने वाले हथियारों के आविष्कार का कारण कैसे बन गया? मानव-जाति अपने ही द्वारा गढ़े गये इन हथियारों से कैसे बच पायेगी?

जब प्यारेलाल प्रार्थना-सभा के बाद उनको अभी तक जीवित बचे गाँधी से मिलने ले गये, तो शिएन को गहरी राहत मिली। वह लम्बा रिपोर्टर और ठिंगना सत्याग्रही कमरे में बिछी चटाई पर एक-दूसरे की बग़ल में चलते

रहे, जिस दौरान शिएन महात्मा के सामने अपने सवाल दागते रहे। उन्होंने शुरुआत तो फ़लसफ़ाना अन्दाज़ में की लेकिन गाँधी उनको जल्दी ही ज़मीन पर ले आये।

शिएन ने कहा, ''मैं कर्म और कर्म के फलों के साथ बातचीत शुरू करने का प्रस्ताव करता हूँ।''

गाँधी चलते-चलते ठहर गये। वे अपनी बात कहना चाहते थे। उन्होंने किसी चिड़िया की तरह गरदन हिलाते हुए शिएन की ओर देखा।

''पहले मैं एक बात साफ़ कर दूँ,'' उन्होंने कहा ''मुझे मोतीझिरा का बुख़ार है। डॉक्टर भेजे जाते हैं और वे सल्फ़ा ड्रग के इंजेक्शन या उसी तरह की कोई चीज़ें देकर मेरी जान बचा लेते हैं। लेकिन इससे कुछ भी साबित नहीं होता। मुमकिन है कि मेरा मर जाना मनुष्यता के लिए ज़्यादा मूल्यवान् होता।''

गाँधी ने गर्दन उठाकर शिएन की ओर देखा। वे इन्तज़ार करते रहे कि यह बात शिएन के मन में ठीक से बैठ जाये कि मुमकिन है उनका मर जाना मनुष्यता के लिए ज़्यादा मूल्यवान् हो।

''क्या यह बात ठीक-से समझ में आ गयी?'' उन्होंने पूछा। ''अगर न आयी हो, तो मैं इसको दुहराऊँ?''

''नहीं सर,'' शिएन ने कहा। ''मेरा ख़याल है मैं इसे समझ गया हूँ।''

दोनों आदमी फिर से चहलक़दमी करने लगे।

''एक न्यायसंगत लड़ाई विध्वंसकारी नतीजे कैसे पैदा कर सकती है?'' शिएन ने पूछा। वे ख़ासतौर से दूसरे विश्व युद्ध के बारे में सोच रहे थे।

''उन साधनों की वजह से जिनका इस्तेमाल किया गया,'' गाँधी ने कहा। ''साधनों को साध्य से अलग नहीं किया जा सकता।'' यह वही अन्तर्दृष्टि थी जिसको लेकर गाँधी को सावरकर द्वारा लन्दन में उन हत्याओं के इस्तेमाल के प्रश्न को लेकर चुनौती दी गयी थी, जिनका इस्तेमाल राष्ट्रीय मुक्ति को हासिल करने के लिए सावरकर की मण्डली कर रही थी। असम्भव, गाँधी ने सावरकर और उनके छात्र उग्रवादियों से कहा था। इस समय गाँधी शिएन के सामने, जब वे तीन दिन बाद सावरकर के और भी नये अनुयायियों के हाथों मारे जाने वाले थे, साधनों और साध्यों के बीच के सामंजस्य की एक बार

फिर नये सिरे से व्याख्या कर रहे थे। गाँधी ने कहा, "अगर हिंसक साधनों का इस्तेमाल किया गया, तो उसके नतीजे बुरे होंगे।"

"क्या ये बात हर समय और स्थान के सन्दर्भ में सही है?" शिएन ने पूछा।

"मैं तो यही कहता हूँ," गाँधी ने कहा। "ये पद परिवर्तनीय हैं। कोई भी अच्छा कर्म बुरे नतीजे को पैदा नहीं कर सकता। बुरे साधन, अच्छे साध्य के लिए इस्तेमाल किये जाने पर भी, बुरे परिणाम पैदा करते हैं।"[२२१]

शिएन इतनी आसानी से मानने वाले नहीं थे : "मैं हिटलर के ख़िलाफ़, हमारे युद्ध के बारे में सोच रहा था, जो मेरी निगाह में एक न्यायसंगत युद्ध था। मैं उनमें से कुछ नेताओं को जानता था जो हमारे पक्ष के थे।"

गाँधी ने सिर हिलाया, जिसका मतलब शिएन ने यह समझा कि रूज़वेल्ट और चर्चिल, दोनों के ही इरादे नेक थे।

शिएन ने अपनी बात जारी रखी : "यह कैसे मुमकिन हुआ कि फ़ासीवाद की बुराई के ख़िलाफ़ हमारी लड़ाई जैसे एक सच्चे अर्थों में न्यायसंगत युद्ध ने उन नतीजों को पैदा किया जिनका सामना हम कर रहे हैं?"

गाँधी शिएन की ओर झुके। उन्होंने गहरी उदासी के साथ विनम्रतापूर्वक कहा, "आपके साध्य शुभ रहे हो सकते हैं, लेकिन आपके साधन अशुभ थे। ये सत्य की ओर ले जाना वाला मार्ग नहीं है।"

शिएन ने कहा, "जो लोग हम पर हुकूमत करते हैं, ज़ाहिर है उनका सरोकार कर्म के सत्य की बजाय कर्म के फलों से होता है। तब फिर हम पर अच्छे ढंग से शासन कैसे किया जा सकता है?"

"आपको अपनी दौलत की उपासना करना बन्द कर देना चाहिये," गाँधी ने कहा। शिएन जानते थे कि गाँधी यह कहना चाह रहे थे कि अमेरिकियों को दौलत की उपासना बन्द कर देनी चाहिये। गाँधी ने शिएन के समक्ष एक प्रतिनिधित्वशाली लोकतन्त्र की रूपरेखा रखी, जिसमें भ्रष्ट लोगों को उन लोगों द्वारा पदच्युत कर दिया जाना चाहिये जो भ्रष्ट नहीं हैं। वे पल भर को रुके, और फिर बोले, "उन लोगों द्वारा जिनका सत्ता से कोई लेना-देना नहीं है।"

"आपका मतलब है, सत्ता भ्रष्ट करती है?" शिएन ने पूछा।

"हाँ," गाँधी ने कहा, "मुझे अफ़सोस है कि मैं यही कह रहा हूँ कि सत्ता भ्रष्ट करती है।" तब भी, जैसा कि गाँधी जानते थे, वे सत्ता के हाथों भ्रष्ट हुए लोगों, जिनमें भारत सरकार में मौजूद स्वयं उनके शिष्य शामिल थे, को परामर्श देना बन्द करने वाले नहीं थे। उनका स्पष्ट उद्देश्य स्वयं कभी सत्ता प्राप्त करने का नहीं था। न ही वे यह चाहते थे कि अहिंसा के रास्ते सत्य के परम बल के लिए प्रयोग कर रहा कोई भी व्यक्ति राजनैतिक सत्ता की आकांक्षा करे। गाँधी एक कहीं ज़्यादा गहरे क़िस्म के बल को सिद्ध करने के लिए प्रतिबद्ध थे—सत्य के बल के लिए, अपने सामने पड़ने वाले सबसे निर्बल मनुष्य में ईश्वर के प्रत्यक्ष दर्शन के लिए, और इन निर्बलों के माध्यम से शक्ति बटोरने के लिए प्रतिबद्ध। एक अगला क़दम यह था कि उन लोगों तक में ईश्वर का प्रत्यक्ष दर्शन करना जिनने उनकी हत्या की योजना बनायी थी (सावरकर) और जिसने उनकी हत्या की थी (गोडसे), और तब भी उनके भीतर प्रेम उत्पन्न करना; जैसा कि उन्होंने अपनी मृत्यु के क्षण में किया था जब वे और उनका हत्यारा एक-दूसरे के सामने प्रणति की मुद्रा में झुके थे।[२२२]

गाँधी ने कहा था कि "एक शुभ परिणाम हासिल करने के लिए अहिंसा परमावश्यक है।"[२२३]

उस मुलाक़ात के अन्त में गाँधी ने शिएन से कहा था कि उनसे दुबारा मुलाक़ात का वे स्वागत करेंगे : "और इसे एक स्थायी निमन्त्रण की तरह लें!"[२२४] इसके बाद, जैसा कि शिएन लिखते हैं, "गाँधी ने बहुत विनम्रता के साथ, एक ऐसे स्वर में जिसे सुनकर किसी दुश्मन का दिल भी पिघल जाता (और मैं कोई दुश्मन नहीं था) यह भी कहा : 'अगर समय नहीं बचा, तो क्या आप समझेंगे'?"[२२५]

इस रिपोर्टर ने गाँधी की हत्या के बाद संयुक्त राज्य अमेरिका लौटने पर लिखा था :

> उनको मालूम था कि मैं हताशा की ओर बढ़ती अवस्था में यह जानने के लिए कि सत्य क्या है आधी दुनिया पार करके उनके पास आया था —इतना तो वे कुछ ही मिनिटों में सहज ही समझ गये थे—और उन्होंने नतीजों की परवाह किये बिना मुझे तुरन्त यह समझाया। मेरी उम्मीदों या सम्भावना के एकदम परे जिस चीज़ से मेरा सामना हुआ, वह दैवीय

करुणा की अभिव्यक्ति थी।[२२६]

२९ जनवरी को विन्सेण्ट शिएन जवाहरलाल नेहरू के साथ एक आम सभा के लिए पाकिस्तान से लगी हिन्दुस्तान की उत्तर-पश्चिमी सरहद पर स्थित अमृतसर गये। अपने देश के प्रधानमन्त्री को सुनने चार लाख लोग एक पार्क में जमा थे। नेहरू के क़रीब बैठे शिएन मनुष्यों के उस उमड़ते समुद्र को देखकर विस्मित थे। ''राजनैतिक दृष्टि से बेहद महत्त्वपूर्ण उस भाषण'' में नेहरू ने जो कुछ कहा, उसे सुनकर भी शिएन चकित थे। यह पहली बार था जब हिन्दुस्तान की सरकार के किसी सदस्य ने हिन्दू प्रतिक्रियावादी या आद्य-फ़ासीवादी संगठनों पर उनका नाम लेते हुए खुला हमला किया था—उन संगठनों पर जो, अगले चौबीस घण्टों के भीतर, महात्मा गाँधी की जान लेने जा रहे थे।''[२२७]

सरहद पर बसा नगर होने के नाते, अमृतसर पाकिस्तान से आये हिन्दू और सिख शरणार्थियों से भरा हुआ था। नेहरू के श्रोताओं में बड़ी तादाद में ऐसे लोग शामिल थे जो उन मुसलमानों के ख़िलाफ़ इन्तक़ाम के जज़्बे से उबल रहे थे, जिनको वे अपनी बदहाली के लिए ज़िम्मेदार मानते थे। वे हिन्दू महासभा और आरएसएस द्वारा भड़काये जा रहे थे जिनकी ओर नेहरू ने गाँधी की हत्या की पूर्व-सन्ध्या पर अँगुली उठाते हुए हमला किया था।

इतिहास के एक नाज़ुक मोड़ पर दिया गया नेहरू का वह भाषण बहुत साहसपूर्ण था। बदक़िस्मती से, उस विशाल जन-समुदाय में से किसी ने भी उसको सुना नहीं। जैसा कि शिएन ने देखा था, परिस्थितियाँ कुछ ऐसी निर्मित हुईं कि ''लाउडस्पीकर ख़राब हो गये और नेहरू के भाषण का एक भी शब्द सुनायी नहीं दे सका।''[२२८]

उसी दिन, एक दोस्त को लिखे गये अपने ख़त में गाँधी ने लिखा था कि उनकी मुहिम अभी पूरी नहीं हुई थी :

> अगर यह कहा जा सकता हो कि दिल्ली में मेरा 'काम पूरा हो चुका है', तो मुमकिन है कि अपनी प्रतिज्ञा ('करो या मरो') की ख़ातिर मेरा यहाँ

बना रहना ज़रूरी न रह गया हो। हो सकता है कि इस मसले पर कल फ़ैसला लिया जाये।[२२९]

उस आख़िरी रात बिस्तर पर सोने जाने से ठीक पहले, उनकी देखभाल में लगे एक सहयोगी से बात करते हुए गाँधी ने एक बार फिर कहा था कि अगर मैं "एक पुरोहित हूँ, जो होने का मैं दावा करता हूँ," तो मुझे अपनी एक-एक श्वास में ईश्वर का नाम जाप करते हुए अपने हत्यारे को जवाब देना होगा :

> अगर कोई व्यक्ति मेरे आरपार गोली भेदता हुआ मेरे जीवन का अन्त करता है—जैसी कि उस दिन किसी ने बम के माध्यम से करने की कोशिश की थी—और मैं उसकी गोली को बिना किसी कराह के सह लेता हूँ, और ईश्वर का नाम लेते हुए अपनी आख़िरी साँस लेता हूँ, तभी मैं अपने दावे पर खरा उतरा माना जाऊँगा।[२३०]

शुक्रवार, ३० जनवरी को, धरती पर गाँधी के आख़िरी दिन, प्यारेलाल ने उनको उनके द्वारा व्यक्त की गयी चिन्ता पर हिन्दू महासभा के अध्यक्ष डॉ. श्यामाप्रसाद मुखर्जी की प्रतिक्रिया की सूचना दी। सावरकर के संगठन के औपचारिक मुखिया डॉ. मुखर्जी नेहरू के मन्त्रिमण्डल में एक मन्त्री थे—यह उस सत्ता का एक संकेत था जो नेहरू की अपनी सरकार में उन शक्तियों ने हासिल कर रखी थी जिनका प्रत्याख्यान नेहरू ने उस दिन अपने उस न सुने गये भाषण में किया था। गाँधी ने मुखर्जी से पूछा था कि क्या मेहरबानी करके वे महासभा के नेता के रूप में अपनी शक्ति का उपयोग महासभा के उन कार्यकर्ताओं की गतिविधियों पर नियन्त्रण लगाने के लिए करेंगे, "जो कांग्रेस के कुछ नेताओं की हत्या को उकसाने वाले बेहद भड़काऊ भाषण देते आ रहे थे।"[२३१]

प्यारेलाल ने गाँधी को डॉ. मुखर्जी के 'हिचकिचाहट-भरे और असन्तोषजनक जवाब' की जानकारी दी। उन्होंने कहा कि "लगता है कि उन्होंने इस तरह ग़ैरज़िम्मेदाराना बयानों और गतिविधियों और बहुत जल्द ही सामने आने जा रहे इनके दुष्प्रभावों को बहुत कम करके

आँका है।''

प्यारेलाल अपनी जीवनी में कहते हैं : ''जब मैंने गाँधी जी को डॉ. मुखर्जी के इस जवाब की सूचना दी तो उनकी भँवें तन गयीं।''[२३२]

अपनी आख़िरी सुबह के दौरान गाँधी ने नोआखाली क्षेत्र, जो अभी भी विक्षोभ से पीड़ित था, में प्यारेलाल को रचनात्मक अहिंसा के अपने प्रयोगों को जारी रखने के लिए प्रोत्साहित किया। गाँधी ने कहा, ''मैं किस क़दर चाहता था कि ये सारे काम मैं ख़ुद करता! जिन लोगों के लिए हम काम कर रहे हैं उनके मन से हमें मृत्यु के डर को हटाने की और उनके दिलों और प्यार को जीतने की ज़रूरत है...। अगर दिलों में प्रेम के अलावा और कुछ नहीं होगा, तो तुम्हारे शब्द उन दिलों में बैठ जायेंगे।''[२३३]

शाम ४.०० बजे गाँधी पटेल के साथ गहन चर्चा में व्यस्त रहे। नेहरू के साथ अपने गहराते हुए झगड़ों की वजह से गृहमन्त्री अपने पद से इस्तीफ़ा देने की कगार पर थे। गाँधी इन दोनों आदमियों को सरकार के लिए अपरिहार्य मानते थे। उन्होंने समझौते का परामर्श दिया था। उनकी मृत्यु यह काम पूरा करने वाली थी। उस शाम, गाँधी की हत्या के बाद, नेहरू अपने गुरु के शव के क़रीब पटेल की गोद में सिर रखकर सुबक रहे थे। भटककर घर वापस लौटे हुए गाँधी के ये दोनों ख़र्चीले बेटे, जिन्होंने विभाजन को स्वीकार कर उनको धोखा दिया था, यह बात अच्छी तरह से जानते थे कि गाँधी ने उनको कभी भी प्रेम करना बन्द नहीं किया था। गाँधी की शहादत के नतीजे में सामंजस्य की स्थिति में पहुँचे ये दोनों नेता दिसम्बर १९५० में पटेल की मृत्यु के समय तक हिन्दुस्तान पर शासन करना जारी रखने वाले थे।

जब अन्ततः गाँधी ने शाम ५.१० बजे पटेल को समझा-बुझाकर फुरसत पायी, तो उनको बताया गया कि काठियावाड़ के भारतीय प्रायद्वीप से आये कुछ नेता उनसे मिलने का अनुरोध कर रहे थे।

''उनसे प्रार्थना के बाद आने को कहो,'' उन्होंने कहा। ''अगर मैं ज़िन्दा रहा तो मैं उनसे मिलूँगा।''[२३४]

प्रार्थना-सभा के रास्ते की घास पर चलते हुए गाँधी ख़ामोश बने रहे। अपनी पोतियों, आभा और मनु के कन्धों पर हाथ रखे वे छह सीढ़ियाँ चढ़कर उस चबूतरे पर पहुँचे जो उनका प्रार्थना-स्थल हुआ करता था। बाद के क्षणों का वर्णन मनु ने किया है।

> फिर, उन्होंने कन्धों से अपने हाथ हटाकर वहाँ एकत्र लोगों को नमस्कार करने के लिए दोनों हाथ जोड़े, और आगे चल पड़े। मैं उनके दायीं तरफ़ चल रही थी। उसी दिशा से ख़ाकी वर्दी में एक तगड़ा नौजवान हाथ जोड़े भीड़ को धकियाता हुआ हमारे क़रीब आ गया।[२३५]

यह ख़ाकी वर्दीधारी आदमी नाथूराम गोडसे था। जब मनु ने उसको हल्के-से परे हटाने की कोशिश करते हुए कहा कि "बापू को पहले ही दस मिनट की देर हो चुकी है," तो गोडसे ने उनको धक्का देकर अपने रास्ते से हटा दिया। मनु उस जपमाला को उठाने के लिए झुकीं जो उनके हाथ से छिटककर नीचे गिर गयी थी।[२३६] गोडसे सिर झुका हाथ जोड़कर गाँधी जी को प्रणाम कर रहा था। अपना सिर उठाकर उसने एक ऑटोमेटिक पिस्तौल निकाली और तेज़ी से तीन गोलियाँ दाग दीं, एक गाँधी के पेट में, और दो उनकी छाती में। जैसे ही गाँधी हत्यारे को आशीर्वाद देते हुए ज़मीन पर गिरे, उनके आख़िरी शब्द थे, "राम! राम!"[२३७]

विन्सेण्ट शिएन दस क़दम की दूरी पर थे। उनको गाँधी का एक और साक्षात्कार लेने के लिए प्रार्थना के बाद उसी शाम का समय दिया गया था। शिएन गाँधी को घास पर चलकर प्रार्थना-मण्डप की ओर जाते देखते रहे थे। जैसे ही उनकी छोटी-सी काया सीढ़ियाँ चढ़ने लगी थी, तो वे भीड़ की ओट में हो जाने की वजह से इस रिपोर्टर को दिखना बन्द हो गये थे।

जब शिएन ने उन तीन हल्के धमाकों की आवाज़ें सुनीं, तो उन्होंने पास में खड़े एक दोस्त से दहशत में भरकर कहा, "यह क्या है?" उनके उस दोस्त का चेहरा पीला पड़ गया, तो शिएन समझ गये कि गाँधी की हत्या का उनका पूर्वाभास सही साबित हो चुका है। वे ईंटों की एक दीवार से टिक गये और उन्होंने अपने सिर में "एक तेज़ लहरों जैसा विक्षोभ महसूस किया जैसे, समुद्र में तूफ़ान उठने से पैदा होता है—लगा जैसे लहरें तेज़ हवाओं के साथ तेज़ी-से उठ और गिर रही हों...। ऐसी चीज़ें कैसे मुमकिन हो सकती हैं?" [२३८] यह सवाल कई दिनों तक मेरे दिमाग़ में घूमता रहा।

गाँधी का वह कथन और वह सवाल उनके दिमाग़ से उड़ चुका था : "मुमकिन है कि मेरा मर जाना मनुष्यता के लिए ज़्यादा मूल्यवान् हो। क्या यह बात ठीक-से समझ में आ गयी? अगर न आयी हो, तो मैं इसको दुहराऊँ?"

शिएन ने कहा था, "नहीं, सर। मेरा ख़याल है, मैं इसे समझ गया हूँ।" लेकिन वे समझे नहीं थे। अपने गुरु गाँधी के प्रति अपने अनुराग, और उनके सम्मुख बैठकर उनसे और अधिक सीखने की अपनी आकांक्षा के चलते, अब उनकी हत्या के बाद शिएन उनके बीच हुए संवाद में गाँधी द्वारा कही गयी इस सबसे पहली बात को स्वीकार नहीं कर पा रहे थे कि मुमकिन था कि उनका मर जाना मनुष्यता के लिए ज़्यादा मूल्यवान् होता।

गाँधी की मृत्यु के प्रभाव का वर्णन डेनिस डैल्टॅन द्वारा इन शब्दों में किया गया है :

> गाँधी की हत्या ने विभाजन के इर्द-गिर्द व्याप्त साम्प्रदायिक हिंसा को रोकने में जो भूमिका निभायी वैसी भूमिका किसी भी दूसरी अकेली घटना ने नहीं निभायी थी। उसने इसे ठीक उसी तरह हासिल किया था जिस तरह उनके उपवासों ने हासिल किया था—लोगों को उनके भय, क्रोध और शत्रुता के बीच ठहरकर सोचने के लिए मजबूर करते हुए : ख़ुद से यह पूछने के लिए विवश करते हुए कि इसके लिए जो क़ीमत उन्होंने चुकायी थी क्या वह वाजिब थी। शायद कई प्रयोजन—करुणामय, तर्कपूर्ण और साथ ही शोक-सन्तप्त या अपराध-बोध से ग्रस्त कई प्रयोजन—एक साथ काम कर रहे थे। लेकिन हत्याएँ रोक देने का एक दृढ़ निश्चय जिस किसी तरह पैदा हुआ...। उनकी मृत्यु के इस असर से बड़ा उनके जीवन का दूसरा कोई असर नहीं था, यह स्वराज के पक्ष में उनका अन्तिम वक्तव्य था।

गाँधी की हत्या के मुक़दमे के पीठासीन न्यायाधीश आत्माचरण ने इस हत्या को उकसाने में पुलिस की भूमिका को लेकर तीख़ी निन्दा से भरा फ़ैसला सुनाया था। मुक़दमे का समापन करते हुए उन्होंने कहा था :

> पुलिस ने २० जनवरी, १९४८ और ३० जनवरी, १९४८ के बीच के समय में मामले की जाँच-पड़ताल में जो ढिलाई बरती उसकी ओर मैं केन्द्र सरकार का ध्यान आकर्षित करना चाहता हूँ। २० जनवरी, १९४८ को मदनलाल के. पाहवा की गिरफ़्तारी के तुरन्त बाद पुलिस ने उसका बयान ले लिया था। बम्बई पुलिस को भी डॉ. जे.सी. जैन के उस बयान से सूचित किया जा चुका था जो उन्होंने २१ जनवरी, १९४८ को माननीय श्री मोरारजी देसाई को दिया था। इन दोनों बयानों के तुरन्त बाद दिल्ली पुलिस और बम्बई पुलिस ने एक-दूसरे से सम्पर्क किया था। तब भी पुलिस इन दोनों बयानों का कोई लाभ उठा पाने में दुखद ढंग से नाकामयाब रही। अगर उस प्रकरण में उस मुकाम पर थोड़ा भी चौकन्नापन बरता गया होता तो यह त्रासदी शायद टाली जा सकती थी।[२४०]

गाँधी के प्रपौत्र तुषार गाँधी ने इस हत्या में पुलिस की सहभागिता के बारे में लिखा है :

> गृहमन्त्री सरदार पटेल को सौंपी गयी एक ख़ुफ़िया रिपोर्ट के मुताबिक़ पुलिस बल और नौकरशाही में शामिल बहुत सारे लोग आरएसएस और हिन्दू महासभा के गुप्त सदस्य थे, और वे लोग सक्रिय रूप से इन उग्रवादी हिन्दू संगठनों की विचारधारा का समर्थन और प्रोत्साहन कर रहे थे...। २० और ३० जनवरी, १९४८ के बीच पुलिस ने जो भी कार्रवाइयाँ कीं वे गाँधी की हत्या को रोकने की बजाय हत्याओं के सिलसिले को निर्बाध ढंग से आगे बढ़ाने के लिए ज़्यादा थीं...
>
> पीछे मुड़कर देखने पर सिर्फ़ इतना ही कहा जा सकता है कि पुलिस अपनी लापरवाही और अकर्मण्यता के चलते गाँधी की हत्या के लिए उतनी ही अपराधी थी जितने स्वयं हत्यारे थे।[२४१]

सरकार में बैठे नेता गाँधी की हत्या के लिए किस हद तक ज़िम्मेदार थे?

प्रधानमन्त्री नेहरू के सरकारी सुरक्षा-प्रभारी जी.के. हण्डू ने गाँधी की हत्या की जाँच के लिए बिठाये गये 'कपूर आयोग' के सामने स्पष्ट किया था कि गाँधी को हत्या से बचाने के लिए क्या किया जाना चाहिये था। हण्डू ने कहा था कि सरकार के पास सुरक्षा की एक रूपरेखा उपलब्ध थी जिसका इस तरह के मामलों में पालन किया जाता था।[२४२]

बम विस्फोट के बाद पाहवा और जैन द्वारा उपलब्ध करायी गयी जानकारी के मद्देनज़र, हण्डू का कहना था कि बम्बई और पूना पुलिस के अधिकारियों को (गोडसे, आप्टे और अन्य सह-षड्यन्त्रकारियों के साथ उनकी ख़ासी जान-पहचान के चलते) गुप्तचरी के काम में लगाया जाना चाहिये था। उनको दिल्ली के हवाई अड्डे, रेलवे स्टेशनों, होटलों तथा अन्य महत्त्वपूर्ण स्थलों पर, विशेष रूप से प्रार्थना-सभाओं के दौरान बिड़ला हाउस में हत्यारों पर निगरानी रखने के लिए तैनात किया जाना चाहिये था। गाँधी के बचाव के लिए सादी वर्दी में पुलिसकर्मियों के दो घेरे तैयार किये जाने चाहिये थे, जिनमें से पहला घेरा उनसे तीन गज की दूरी पर होता, और दूसरा घेरा पच्चीस गज की दूरी पर होता।[२४३]

ये सरकार के वे मानक सुरक्षा-उपाय थे जो प्रधानमन्त्री और अन्य महत्त्वपूर्ण व्यक्तियों के सन्दर्भ में अपनाये जाते थे, ख़ास तौर से तब जब ख़तरे को पहचान लिया गया होता था। 'राष्ट्रपिता' माने जाने वाले गाँधी २०-३० जनवरी, १९४८ की अवधि के दौरान इस तरह की सुरक्षा-व्यवस्था की सर्वाधिक अर्हता रखते थे, तब तो और भी जबकि हिरासत में लिया जा चुका एक सह-षड्यन्त्रकारी बार-बार यह दुहरा चुका था कि गाँधी के हत्यारे वापस आयेंगे। जैसा कि प्रश्नकर्ता सांसद रोहिणी चतुर्वेदी ने पटेल को ध्यान दिलाया था, सुरक्षा के मामले में (शारीरिक तलाशी के अलावा) गाँधी की सहमति की ज़रूरत नहीं थी। न ही गाँधी पुलिस की मौजूदगी के विरोध के मामले में ज़िद पर अड़े थे। नेहरू और पटेल की ज़िम्मेदारियों का लिहाज़ करते हुए गाँधी (शारीरिक तलाशी को छोड़कर) उन सभी सुरक्षा उपायों को अपनाने की मंज़ूरी दे चुके थे जो ये लोग आवश्यक समझते थे। ''उनको वही करने दो जो उनकी मरज़ी है,''

उन्होंने कहा था।[२४४]

तब भी बम विस्फोट और गाँधी की हत्या के बीच के दस दिनों में उनकी रक्षा के लिए इनमें से कोई भी सुरक्षा-उपाय नहीं अपनाये गये। नेहरू और पटेल ने अपनी सुरक्षा-पुलिस को तैनात नहीं किया, जैसा कि उनको इस तरह की परिस्थिति में सामान्यत: करना चाहिये था—जैसा कि दरअसल गाँधी की हत्या के बाद, अपने जीवन की चिन्ताओं के चलते, उन्होंने तत्काल किया था। एक बेहद नाज़ुक मौक़े पर, ख़तरे की स्पष्ट चेतावनी के बावजूद, वे उस इनसान के जीवन को बचाने में नाकामयाब रहे जिसके प्रति वे, उनका मुल्क, और सारी दुनिया सबसे ज़्यादा श्रद्धा रखते थे।

गाँधी की हत्या के आरोपियों में सावरकर भी शामिल थे। दिगम्बर बडगे, जो सरकारी गवाह बन गया था, ने अदालत में गवाही देते हुए सावरकर के साथ गोडसे और आप्टे की मुलाक़ातों की पुष्टि की थी। लेकिन पुष्टिकारी साक्ष्य के अभाव में सावरकर को निर्दोष पाया गया। गोडसे और आप्टे ने फाँसी पर लटकने के क्षण तक सावरकर का बचाव किया। वे इस षड्यन्त्र में सावरकर के तार जुड़े होने का ज़ोरदार ढंग से खण्डन करते रहे।

सावरकर ने अपने बचाव में सत्तावन पृष्ठ का एक वक्तव्य पढ़ा। इस वक्तव्य में उन्होंने अपने जीवन की कथा सुनाते हुए स्वयं को एक आत्मबलिदानी देशभक्त के रूप में चित्रित किया। उन्होंने अपने ऊपर लगाये गये आरोपों से स्पष्ट इनकार कर दिया। अपने वक्तव्य का समापन करते हुए उन्होंने अपने उन वक्तव्यों को उद्धृत किया जिनके बारे में उनका दावा था कि वे गाँधी के प्रति सराहना और स्नेह को दर्शाने वाले थे।

सावरकर ने अपने बचाव का जो प्रदर्शन किया था उसे देखकर बचाव पक्ष के एक वकील पी.एल. इनामदार, जो सावरकर के प्रति अत्यन्त सराहना का खुलेआम इज़हार करते थे, हक्का-बक्का रह गये थे :

> सावरकर ने, अदालत में अपना वक्तव्य पढ़ते हुए एक कुशल वक्ता के

सारे हथकण्डों का इस्तेमाल किया और इस बात को लेकर अपने भाग्य पर विलाप किया कि स्वाधीन भारत सरकार द्वारा उन पर महात्मा जी की हत्या का आरोप लगाया जा रहा है, जबकि वे बेहद ईमानदारी के साथ और अक्सर महात्मा जी के व्यक्तित्व की सराहना और प्रशंसा करते रहे हैं। सावरकर ने वास्तव में अदालत में अपने भाषण का यह अंश पढ़ते हुए अपने गाल पोंछे थे।[२४५]

हालाँकि सावरकर बचाव-पक्ष के कठघरे में गोडसे की बग़ल में बैठे थे, लेकिन वे गोडसे और दूसरे बचावकर्ताओं की पूरी तरह से उपेक्षा करते रहे। सावरकर जानते थे कि यह बात उनके क़ानूनी हित में ही थी कि वे इस तरह का बरताव करते जैसे अपना बचाव कर रहे उनके इन साथियों से उनका कोई नाता नहीं था, ख़ास तौर से उस व्यक्ति के साथ जो गाँधी पर गोली चलाने की बात क़बूल कर चुका था। गोडसे ने अपने दोस्तों से कहा था कि किस तरह वह "सावरकर के हाथ के एक स्पर्श, सहानुभूति के एक शब्द, या कम-से-कम करुणा से भरी निगाह के लिए तरसता रहा था।"[२४६] इस गोली दागने वाले गोडसे ने फाँसी के फन्दे तक सावरकर के प्रति अपनी वफ़ादारी निभायी, और आख़िर तक अपने गुरु की निर्दोषिता की घोषणा करता रहा। जिस दौरान गोडसे अपने बचाव में दिये गये बयान में अभियोजन पक्ष के वकील का मज़ाक़ उड़ा रहा था, क्योंकि उसने "मुझे वीर सावरकर के हाथ के महज़ एक हथियार के रूप में चित्रित किया था,"[२४७] वहीं, बचाव पक्ष के वकील इनामदार के मुताबिक़, उसका गुरु "पत्थर से तराशे गये स्फिंक्स के बुत" की तरह स्थिर बैठा रहा।[२४८]

तब भी आलोचकों का मानना था कि ये सावरकर ही थे जिन्होंने, गोडसे के प्रति अपनी आत्मरक्षात्मक और सार्वजनिक उदासीनता के बावजूद, वास्तव में गोडसे का वह लिखित बयान तैयार किया था जो आश्चर्यजनक रूप से वाग्मितापूर्ण था। गोडसे को अपना वह अदालती वक्तव्य देने में नौ घण्टे लगे थे।[२४९] तुषार गाँधी ने कहा था :

इस वक्तव्य की भाषा हमें इस निष्कर्ष की ओर ले जाती है कि इसका ज़्यादातर हिस्सा या तो सीधे-सीधे वक्तृता के उस्ताद और शब्दों की कारीगरी में माहिर वी.डी. सावरकर की क़लम से निकला है, या निश्चित तौर पर उनके द्वारा सँवारा गया है। वाचिक और लिखित ज़ुबान पर

> सावरकर का जादुई नियन्त्रण था। अगर वह पूरी तरह से सावरकर द्वारा नहीं भी लिखा गया था, तो उसके अन्तिम प्रारूप को तो निश्चय ही उन्होंने ही सँवारकर तैयार किया था और उसको जज़्बाती तौर पर एक अत्यन्त रोमांचक दस्तावेज़ में बदल दिया था...। यह बात विदित थी कि आरोपियों को जेल में एक-दूसरे के साथ बातचीत करने की आज़ादी मिली हुई थी, और कई मौक़ों पर सुरक्षाकर्मियों को आरोपी के सन्देश चोरी-छिपे लाते-ले जाते पकड़ा गया था। यह मानने की कोई वजह नहीं है कि नाथूराम उस चीज़ को परिमार्जित कराने में अपने रहनुमा और गुरु वी.डी. सावरकर की मदद हासिल नहीं कर सका होगा जिसे आज नाथूराम की विचारधारात्मक सन्तानें उसकी अन्तिम इच्छा और वसीयतनामे की संज्ञा देते हैं।[२५०]

न्यायाधीश आत्माचरण द्वारा गाँधी की हत्या के जुर्म को क़बूल कर चुके नाथूराम गोडसे को गाँधी पर विचारधारात्मक हमला करते हुए और सावरकर का न्यायिक बचाव करते हुए नौ घण्टे तक बोलने की छूट दिये जाने का तथ्य यह दर्शाता है कि अदालत किस क़दर गाँधी के हत्यारों की राजनैतिक शक्ति के सामने झुकी हुई थी। गोडसे के वक्तव्य में उसकी हत्या के शिकार व्यक्ति की ''मुसलमानों के प्रहारों के समक्ष घुटने टेक देने'' के लिए भर्त्सना की गयी थी।[२५१] गोडसे ने दावा किया था कि उसको गाँधी की हत्या इसलिए करनी पड़ी थी क्योंकि वे भारत को मुसलमानों के प्रति समर्पित कर रहे थे, अन्यथा वे ''राष्ट्र को बरबादी की ओर ले जाते और पाकिस्तान के लिए बचे-खुचे हिन्दुस्तान पर क़ब्ज़ा करना आसान बना देते।''[२५२] गोडसे ने कहा था कि ''निरपेक्ष अहिंसा की गाँधी की शिक्षा का परिणाम अन्ततः हिन्दू समाज को बल-वीर्य-विहीन कर देने और इस समाज को दूसरे समुदायों, विशेष रूप से मुसलमानों की आक्रामकता को प्रतिरोध दे पाने में अक्षम बना देता।''[२५३] गोडसे ने गाँधी की अहिंसा की शिक्षा को ''हिन्दुओं के कल्याण के सर्वाधिक निष्ठावान समर्थक'' 'वीर' सावरकर की उग्रवादी हिन्दू विचारधारा के बरक्स रखा था।[२५४] हालाँकि गोडसे ने इस बात पर बारबार ज़ोर दिया था कि गाँधी की हत्या से सावरकर का कोई लेना-देना नहीं था।

क्या वजह थी कि न्यायाधीश ने गोडसे को अदालत का वह मंच उपलब्ध कराया जहाँ से वह उस व्यक्ति की प्रतिष्ठा पर विस्तार से हमला कर

सका जिसको पहले ही गोली मारकर ख़त्म कर दिया गया था? जिस वक़्त गोडसे को, और वस्तुत: सावरकर को, अदालती आक्षेप के तहत नौ घण्टे तक गाँधी पर हमला करने की छूट दी गयी, तो बचावकर्ता अभियोजन पक्ष में बदल गये। यह न्यायाधीश द्वारा सावरकर को निर्दोष घोषित करने की एक स्पष्ट भूमिका थी।[२५५]

यह तो १९६६ में सावरकर की मृत्यु के बाद ही मुमकिन हुआ जब गाँधी की हत्या के पुनर्परीक्षण के लिए बिठाये गये एक सरकारी आयोग ने इस बात को उजागर किया कि सावरकर को दोषी ठहराये जा सकने योग्य प्रामाणिक साक्ष्य पूरे वक़्त सरकार के पास मौजूद थे। ४ मार्च १९४८ को, गाँधी की हत्या का मुक़दमा शुरू होने के तीन महीने पहले, सावरकर के अंगरक्षक अप्पा रामचन्द्र कासार, और उनके सचिव गजानन विष्णु दामले ने बम्बई पुलिस के सामने अभिलिखित बयान दिये थे, जो इस बात की पुष्टि करते थे कि वस्तुत: हत्या के पहले सावरकर, गोडसे और आप्टे के बीच कई मुलाक़ातें हुई थीं। कासार और दामले ने यह भी खुलासा किया था कि इनके अतिरिक्त सावरकर ने अन्य अभियुक्तों, करकरे, पाहवा, बडगे, और परचुरे के साथ भी जनवरी में ही मुलाक़ातें की थीं।[२५६]

गाँधी की हत्या की जाँच के लिए बिठाये गये इस आयोग के अध्यक्ष न्यायमूर्ति जे.एल. कपूर ने १९७० की अपनी रिपोर्ट में कहा था :

> यह सारा कुछ इस बात को दर्शाता है कि जो लोग महात्मा गाँधी की हत्या में अनन्तर शामिल थे वे सब कभी न कभी सावरकर सदन में एकत्र होते रहे थे और कभी-कभी इन लोगों ने सावरकर के साथ लम्बी-लम्बी चर्चाएँ की थीं। यह महत्त्वपूर्ण है कि करकरे और मदनलाल पाहवा, दिल्ली रवाना होने से पहले सावरकर से मिलने गये थे और आप्टे तथा गोडसे बम फेंके जाने के पहले तथा हत्या किये जाने के पहले, दोनों बार उनसे मिलने गये थे और दोनों ही बार उनके बीच लम्बी चर्चाएँ हुई थीं।[२५७]

बम्बई के पुलिस कमिश्नर नागरवाला, जिन्होंने गाँधी के जीवित रहते बहुत कम तत्परता से काम लिया था, ने ३१ जनवरी, १९४८ के एक ख़त में कहा था कि गाँधी की हत्या के परिणामस्वरूप उन्होंने सावरकर के अंगरक्षक कासार और उनके सचिव दामले को गिरफ़्तार किया था। नागरवाला को

उनसे पता चला था कि गोडसे और आप्टे ने "अपने दिल्ली रवाना होने की पूर्वसन्ध्या पर" सावरकर के साथ चालीस मिनट की मुलाक़ात की थी[२५८]—यह, उन मुलाक़ातों के अलावा, जिनकी शिनाख़्त बडगे ने की थी, एक निर्णायक मुलाक़ात थी। कासार और दामले ने "इस बात को क़बूल किया था कि सावरकर के मकान में इन दोनों व्यक्तियों गोडसे और आप्टे को बेरोक-टोक आवाजाही की छूट थी।"[२५९]

सावरकर को षड्यन्त्र से जोड़ने वाले साक्ष्यों का सारांश प्रस्तुत करते हुए न्यायमूर्ति कपूर ने अपनी रिपोर्ट में कहा था :

> एक साथ रखने पर ये सारे तथ्य सावरकर और उनकी मण्डली द्वारा गाँधी की हत्या के षड्यन्त्र के अलावा और किसी भी अनुमान के सन्दर्भ में विनाशकारी थे।[२६०]

गृहमन्त्री पटेल और प्रधानमन्त्री को जल्दी ही समझ में आ गया था कि गाँधी की हत्या के पीछे सावरकर का हाथ था। हत्या के एक महीने से भी कम समय के बाद पटेल ने नेहरू को लिखा था :

> ये सीधे-सीधे सावरकर के मातहत काम कर रही हिन्दू महासभा का एक गुट है जिसने यह षड्यन्त्र रचा था, और इसको अंजाम तक पहुँचाया था।[२६१]

लेकिन सरकारी वकीलों ने कभी भी सावरकर के अंगरक्षक कासार को या उनके सचिव दामले को हत्या के मुक़दमे के दौरान गवाही के कठघरे में नहीं बुलाया। उनके बयानों ने गोडसे और आप्टे के साथ सावरकर की मुलाक़ातों के सन्दर्भ में दी गयी बडगे की गवाही की पुष्टि की होती। न ही अभियोजन पक्ष ने सावरकर-गोडसे-आप्टे मुलाक़ातों के बारे में कासार और दामले द्वारा पुलिस को दिये गये साक्षात्कारों से ही कोई हवाले दिये। अभियोजन पक्ष ने इन दो निर्णायक महत्त्व के गवाहों और उनकी अभिलिखित सूचनाओं की उपेक्षा की। उनकी गवाही सरकार के षड्यन्त्र प्रकरण को सावरकर के क़रीब ले गयी होती।[२६२]

तब फिर सरकार ने उन निर्णायक महत्त्व के साक्ष्यों को गुप्त क्यों रखा जिनने सावरकर को दोषी साबित किया होता?

गाँधी की हत्या के मुक़दमे के दौरान उस वक़्त एक अर्थपूर्ण बहस हुई

थी जब बम्बई के गृहमन्त्री मोरारजी देसाई की गवाही के दौरान सावरकर का वकील उनसे ज़िरह कर रहा था। अपनी इस गवाही के दौरान देसाई प्रोफ़ेसर जैन की उस बात की पुष्टि कर रहे थे जो २० जनवरी को गाँधी की हत्या की कोशिश के लिए पाहवा की गिरफ़्तारी के बाद जैन ने उनसे कही थी : पाहवा ने पहले जैन से कहा था कि सावरकर उस षड्यन्त्र में शामिल थे। देसाई ने कहा कि तब उन्होंने पुलिस को सावरकर के निवास पर निगरानी रखने का आदेश दिया था।[२६३]

सावरकर के एटॉर्नी ने देसाई से पूछा : "क्या सावरकर के सन्दर्भ में क़दम उठाने के निर्देश देने के लिए आपके पास प्रोफ़ेसर जैन के वक्तव्य के अलावा सावरकर के बारे में कोई और सूचना थी?"

देसाई ने जवाब दिया : "क्या मैं सारे तथ्य सामने रखूँ? मैं जवाब देने को तैयार हूँ। बेहतर होगा कि इसका फ़ैसला वे सावरकर ही करें।"[२६४]

सावरकर के बचावकर्ता ने सवाल वापस ले लिया। उसने न्यायाधीश से इस ज़िरह को अभिलेख से हटाने का, साथ ही हटाने के निवेदन को भी अभिलेख से हटाने का अनुरोध किया। न्यायाधीश ने ये अनुरोध स्वीकार कर लिये। अभिलेख से अप्रिय और अवांछित तत्त्वों को हटाकर उसको स्वच्छ बना दिया गया।[२६५]

क्या कारण था कि मोरारजी देसाई जैसे एक प्रमुख पदाधिकारी, जो बाद में हिन्दुस्तान के प्रधानमन्त्री बने, के पास सावरकर से सम्बन्धित अतिरिक्त साक्ष्य के तौर पर जो भी तथ्य थे उन 'सारे तथ्यों को' महज़ सीधे-सीधे 'बताने' की बजाय उन्होंने इसका फ़ैसला बचावकर्ता सावरकर पर छोड़ दिया?

जिस चीज़ की पुष्टि के लिए सरकार के प्रभारी अधिकारी देसाई तैयार किन्तु अनिच्छुक थे उसका फ़ैसला उन पर बचावकर्ता सावरकर पर, क्यों छोड़ दिया गया?

यह अदालती ज़िरह, जिसको मुक़दमे के अभिलेख से हटा दिया गया था लेकिन जिसको वहाँ मौजूद 'टाइम्स ऑफ़ इण्डिया' के एक पत्रकार ने रिपोर्ट किया था,[२६६] उस अकथनीय शक्ति की ओर संकेत करती है जो उस वक़्त भी सावरकर के पास मौजूद थी जब वे गाँधी की हत्या के एक

आरोपी थे। सावरकर पर मुक़दमा चला रही सरकार सिर पर मँडराती इस सम्भावना से घबरायी हुई थी कि साक्ष्य के आधार पर सावरकर दोषी ठहराये जा सकते थे। इस बात का फ़ैसला सावरकर पर छोड़ दिया गया था कि गवाह के कठघरे में खड़े देसाई क्या कहते।

पटेल का हवाला देते हुए तुषार गाँधी ने यह निष्कर्ष निकाला था कि सावरकर को एक अकथनीय राजनैतिक अनिवार्यता की वजह से निर्दोष ठहरा दिया गया था :

> पटेल ने यह स्वीकार किया था कि सरकार ने 'मुसलमानों को परेशान कर दिया था और, हम हिन्दुओं को भी नाराज़ करने का ख़तरा मोल नहीं ले सकते थे।' अगर सावरकर दोषी पाये जाते और उनको सज़ा सुना दी जाती, तो यह स्थिति हिन्दू उग्रवादियों की भीषण प्रतिक्रिया को जन्म दे सकती थी, जिसका सामना करने को लेकर कांग्रेस भयभीत थी।[२६७]

सावरकर ने १९६० में अपनी आख़िरी पुस्तक, जैसा कि उनके प्रकाशक ने लिखा है, ''अपनी बीमारी और बुढ़ापे के दिनों में''[२६८] लिखी थी। 'भारतीय इतिहास के छह तेजस्वी युग (सिक्स ग्लोरियस इपॉक्स ऑफ़ इण्डियन हिस्ट्री)' नामक सरसरे ढंग से लिखी गयी उस कृति में सावरकर ने गाँधी की हत्या को परोक्ष ढंग से उचित ठहराने की कोशिश की थी। भारतीय इतिहास के उनके युगीन पठन के मुताबिक़ समय-समय पर भारत के कमज़ोर नेताओं की हत्या करना इसलिए ज़रूरी रहा था ताकि उन राष्ट्रीय शक्तियों को तैयार किया जा सकता जो विदेशी आक्रान्ताओं को मारकर भगा सकतीं।

राष्ट्रीय मुक्ति के अपने ''तेजस्वी युगों में से पहले युग में सावरकर ने वर्णन किया था कि किस तरह ईसा पूर्व ३२१ में विद्रोही राजकुमार चन्द्रगुप्त, और उसके मन्त्री चाणक्य को सम्राट महाप नन्द का ''एक अपरिहार्य राष्ट्रीय कर्तव्य के रूप में वध करना पड़ा था,'' जो सिकन्दर महान् के नेतृत्व में यूनानी आक्रमण को ''रोक पाने में पूरी तरह असफल रहा था।''[२६९] इस दुर्बल सम्राट का वध एक राष्ट्रीय जनादेश था।

सावरकर के दूसरे 'तेजस्वी युग' के तहत ईसा पूर्व १८४ में एक विश्वासघाती सेनापति पुष्यमित्र को ''महज़ एक राष्ट्रीय कर्तव्य के तौर पर'' बौद्ध सम्राट ''वृहदरथ का शीश काटना पड़ा था।''[२७०] सावरकर का आग्रह था कि इस प्रकरण में एक ऐसे सम्राट का वध एक राष्ट्रीय अनिवार्यता थी जिसकी शान्तिवादी, बौद्ध आस्थाओं ने उसको 'ढुलमुल और दुर्बल' बना दिया था।[२७१]

जिस चीज़ को सावरकर प्राचीन भारतीय इतिहास की सचाई होने के दावे के रूप में पेश करते हैं वह अपने में यह अन्तर्निहित तर्क लिये हुए है कि गाँधी की हत्या करना उनके लिए और उनके अनुयायियों के लिए एक राष्ट्रीय कर्तव्य था। चूँकि गाँधी एक सैन्यीकृत और पूर्णतः हिन्दू राष्ट्र की सावरकर की कल्पना के सामने सबसे बड़ी बाधा थे, इसलिए गाँधी की हत्या भी अनिवार्य थी।[२७२] सावरकर स्पष्ट ढंग से इस तरह का दुस्साहसिक दावा करने को लेकर सावधानी बरतते हैं, क्योंकि वैसा करने से हत्या में उनका हाथ होने का सन्देह एक बार फिर ताज़ा हो जाता। उन दो सम्राटों के साथ गाँधी की तुलना में एक अव्याप्ति दोष भी है। गाँधी कोई सम्राट नहीं थे, और सत्याग्रह के उनके विशालकाय अभियान किसी तरह कमज़ोरी का उदाहरण नहीं थे। इन सत्याग्रहों ने हिन्दुस्तान को आज़ाद किया था और अँग्रेज़ी साम्राज्य को ध्वस्त कर दिया था।

लॉर्ड विली की हत्या को लेकर लन्दन में हुई तकरार के समय से ही 'रामायण' की व्याख्या को लेकर गाँधी और सावरकर के बीच तीख़े मतभेद थे। सावरकर के अनुसार, शिवत्व के अवतार राम को अशुभ के साक्षात् रूप रावण का वध करना अनिवार्य था। चूँकि गाँधी का सत्याग्रह आन्दोलन, सावरकर के अनुसार, हिन्दुस्तान को कमज़ोर बनाने का एक और ख़तरा था, इसलिए वे उसको एक पापपूर्ण शक्ति मानकर उसकी भर्त्सना करते थे। सत्याग्रह आन्दोलन को गाँधी जिस अहिंसा और सत्य पर आधारित कहते थे उसके बारे में सावरकर ने १९२१ में जेल के अपने साथियों से कहा था कि वह आन्दोलन, ''अहिंसा और सत्य के भ्रष्ट सिद्धान्तों'' पर आधारित था।[२७३] अपने खण्डनात्मक विश्लेषण के तहत सावरकर का सोचना था कि अहिंसा और सत्य का गाँधीवादी भ्रम जनता पर अपनी इस क़दर मज़बूत पकड़ बना रहा था कि ''वह निश्चित तौर पर देश की शक्ति को नष्ट कर देता।'' सावरकर ने अहिंसा आन्दोलन को

एक पाप के रूप में देखते हुए उसकी असन्दिग्ध ढंग से निन्दा की थी : ''यह एक मरीचिका है, एक विभ्रम है, जो उस समुद्री तूफ़ान से भिन्न नहीं है जो जिस ज़मीन से होकर गुज़रता है उसको सिर्फ़ उजाड़ता ही है। यह विक्षिप्तता की बीमारी है, एक महामारी और अहंकार का उन्माद।''[२७४]

इस तरह हुआ यह कि जेल से अपनी रिहाई के बाद सावरकर ने अपने साथी क़ैदियों के सामने रावण को मारकर पाप पर राम की विजय के नाटक को अपने द्वारा दुहराये जाने की भविष्यवाणी करते हुए कहा, ''किसी दिन, किसी समय,'' जो ''निश्चय ही आपको तीख़ी पीड़ा पहुँचायेगा।''[२७५] सावरकर का विश्वास था कि अहिंसा के पाप को नष्ट करने का एक ही कारगर तरीक़ा था जो अन्यथा भारत को दुर्बल बना देता और नष्ट कर देता। राम के लिए रावण को ख़त्म करना और युद्ध को जीतना आवश्यक था। सावरकर और उनके अनुयायियों के हाथों रूपायित होते राम द्वारा उस रावण का वध अनिवार्य था जो गाँधी में रूपायित था।

गाँधी ने इस प्रतीकात्मक कथा से अहिंसा की एक सीख ली थी। एक शुभ शक्ति के रूप में राम के लिए हिंसा के पाप को अहिंसक ढंग से प्रतिरोध देना अनिवार्य था ताकि वे उस पाप पर विजय पा सकते। अन्तिम रूप से रावण की मृत्यु व्यक्ति के स्वत्व में होने वाली आन्तरिक मृत्यु का प्रतीक थी। मुक्ति का साधन था अपने प्रतिद्वन्द्वी के प्रति प्रेम की ख़ातिर हिंसा को सहना, न कि उसकी हत्या करना।

इसके अतिरिक्त, राम या ईश्वर को सत्याग्रह आन्दोलन के समरूप मानकर नहीं देखा जा सकता, उसी तरह जैसे रावण या अशुभ को अँग्रेज़ी हुकूमत या हिन्दू महासभा के साथ एकात्म करके नहीं देखा जा सकता। गाँधी का ध्यान अपने प्रतिपक्षियों की मानवीयता पर केन्द्रित था, जिनको वे ईश्वर की उपस्थिति की तरह देखते थे। सत्य ईश्वर था और प्रतिपक्षी हमेशा सत्य के एक पक्ष का प्रतिनिधित्व करता था। अपने प्रतिपक्षी के सत्य को जानना—उसको वास्तव में पहली बार देखना—पाप-मुक्ति की अहिंसक प्रक्रिया थी। यह ईश्वर के प्रति अपनी पक्षपातपूर्ण दृष्टि से मुक्त होकर उसके अनुग्रह का पात्र होने की प्रक्रिया थी। एक शुभ शक्ति के रूप में राम, और एक अशुभ शक्ति के रूप में रावण हर व्यक्ति में मौजूद हैं।

इसका मतलब था कि अहिंसा अपने प्रतिपक्षी के सत्य को चरितार्थ करने का ढंग था—सत्य को अपने शत्रु की आँखों से देखने, और इस तरह एक अधिक सम्पूर्ण ढंग से स्वयं अपनी आँखों से देखने की अद्‌भुत प्रक्रिया। राम को ईश्वर का अद्वैत सत्य अनुभव करने के लिए मृत्यु और रूपान्तरण की हद तक रावण की हिंसक चुनौती झेलनी पड़ी थी।

गाँधी का मानना था कि सत्य की मुक्तिदायी शक्ति और हमारा कायाकल्प कर देने वाले प्रेम की ख़ातिर हमें अपनी हिंसा के हाथों मर जाना चाहिये, उसको किसी अन्य में ग़लत ढंग से मारने की कोशिश नहीं करनी चाहिये। उनकी निरन्तर प्रार्थना यही थी कि प्रेम करने की राम की यह शक्ति मृत्युपर्यन्त उनके साथ बनी रहती।

दूसरी ओर, सावरकर का ध्येय अपने अनुयायियों के माध्यम से महज़ गाँधी की हत्या करना नहीं था। उनका ध्येय, सबसे पहले, गाँधी के स्वप्न की हत्या करना था। बुद्ध की ही तरह गाँधी का सपना हिन्दू आक्रामकता का एक शक्तिशाली, अहिंसक विकल्प पैदा करना था। एक सच्चे अर्थों में सफल हत्या के लिए उस स्वप्न का नष्ट किया जाना ज़रूरी था जो सावरकर के स्वप्न के मुक़ाबले कहीं ज़्यादा प्रेरक था। हिन्दुस्तान को दुनिया के एक अहिंसक स्रोत में बदल सकने की सामर्थ्य रखने वाली सत्याग्रह की इस शक्ति-मात्र की वजह से सावरकर और उनके अनुयायियों ने सोचा कि इस शक्ति को नष्ट कर दिया जाये।

लेकिन सावरकर इतने चतुर तो थे ही कि वे जानते थे कि उनके लिए गाँधी के सपने पर सीधा हमला करना उतना आसान नहीं था जितना सीधा हमला वे स्वयं गाँधी पर कर सकते थे। सावरकर में गाँधी जैसी लोकप्रियता की सामर्थ्य नहीं थी। यह बात लन्दन में हुई उनकी मुठभेड़ के दिनों से ही ज़ाहिर हो गयी थी जिसके बाद गाँधी की शक्ति निरन्तर बढ़ती गयी थी और सावरकर की शक्ति निरन्तर क्षीण होती गयी थी। सावरकर जानते थे कि हिन्दुस्तान की जनता की पीड़ा को रूपायित करने के मामले में गाँधी के सामने उनकी हैसियत उससे ज़्यादा नहीं थी जितनी सत्याग्रह के सामने हिन्दुत्व की हैसियत थी। इसलिए वे गाँधी के स्वप्न की शक्ति पर सीधा हमला नहीं कर सकते थे। वे सिर्फ़ उस पर परदा डालने की उम्मीद कर सकते थे, ठीक उसी तरह जैसे उन्होंने गाँधी की हत्या में अपनी भूमिका

पर परदा डालने की कोशिश की थी। इसके लिए अपने मत का प्रचार ज़रूरी था।

सावरकर एक उस्ताद हत्यारे और प्रचारक थे, जैसा कि उन्होंने दशकों पहले लन्दन में साबित किया था। जब उनका अनुयायी मदनलाल धींगड़ा कर्ज़न विली की हत्या कर चुका था, तो सावरकर ने 'धींगड़ा का' उसकी मृत्यु के बाद प्रकाशित वक्तव्य लिखा था। इस वक्तव्य ने जहाँ अँग्रेज़-विरोधी भावनाओं को उत्प्रेरित किया, वहीं विली की हत्या के आरोप से सावरकर का बचाव किया।

इसी तरह का करतब उन्होंने गाँधी की हत्या और षड्यन्त्रकारियों के मुक़दमे में दिखाया। परदे के पीछे से गाँधी की हत्या को उकसाने और उसके लिए जोड़-तोड़ करने के बाद, सावरकर ने अदालत में अपने अनुयायियों को अकेला छोड़कर स्वयं को गाँधी का प्रशंसक बताकर अपना बचाव किया, और उनको उनके ख़िलाफ़ लगे सारे आरोप हटाकर निर्दोष ठहरा दिया गया। नाथूराम गोडसे ने अदालत में हत्या के शिकार गाँधी के ख़िलाफ़ एक वाग्मितापूर्ण बयान दिया, जो सावरकर द्वारा उत्प्रेरित और सम्भवत: उन्हीं के द्वारा लिखा गया था। इसके बाद गोडसे और आप्टे ने, षड्यन्त्र में अपने उस्ताद की भागीदारी से इनकार करते हुए, पूरी वफ़ादारी के साथ मौत को गले लगाया। सावरकर बम्बई में अपने घर लौट आये और अगले सोलह सालों तक जीवित रहे।

जहाँ पटेल और नेहरू को गाँधी के इस आग्रह से सीख लेनी चाहिये थी कि सत्य हमेशा सर्वोपरि होता है, वहीं गाँधी की मृत्यु के सत्य को तलाशने की उनकी सरकार की अनिच्छा ने देश के लिए ठोस बुनियाद तैयार नहीं की। गाँधी की हत्या के लिए सावरकर को सज़ा दिला पाने में इस नव-स्वाधीन सरकार की सुविचारित नाकामायाबी ने सावरकर के अनुयायियों को उनकी छवि माँजने की खुली छूट दे दी। १९६६ में हुई उनकी अपनी मृत्यु के बाद से उनकी विचारधारा से एक व्यापक आन्दोलन जन्म ले चुका है।

जिस आरएसएस ने ग़ुलाम की तरह सावरकर का अनुसरण किया और जिसके सदस्य नाथूराम गोडसे ने गाँधी को गोली मारकर उनकी हत्या की थी, वह चीन की कम्युनिस्ट पार्टी के बाद दुनिया का दूसरा सबसे बड़ा आन्दोलन बन चुका है।[२७६] सावरकर की हिन्दुत्व की विचारधारा का इस्तेमाल करते हुए आरएसएस ने हिन्दू राष्ट्रवादियों के अनेक समूह तैयार किये। आरएसएस 'परिवार' में भारतीय जनता पार्टी (बीजेपी) भी शामिल है, जो १९९८ से २००४ तक हिन्दुस्तान की गठबन्धन सरकार की प्रेरक शक्ति बनी।[२७७]

जैसे ही बीजेपी ने एक क्रूर, मुसलमान-विरोधी रणनीति की मार्फ़त सत्ता हथियाई[२७८], उसने इतिहास को नये सिरे से लिखना शुरू कर दिया। भाजपा के लेखकों ने हिन्दुस्तान के इतिहास में हिन्दू राष्ट्रवादी दृष्टिकोण को व्यक्त करने के लिए पाठ्यपुस्तकों का पुनर्लेखन किया। कुछ चीज़ों को अनकहा छोड़ देना बेहतर समझा गया। इतिहास की नयी पुस्तकों ने आरएसएस के सदस्य गोडसे द्वारा की गयी गाँधी की हत्या के तथ्य को आसानी से हटा दिया।[२७९]

भाजपा ने अपनी सत्ता का इस्तेमाल दिल्ली में अपने विचारधारात्मक स्रोत के काले इतिहास के पुनरीक्षण के लिए भी किया, और सावरकर की एक बहादुर देशभक्त के रूप में नयी छवि गढ़ी। ४ मई, २००२ को भाजपा नेता लालकृष्ण आडवाणी, जो भारत सरकार के गृहमन्त्री बन चुके थे, ने अण्डमान द्वीप समूह के पोर्ट ब्लेयर हवाई अड्डे का अधिकृत तौर पर नाम बदलकर 'वीर सावरकर एयरपोर्ट' कर दिया।[२८०] इसके बाद सरकार ने पोर्ट ब्लेयर की जेल की सावरकर की कोठरी के स्थल पर उनके सम्मान में स्थापित किये गये फलक का अनावरण किया।[२८१] २००३ में सरकार ने नयी दिल्ली स्थित संसद भवन के सेण्ट्रल हॉल में सावरकर का पोर्ट्रेट स्थापित किया।[२८२] भाजपा जनता के दिमाग़ में बनी सावरकर की गाँधी की हत्या के मुख्य षड्यन्त्रकारी की छवि को रूपान्तरित कर उसको देश के एक मिथकीय मुक्तिदाता की छवि देने की कोशिश कर रही थी।

गाँधी की विरासत का नेहरू का तिरस्कार उस दिन पूरा हुआ जब उन्होंने हिन्दुस्तान के लिए गुपचुप ढंग से परमाणु हथियार विकसित करने के लिए समर्थन दिया। जल्दी ही प्रधानमन्त्री बनने जा रहे नेहरू ने १९४६ में बम्बई में एक अल्प-ज्ञात भाषण दिया था जिसमें उन्होंने परमाणु हथियारों से लैस हिन्दुस्तान की कल्पना की शुरुआत की थी :

> जब तक दुनिया अपने मौजूदा स्वरूप में निर्मित है, तब तक हर मुल्क को अपनी हिफ़ाज़त की ख़ातिर ताज़ातरीन वैज्ञानिक उपकरणों को ईजाद करना होगा और उनका इस्तेमाल करना होगा...मुझे उम्मीद है कि हिन्दुस्तान के वैज्ञानिक रचनात्मक उद्देश्यों के लिए परमाणुविक शक्ति का इस्तेमाल करेंगे। लेकिन अगर हिन्दुस्तान को धमकाया गया तो वह अपने उपलब्ध संसाधनों के सहारे अपरिहार्य रूप से अपना बचाव करने की कोशिश करेगा।[२८३]

जहाँ प्रधानमन्त्री नेहरू हिन्दुस्तान के लिए परमाणु हथियारों के साधन जुटाने के लिए चुपचाप काम करते रहे, वहीं वे तमाम मुल्कों में ऐसे हथियारों का विरोध करते हुए सार्वजनिक रूप से वक्तव्य देते रहे। उनकी सरकार ने १० अगस्त, १९४८ को इण्डियन एटॉमिक एनर्जी कमीशन (एईसी) की स्थापना की,[२८४] और इस तरह, गाँधी की हत्या के छह महीने बाद, हिन्दुस्तान को परमाणु आयुधों से सज्जित देश बनाने की बुनियाद रखी।

नेहरू ने अपनी निर्वाचित संसद (कॉन्स्टिटयूएण्ट असेम्बली) के माध्यम से जिस परमाणुविक ऊर्जा अधिनियम को पारित कराया था वह, जैसा कि एक विश्लेषणकर्ता ने लक्ष्य किया है, ''अनुसन्धान और विकास कार्यक्रमों पर ब्रिटेन या अमेरिका के परमाणु ऊर्जा क़ानूनों के मुक़ाबले कहीं ज़्यादा गोपनीयता थोपने वाला था।''[२८५] एक ओर परमाणु शक्ति को लेकर हिन्दुस्तान के उद्यम के बारे में नेहरू का यह दावा था कि इसका उपयोग केवल शान्तिपूर्ण उद्देश्यों के लिए होगा, वहीं उन्होंने यह भी कहा था कि ''निश्चय ही, अगर हमें एक राष्ट्र के रूप में दूसरे उद्देश्यों के लिए इसका इस्तेमाल करने के लिए मजबूर किया गया, तो हममें से किसी की भी पवित्र भावनाएँ शायद राष्ट्र को इस तरह के इस्तेमाल से नहीं रोक सकेंगी।''[२८६]

जैसा कि नेहरू जानते थे, गाँधी ने परमाणु हथियारों के ख़िलाफ़ 'पवित्र

भावनाओं' का इज़हार नहीं किया था। उन्होंने इन हथियारों को यथार्थवादी ढंग से मानव-जाति के विनाश के ख़तरे के रूप में देखा था। मनुष्यता एक निर्णायक दोराहे पर थी। परमाणु हथियारों के लिए हिन्दुस्तान के उद्यम का अर्थ विनाश के रास्ते पर चलना होता। अहिंसा ही विकल्प था। गाँधी ने कहा था, "अहिंसा वह एकमात्र चीज़ है जिसको परमाणु बम नष्ट नहीं कर सकता।"[२८७] लेकिन वह रास्ता दिखाने के लिए गाँधी अब वहाँ नहीं थे।

नेहरू गाँधी की विरासत को बरक़रार रखते प्रतीत होते थे। १९५० के दशक में उनको परमाणुविक नि:शस्त्रीकरण के समर्थक के रूप में अन्तरराष्ट्रीय स्तर पर प्रसिद्धि मिली थी। १९५४ में वे पहले ऐसे राष्ट्र-प्रमुख बने जिन्होंने परमाणु परीक्षण रोकने का प्रस्ताव किया था।[२८८] लेकिन हिन्दुस्तान द्वारा परमाणु हथियार जमा करने को लेकर उनका रवैया काफ़ी सूक्ष्म भेदों से युक्त था। इस सम्भावना के जवाब में कि अगर उनको परमाणु हथियारों से लैस सरहदी मुल्क का सामना करना पड़ा तो वे क्या करेंगे, नेहरू ने कहा था, "हमारे पास परमाणु बम निर्मित करने की तकनीकी जानकारी उपलब्ध है। अगर हम पर्याप्त संसाधनों को उस दिशा में मोड़ दें, तो हम तीन-चार साल में इनका निर्माण कर सकते हैं। लेकिन, हमने दुनिया को यह पक्का आश्वासन दिया हुआ है कि हम कभी भी ऐसा नहीं करेंगे।"[२८९] बम बनाने की अपने देश की अन्तर्निहित क्षमता की ओर उनके इस स्पष्ट संकेत को, जैसा कि विश्लेषणकर्ता जॉर्ज पर्कोविच ने लिखा है, "हिन्दुस्तान द्वारा परमाणुविक धमकी के प्रारम्भिक संकेत की तरह व्याख्यायित किया जा सकता है।"[२९०]

पर्कोविच ने इस बात के दस्तावेज़ी प्रमाण एकत्र किये हैं कि किस तरह नेहरू ने परमाणु बम तैयार करने की हिन्दुस्तान की क्षमता के अनुसन्धान और विकास के लिए एईसी के दीर्घकालीन अध्यक्ष होमी भाभा के साथ मिलकर गुपचुप ढंग से काम किया था।[२९१] जब हिन्दुस्तान ने, नेहरू की मृत्यु के एक दशक बाद, उनके जितनी ही परमाणु-पक्षधर उनकी बेटी प्रधानमन्त्री इन्दिरा गाँधी के आदेश पर, १८ मई, १९७४ को वास्तव में परमाणु बम का विस्फोट किया[२९२], तो हिन्दुस्तान के विश्व-शान्ति के साधक होने की गाँधी की अहिंसक उम्मीद पर नेहरू की परमाणुविक विरासत की दुखान्त विजय हुई।[२९३]

गाँधी की हत्या उनके नेतृत्व के माध्यम से हिन्दुस्तान द्वारा आज़ादी हासिल करने के छह महीने बाद हुई थी। जिस राष्ट्रपिता ने हिन्दुस्तान का एक मूलगामी रूप से भिन्न भविष्य गढ़ना चाहा था, वह राष्ट्रपिता जा चुका था। देश के समक्ष गाँधी ने अहिंसा का जो दृष्टिकोण प्रस्तुत किया था, वह उस शक्ति पर आधारित था जिसको उनके भूतपूर्व शिष्य और हिन्दुस्तान के नये शासक तब तक स्वीकार नहीं कर सकते थे जब तक कि वे उस क़िस्म के राष्ट्र-राज्य को अस्वीकार करने को तैयार न होते जो अँग्रेज़ उनको सौंपकर गये थे। इसकी बजाय उन्होंने एक ऐसी सत्ता को स्वीकार किया, जो गाँधी की हत्या के सन्दर्भ में अकथनीय थी और है। स्वराज के गाँधी के जिस अहिंसक दृष्टिकोण ने उनको स्वाधीनता दिलायी थी उसकी इन नये शासकों के अपने नेशनल सिक्यूरिटी स्टेट ऐसा राज्य जिसमें राजनैतिक, आर्थिक तथा सैन्य मामलों पर सैन्य बल का महत्त्वपूर्ण प्रभाव होता है, के साथ संगति नहीं बैठती थी।

उनका अन्तर्विरोध हमारा अपना अन्तर्विरोध है। गाँधी की निर्बलों की अहिंसक क्रान्ति, और एक नये भविष्य की समूची यात्रा के दौरान शत्रु को स्नेह और आशीर्वाद से नवाज़ते रहना, एक ऐसी सचाई है जिसे हम अब तक हृदयंगम नहीं कर सके हैं। न ही इस सचाई को हम तब तक हृदयंगम कर पायेंगे जब तक कि हम इसके विलोम को, यानी उस नेशनल सिक्यूरिटी स्टेट को स्वीकार करना जारी रखेंगे जो परमाणु हथियारों के माध्यम से हमारी समृद्धि और वर्चस्व की रक्षा करता है।

सत्य के साथ अपने प्रयोग करते हुए गाँधी ने पाया था कि राज्यपरक आतंकवाद और क्रान्तिपरक आतंकवाद के अलावा एक तीसरा विकल्प भी था। सत्याग्रह साधनों और साध्यों के बीच सामंजस्य पर आधारित था। गाँधी ने समझा था कि

> साधनों और साध्य के बीच ठीक वैसा ही अटूट रिश्ता है जैसा बीज और वृक्ष के बीच होता है। हम जैसा बोते हैं वैसा ही काटते हैं।[२९४]

जिन्होंने आतंक को बोया होता है वे आतंकवाद की फ़सल ही काटते हैं। गाँधी ने देखा कि सावरकर जिस साधन का इस्तेमाल करते हुए स्वाधीनता की लड़ाई लड़ रहे थे वह एक भयावह भूल थी। अँग्रेज़ सत्ताधारियों की हिन्दुस्तानियों द्वारा की जाने वाली हत्यायें अँग्रेज़ी साम्राज्य के सुनियोजित

आतंकवाद को बल ही प्रदान करने वाली थीं। और साम्राज्य के हिंसक साधनों को प्रतिबिम्बित करती उनकी हिंसा, गाँधी की हत्या के माध्यम से हिन्दुस्तान की नव-स्वाधीन सरकार में स्थानान्तरित हो जाने वाली थी।

गाँधी और सावरकर ने परमाणु युग में राज्य सत्ता के विरोध के दो परस्पर विरोधी विकल्प पेश किये थे : सत्याग्रह या आतंकवाद, सत्य की रूपान्तरणकारी शक्ति के साथ प्रयोग या हरसम्भव उपलब्ध साधनों के सहारे अन्य को नियन्त्रित करने की कोशिश। दोनों ही दशाओं में, इस प्रक्रिया में, साधनों का अन्ततः साध्यों में बदल जाना तय था।

गाँधी की मृत्यु ने उस अहिंसक जीवन-दृष्टि के प्रति उनकी प्रतिबद्धता को रोमांचक और महत्त्वपूर्ण रूप दिया था जो हिन्दुस्तान को शामिल करने के बावजूद उसका अतिक्रमण करती थी। उनकी हत्या के साथ समाप्त हुई उनकी लम्बी जीवन-यात्रा में उन्होंने अपने शत्रुओं, जिनमें उनकी हत्या करना चाहने वाले भी शामिल थे, के दिलों में ईश्वर को तलाशने की कोशिश की। उन्होंने अपने हत्यारों को दोस्तों के रूप में देखना पसन्द किया। वे सबसे पहले ईश्वर के पुत्र थे। जिन लोगों ने इसके पहले उनकी जान लेने की कोशिश की थी उन हत्यारों की ओर संकेत करते हुए उन्होंने कहा था कि वे इस ग़लत आस्था से परिचालित थे कि वे ईश्वर की इच्छा को पूरा कर रहे थे। यहाँ तक कि जिन लोगों ने उनको भड़काया था, या उनको हत्या करने के आदेश दिये थे, वे भी गाँधी की मुख्य चिन्ता का विषय नहीं थे। गाँधी जानते थे कि उनके वास्तविक दुश्मन गोलियाँ चलाने वाले, षड्यन्त्र रचने वाले, या हिंसा की विचारधारा से परिचालित लोग नहीं थे, बल्कि वे अकथनीय राजनैतिक और सांस्कृतिक शक्तियाँ थीं जिनको वे सारे लोग देवता मानकर उनकी आज्ञा का पालन करते थे।

गाँधी का विश्वास था कि हम सब—निरपवाद रूप से—सत्य और प्रेम की सार्वभौम शक्ति के साथ प्रयोग करते हुए स्वयं अपनी हिंसा की क़ैद से मुक्ति पा सकते हैं।

अपने हत्यारों का प्रेमपूर्वक मुक़ाबला करने की उनकी निरन्तर गहराती गयी तत्परता अहिंसा के अर्थ को लेकर उनकी वह आख़िरी वसीयत थी जो उन्होंने हमें सौंपी थी। उनकी मृत्यु सत्य के साथ उनका अन्तिम प्रयोग था।

टिप्पणियाँ :

१. हिन्दुस्तान में धींगड़ा के पिता साहिब दित्ता मल, और उसका परिवार इन ख़बरों से भयभीत हो उठे थे कि मदनलाल लन्दन में उस इण्डिया हाउस में रह रहा था, जो उग्रवादी छात्र गतिविधियों के लिए जाना जाता था। तब मदनलाल के सबसे बड़े भाई ने इंग्लैण्ड की अपनी यात्रा के दौरान अपने परिवार के एक उच्च पदस्थ दोस्त सर विलियम कर्जन विली को ख़त लिखकर उनसे मदनलाल को कुछ मार्गदर्शन देने का अनुरोध किया था। १३ अप्रैल, १९०९ को विली ने स्वयं मदनलाल को एक पत्र लिखकर कहा कि उनको उसके भाई का एक ख़त मिला था जिसमें उन्होंने ''मुझसे पूछा है कि क्या मैं आपकी कोई सहायता कर सकता हूँ।'' मदनलाल, जो उग्र रूप से अँग्रेज़-विरोधी सावरकर का परम भक्त अनुयायी बन चुका था, ने उस विली के पत्र की उपेक्षा की जिसको वह अब एक शत्रु की तरह देखने लगा था। उसको सन्देह हुआ कि उसका यह पारिवारिक दोस्त उस पर गुपचुप ढंग से निगरानी रखने लगा है। ढाई महीने बाद, सावरकर के आदेश पर, मदनलाल ने विली का पीछा किया और उनकी गोली मारकर हत्या कर दी। वी.एन. दत्त, Madanlal Dhingra and the Revolutionary Movement (नयी दिल्ली : विकास, १९७८), पृ. ४६. हरीन्द्र श्रीवास्तव, Five Stormy Years : Savarkar in London; June १९०६-June १९११ (नयी दिल्ली : अलाइड पब्लिशर्स, १९८३), पृ. १४८.

२. दत्त, Madanlal Dhingra, पृ. ३४-३५. श्रीवास्तव, Five Stormy Years पृ. १४७.

३. वही, पृ. १५१. विली की हत्या के लिए सावरकर द्वारा दिये गये सीधे आदेश के बारे में हम जानते हैं क्योंकि ''अपने जीवनीकार धनंजय कीर, जिन्होंने सावरकर और उनके वक़्त के बारे में ब्योरा देते हुए लिखा है, के सामने सावरकर ने, इस हत्या की पूरी ज़िम्मेदारी का दावा किया था।'' रॉबर्ट पेयन, The Life and Death of Mahatma Gandhi (न्यूयॉर्क : ई.पी. डटन, १९६९), पृ. ६१७. देखें : धनंजय कीर, Veer Savarkar (बम्बई : पॉपुलर प्रकाशन, १९६६), पृ. ५३.

४. श्रीवास्तव, Five Stormy Years, पृ. १४७.

५. वही, पृ. १६८.

६. जेम्स डी. हण्ट, Gandhi in London (नयी दिल्ली : प्रोमिला, १९७८), पृ. १३४. राजमोहन गाँधी, Gandhi : The Man, His People, and the Empire, (बर्कले : यूनिवर्सिटी ऑफ़ कैलीफ़ोर्निया प्रेस, २००७),

पृ. १३९; धनंजय कीर, Mahatma Gandhi : Political Saint and Unarmed Prophet (बम्बई : पॉपुलर प्रकाशन, १९७३), पृ. १५३.

७. ४ जुलाई, १९०९ को, विली की हत्या के तीन दिन बाद, सावरकर के क्रान्तिकारी गुट के बारह सदस्यों ने इण्डिया हाउस में बैठक की। स्कॉटलैण्ड यार्ड के एक गुप्तचर ने ख़ुफ़िया तरीक़े से उस बैठक में घुसपैठ की और उसके बारे में सूचना दी।

बैठक में मौजूद हर व्यक्ति जानता था कि उनके नेता सावरकर ने स्वयं को जानबूझकर धींगड़ा द्वारा की गयी विली की हत्या के दृश्य से अनुपस्थित रखा था, और इस तरह ख़ुद को कम गुनहगार बनाकर रखा था। सावरकर का एक प्रतिनिधि कोरेगाँवकर उपयुक्त समय पर विली को गोली मारने को धींगड़ा को प्रोत्साहित करने उसके साथ रिसेप्शन तक गया था।

४ जुलाई की उस बैठक में मौजूद व्यक्तियों ने एक-एक कर उस हत्या के वास्तविक कर्ताधर्ता के रूप में सावरकर की सराहना की। एक ने कहा, ''धींगड़ा सावरकर की मज़बूत शिक्षा का नतीजा था।'' स्वयं सावरकर ने सन्तोष के भाव से कहा था कि ''धींगड़ा अपने देश के शत्रु, विली की धराशायी देह पर गोली चलाते समय अनुत्तेजित और शान्त बना रहा।''

हालाँकि स्कॉटलैण्ड यार्ड की रिपोर्ट इस निष्कर्ष पर पहुँची थी कि धींगड़ा द्वारा की गयी विली की हत्या की 'योजना', तीन सहयोगियों की मदद से स्पष्ट रूप से ''सावरकर ने बनायी थी,'' लेकिन अँग्रेज़ सरकार ने इस अपराध के लिए सिर्फ़ धींगड़ा को आरोपी बनाया। हिन्दुस्तान के सेक्रेटरी ऑफ़ स्टेट लॉर्ड मोर्ले ने अन्य लोगों को ''लन्दन के अत्यन्त संवेदनशील और राजनैतिक रूप से सचेत वातावारण से'' देशनिकाला देते हुए उनको वहाँ से हटा देना बेहतर समझा, ताकि उनसे अन्यत्र ज़्यादा दण्डात्मक ढंग से निपटा जा सकता। सावरकर के मामले में यही हुआ, जिनको हिन्दुस्तान में एक सह-षड्यन्त्रकारी द्वारा की गयी हत्या के लिए ब्रिटेन से हिन्दुस्तान में प्रत्यावर्तित कर दिया गया था, जिसके नतीजे में उन पर वहाँ मुक़दमा चला और सज़ा दी गयी। भारत सरकार, गृह मन्त्रालय, Proceedings, political B, August १९०९, Nos. १२०-१२९. Madanlal Dhingra, पृ. ५६-५७, ७९.

८. श्रीवास्तव, Five Stormy Years पृ. १९९.

९. The Collected Works of Mahatma Gandhi [आगे से CWMG के रूप में उद्धृत] (अहमदाबाद : नवजीवन ट्रस्ट, १९६८), पृ. ३०२. भाँग के बारे में गाँधी का हवाला इस बात की ओर संकेत करता है कि उनको सम्भवतः इस बात की जानकारी थी कि किस तरह षड्यन्त्रकारियों

द्वारा धींगड़ा को, उसके इम्पीरियल इन्स्टिट्यूट जाने पहले, एक रेस्तराँ में ले जाकर इस कुकृत्य के लिए तैयार किया गया था। स्कॉटलैण्ड यार्ड की ख़ुफ़िया रिपोर्ट में कहा गया था कि धींगड़ा को ''इस कुकृत्य पर निकलने से पहले [उसके कुछ सहयोगियों द्वारा] कथित रूप से बड़ी मात्रा में भाँग पिलायी गयी थी।'' भारत सरकार, गृह मन्त्रालय, Proceedings, political A, September १९०९, Nos. ६६-६८. दत्त, Madanlal Dhingra, पृ. ५४.

१०. CWMG, IX, पृ. ३०३.

११. वही, पृ. ३०२. श्रीवास्तव, Five Stormy Years, पृ. १७५-७६.

१२. Five Stormy Years, पृ. २५. हण्ट, Gandhi in London, पृ. २३३.

१३. ''अन्याय को जड़ से उखाड़ फेंकने और न्याय के युग को आरम्भ करने के लिए विद्रोह, रक्तपात और प्रतिशोध प्राय: प्रकृति द्वारा रचे गये साधन रहे हैं... सच तो ये है कि अगर मनुष्य के स्वभाव में भयानक अन्याय के प्रचण्ड प्रतिशोध के प्रति सहज प्रवृत्ति न होती, तो मानवीय व्यवहार पर आज भी मनुष्य के अन्दर बैठी क्रूरता का वर्चस्व होता'' विनायक दामोदर सावरकर, The First Indian War of Independence, १८५७, पृ. २१७-१९; जी. नूरानी द्वारा Savarkar and Hindutva : The Godse Connection (नयी दिल्ली : लेफ़्ट वर्ड बुक्स, २००२), पृ. ४४ में उद्धृत।

१४. CWMG, IX, पृ. ३०२.

१५. श्रीवास्तव, Five Stormy Years, पृ. १८०.

१६. इस रात्रि-भोज का वर्णन गाँधी ने २९ अक्टूबर, १९०९ को अपने मित्र और पत्रकार हेनरी पोलाक को लिखे गये एक पत्र में किया था। CWMG, IX, पृ. ५०४.

१७. श्रीवास्तव, Five Stormy Years, पृ. १८०.

१८. २९ अक्टूबर, १९०९ को पोलाक को लिखे गये अपने ख़त में गाँधी। CWMG, IX, पृ. ५०४.

१९. श्रीवास्तव, Five Stormy Years, पृ. १८०.

२०. CWMG, IX, पृ. ४९८.

२१. वही, पृ. ४९९. ज़ोर मेरा।

२२. वही।

२३. ३० अक्टूबर, १९०९ को लॉर्ड एम्पथिल को लिखे गये पत्र में गाँधी। CWMG, IX, पृ. ५०९.

२४. राजमोहन गाँधी ने गाँधी के पाठक को ''सावरकर और लन्दन के उग्रवादी छात्रों (और साथ ही [गाँधी के पुराने दोस्त प्राणजीवन] मेहता) की तर्ज पर तर्क करने वाले'' के रूप में चित्रित किया है। आर. गाँधी, Gandhi: The Man, His People, and the Empire, पृ. १४३. १९४० में गाँधी ने कहा था कि उन्होंने 'हिन्द स्वराज' का लेखन ''मेरे प्रिय दोस्त डॉ. प्राणजीवन मेहता के लिए किया था। पुस्तक में प्रस्तुत किये गये सारे तर्क लगभग वैसे ही हैं जैसे वे उनके साथ हुए थे''; Indian Home Rue (Hind Swaraj (नयी दिल्ली : प्रोमिला पब्लिशर्स, शताब्दी महोत्सव संस्करण, २०१०), पृ. ९ पर 'Introduction' में उद्धृत। गाँधी १९०९ में दक्षिण अफ्रीका से लन्दन की अपनी यात्रा के दौरान प्राणजीवन मेहता के साथ लन्दन के एक होटल में महीना भर रहे थे, जब हिंसा के पक्ष में सावरकर और इण्डिया हाउस के छात्रों के साथ ठीक ऐसे ही तर्कों से उनका सामना हुआ था। जहाँ मेहता गाँधी की अहिंसा के एक निष्ठावान समर्थक बन गये थे, वहीं सावरकर ने हिंसा के पक्षधर अपने तर्कों को हिन्दुत्व के रूप में नये सिरे से विन्यस्त करते हुए गाँधी को इन तर्कों का अन्तिम रूप से मौखिक और शारीरिक निशाना बना लिया था।

२५. The Selected Works of Mahatma Gandhi : IV, The Basic Works, Hind Swaraj, सम्पादक श्रीमन नारायण (अहमदाबाद : नवजीवन, १९६८), पृ. १५५-५६. १५९-६३.

२६. श्रीवास्तव, Five Stormy Years, पृ. २०४.

२७. भारत सरकार के होम मेम्बर के नाम बी.डी. सावरकर (अपराधी नम्बर ३२७७८) की १४ नवम्बर, १९१३ की याचिका; Penal Settlement in Andmans (नयी दिल्ली : गजेटियर्स यूनिट, संस्कृति विभाग, शिक्षा और समाज कल्याण मन्त्रालय, भारत सरकार, १९७५) पृ. २१३, में आर. सी. मजूमदार द्वारा उद्धृत। साथ ही ए.जी. नूरानी, "A National Hero?" Frontline 21, no.22 (२००४) : १०. जब काला पानी के राजनैतिक क़ैदियों ने सविनय अवज्ञा के तहत सामूहिक हड़ताल की, तो विनायक सावरकर और उनके भाई बारबरा राव उस हड़ताल में शामिल नहीं हुए। त्रिलोक्य नाथ चक्रवर्ती नामक एक साथी क़ैदी, जो उस हड़ताल में शामिल हुआ था, ने उस संघर्ष के बारे में दिये गये अपने ब्योरे में लिखा है, ''सावरकर बन्धुओ, जो हमसे पहले वहाँ आये थे और जिन्होंने हमारी ही तरह तकलीफ़ें भोगी थीं, ने पिछली हड़ताल में, एक कठोर झगड़े के बाद कुछ रियायतें और सुविधाएँ निचोड़ ली थीं, और अब वे सुपरिण्टेण्डेण्ट के

ख़ास आदमी बन चुके थे; इसलिए वे उन लोगों को त्यागकर संघर्ष में हमारा साथ देने को तैयार नहीं थे।'' त्रिलोक्य नाथ चक्रवर्ती, जेले त्रिष बाँचर ('जेल में तीन साल'), Penal Settlement में मजूमदार द्वारा उद्धृत, पृ. २३८.

विनायक सावरकर ने, स्वयं अपने वृत्तान्त में, दावा किया था कि राष्ट्रीय आन्दोलन में उनकी नेतृत्वपरक हैसियत इस बात की माँग करती थी कि वे उस हड़ताल में शामिल न होते : ''इस तरह के क्षुद्र उद्देश्य के लिए अपनी जान जोख़िम में डालना स्वयं राष्ट्रीय आन्दोलन की हत्या करना था...। इसलिए यह हमारे बीच उपस्थित नौजवान और ऊर्जावान लोगों का काम था कि वे यह उत्तरदायित्व सँभालते, और ये सौ व्यक्ति एक-एक कर आन्दोलन और उससे जुड़ी दूसरी गतिविधियों को चालू रखते।'' सावरकर ने आगे यह भी कहा कि ''[हड़ताल से] मेरे दूर रहने का सबसे महत्त्वपूर्ण कारण यह था कि अगर मैं उसमें शामिल होता, तो मैं [वर्ष में एक बार] वह पत्र भारत भेजने का अधिकार खो देता,'' जिसके बारे में उनका सोचना था कि उसका प्रभाव दूसरे क़ैदियों के लिए उससे ज़्यादा लाभप्रद होता जितना वह उनके साथ हड़ताल में शामिल होने का होता। विनायक दामोदर सावरकर, The Story of My Tranportation for life : A Biography of Black Days of Andman सावरकर की १९४७ की मराठी भाषा की पुस्तक 'माझी जन्मठेप' का प्रोफ़ेसर वी.एन. नाइक द्वारा किया गया अँग्रेज़ी अनुवाद (बम्बई : सद्भक्ति पब्लिकेशन्स, १९५०), पृ. ३९०.

२८. CWMG, XIV, पृ. ३९६. आर. गाँधी, Gandhi : The Man, His People, and the Empire, पृ. १८२.

२९. लुई फ़िशर, The Life of Mahatma Gandhi (न्यूयॉर्क : कोलियर बुक्स, १९६२), पृ. १५४-५५. १५९.

३०. वही, पृ. १५९.

३१. मोहनदास गाँधी, "The Cult of the Bomb," Young India, २ जनवरी, १९३०; CWMG, XLII, पृ. ३६३. नारायण देसाई द्वारा My Life is My Message : II, Satyagrah (१९१५-१९३०) (नयी दिल्ली : ओरिएण्ट ब्लैकस्वान, २००९), में उद्धृत, पृ. ५६०.

३२. जोसेफ़ लेलीवेल्ड, Great Soul : Mahatma Gandhi and His Struggle with India (न्यूयॉर्क : अल्फ्रेड ए. नॉफ़, २०११), पृ. २१९, ३२०.

३३. देसाई, My Life is My Message : II, पृ. ६२२.

३४. वही, पृ. ६२४.

३५. वही, पृ. ६३८.

३६. इस रिपोर्ट के कुछ अंश Chicago Daily News के २२ मई, १९३० के अंक में, और वेब मिलर की पुस्तक I Found No peace : The Journal of a Foreign Correspondent (न्यूयॉर्क : सिमोन एण्ड सुष्टर, १९३६) पृ. १९३-९५ में प्रकाशित हुए थे; जेने शार्प द्वारा Gandhi Wields the Weapon of Moral Power : Three Case Histories (अहमदाबाद : नवजीवन, १९६०), पृ. १३८-४२ में उद्धृत।

३७. Young India के २९ मई, १९३० के अंक में प्रकाशित विवरण से शार्प द्वारा Gandhi Wields the Weapon of Moral Power : Three Case Histories, पृ. १४५ में उद्धृत।

३८ एम. के. गाँधी, What Jesus Means to me आर. के. प्रभु द्वारा संकलित (अहमदाबाद : नवजीवन, १९५९), पृ. ३९.

39. नारायण देसाई, My Life is My Message : IV, Svarpan (१९४०-१९४८) (नयी दिल्ली : ओरिएण्ट ब्लैकस्वान, २००९), पृ. ३३.

४०. वही, पृ. ४६.

४१. वही, पृ. ५७.

४२. वही, पृ. ५६.

४३. नारायण देसाई, The Fire and the Rose (अहमदाबाद : नवजीवन, १९९५), पृ. ६८५-६८८.

४४. उपवास के निर्णय पर पुनर्विचार करने के बारे में लिखे गये पाँचों पत्रों को पढ़ने के बाद गाँधी ने २९ जुलाई, १९४२ को जो टिप्पणी की थी उसको नारायण देसाई ने दर्ज किया है : 'संक्षिप्त और फुर्तीला' का वह मतलब क़तई नहीं है जिसको लेकर महादेव विवाद कर रहे हैं। शुरू में मसला सिर्फ़ उपवास का था। वह आज भी अपनी जगह बरक़रार है। लेकिन वह तभी हो सकता है जब उपवास अपरिहार्य हो, ईश्वर की उस दख़लन्दाज़ी से उत्प्रेरित हो जहाँ बुद्धि के लिए कोई जगह नहीं होती। लेकिन आज वह विचार पूरी तरह से अप्रासंगिक है। मैं दूसरे सन्देहों का निवारण भी कर सकता हूँ। मैं फ़िलहाल उनमें नहीं जा रहा हूँ। सारे सन्देहों का निवारण यथासमय ख़ुद-ब-ख़ुद हो जायेगा। वही, पृ. ६८९.

४५. वही, पृ. ६९०.

४६. देसाई, My Life is My Message : IV, पृ. ५३.

४७. वही, पृ. ६०.

४८. वही, पृ. ६३.

४९. वही, पृ. ६२.

५०. वही।

५१. देसाई, The Fire and the Rose, पृ. ७.

५२. वही।

५३. तुषार ए. गाँधी, "Let's Kill Gandhi!": A Chronical of His Last Days, the Conspiracy, Murder, Investigation and Trial (नयी दिल्ली : रूपा, २००७), पृ. १७२.

५४. वही, पृ. १७१.

५५. जे. एल. कपूर, Report of Commission of Inquiry into Conspiracy to Murder Mahatma Gandhi, part I Vol. I (नयी दिल्ली : गृह मन्त्रालय, १९७०), पृ. ११९, पैराग्राफ़ ९.१८; पृ. १२०, पैराग्राफ़ ९.२१.

५६. १४ नवम्बर, १९१३ की सावरकर की याचिका; मजूमदार, Penal Settlement in Andmans, पृ. २१३.

५७. सावरकर, Story of My Tranportation for life पृ. ३४०.

५८. वही।

५९. वही, पृ. ५२१.

६०. वही, पृ. ५५६.

६१. कीर, Veer Savarkar, पृ. १६३-६४.

६२. सावरकर, Story of My Tranportation for life, पृ. ५६१.

६३. वही, पृ. ५६९.

६४. सावरकर के प्रकाशक ने लिखा था कि Story of My Tranportation for life का १९५० का अँग्रेज़ी संस्करण १९४७ में प्रकाशित इस पुस्तक के मराठी संस्करण पर आधारित था। अनुवादक वी.एन. नाइक ने इसके बाद आगे कहा था कि ''मूल आख्यान के रोमांच और प्रभाव को...मैंने १९५०, के अँग्रेज़ी अनुवाद में ऐसे जोड़-घटानों के साथ बरक़रार रखने की कोशिश की है जिनका सुझाव स्वयं लेखक ने अनुवाद के आधार के तौर पर दिया था।'' वही, पृ. i.

६५. कीर, Veer Savarkar, पृ. १७०-७१.

६६. एडवर्ड ल्यूस, In Spite of the Gods : The Strange Rise of Modern India (न्यूयॉर्क : डबलडे, २००७), पृ. १५१.

६७. कीर, Veer Savarkar, पृ. १७७.

६८. गोपाल गोडसे, Gandhiji's Murder and After (दिल्ली : सूर्यप्रकाशन, १९८९), पृ. १०९.

६९. टी.ए. गाँधी, "Let's Kill Gandhi!" पृ. १६.

७०. गोडसे, Gandhiji's Murder and After, पृ. ११४.

७१. कीर, Veer Savarkar, पृ. २९०.

७२. वही, पृ. ३१९.

७३. Kapoor Report, part I Vol. I, पृ. १२६, पैराग्राफ़ १०.५.

७४. प्यारेलाल, Mahatma Gandhi : The last Phase, I, Book One (अहमदाबाद : नवजीवन, १९५६), पृ. ८२.

७५. वही। सावरकर के जीवनीकार धनंजय कीर ने इस बात से इन्कार किया है कि गोडसे मौजूद थे। कीर, Veer Savarkar, पृ. ३५४.

७६. CWMG, XC, पृ. ४०८.

७७. प्यारेलाल, Mahatma Gandhi : The last Phase, II, पृ. ६८६.

७८. वही, I, Book Two, पृ. १.

७९. ज्यॉफ्री एष, Gandhi (न्यूयॉर्क : स्टेन एण्ड डे, १९८०), पृ. ३६६.

८०. आर. गाँधी, Gandhi : The Man, His People, and the Empire, पृ. ५४३.

८१. प्यारेलाल, Mahatma Gandhi : The last Phase, II, Book Two, पृ. २३-३१.

८२. प्यारेलाल, Mahatma Gandhi : The last Phase, I, Book Two, पृ. ३२-३३.

८३. वही, पृ. ३४.

८४. चही, पृ. ३४. ७३-९९.

८५. वही, पृ. ३५.

८६. डेनिस डेल्टन, Mahatma Gandhi : Nonviolent Power in Action (न्यूयॉर्क : कोलम्बिया यूनिवर्सिटी प्रेस, १९९३), पृ. १६१.

८७. प्यारेलाल, Mahatma Gandhi : The last Phase, I, Book Two, पृ. ५२४.

८८. वही, पृ. ७४.

८९. पेयन, The Life and Death of Mahatma Gandhi, पृ. ५२६.

९०. प्यारेलाल, Mahatma Gandhi: The last Phase, I, Book Two, पृ. ७७.

९१. डेनिस डेल्टन ने उस एक निर्णायक 'युक्ति' की ओर संकेत किया है "जिसका परीक्षण नोआखाली और बिहार में किया गया था और जिसे कलकत्ता में और भी विकसित किया गया था : प्रार्थना-सभा। [गाँधी के जीवन के] इस आख़िरी दौर में गाँधी की लगभग सारी महत्त्वपूर्ण कार्रवाइयों और निर्णयों की घोषणाएँ, जो अक्सर राजनैतिक महत्त्व की होती थीं, पहली बार किसी प्रेस कॉन्फ्रेंस में, किसी पार्टी सम्मेलन में, या किसी राजनैतिक सभा में नहीं की जाती थीं, बल्कि प्रार्थना-सभाओं में की जाती थीं।" गाँधी के नज़रिये से यह महज़ इस तथ्य की अभिव्यक्ति थी कि प्रार्थना अहिंसा का मर्म होती है। Mahatma Gandhi : Nonviolent Power, पृ. १६२-६३.

९२. Mahatma Gandhi : An Interpretation (नेषविले : एबिंग्डन प्रेस, १९४८), पृ. १०२ में ई. स्टेनले जॉन्स द्वारा उद्धृत।

९३. गोपाल दास खोसला, Stern Reckoning; A survey of the Events Leading up to and Following the Partition of India (दिल्ली : ऑक्सफ़ोर्ड यूनिवर्सिटी प्रेस, १९८९), पृ. ७६.

९४. डेल्टन, Mahatma Gandhi : Nonviolent Power, पृ. १६२.

९५. मैथ्यू, २५:४०.

९६. "[हिन्दू उग्र राष्ट्रीयता की] सबसे गम्भीर अभिव्यक्ति थी हिन्दू मध्यवर्ग में और सरकारी सेवाओं तक में राष्ट्रीय स्वयंसेवक संघ (आरएसएस) की घुसपैठ। इसने हिन्दू कांग्रेसियों तक के एक वर्ग की गुप्त सहानुभूति को हथियाना शुरू कर दिया था।" प्यारेलाल, Mahatma Gandhi : The last Phase, II, पृ. ६८७. हिन्दू महासभा के अध्यक्ष डॉ. श्यामाप्रसाद मुखर्जी नेहरू के मन्त्रिमण्डल में एक मन्त्री बन गये थे; वही, पृ. ७६८.

९७. विडम्बना यह है कि ये आस्थावान गाँधी थे जो एक धर्मनिरपेक्ष, लोकतान्त्रिक राज्य के आदर्श के पक्षधर थे—उन मुस्लिम और हिन्दू दृष्टियों के बरक्स जिनका जिन्ना और सावरकर ढिंढोरा पीटते थे, जिनकी अपनी आस्थाएँ धर्मनिरपेक्ष थीं।

९८. प्यारेलाल, Mahatma Gandhi : The last Phase, II, पृ. ६८५.

९९. राजमोहन गाँधी, Patel : A Life (अहमदाबाद : नवजीवन, १९९१), पृ. ३५७-९०.

१००. जब १४ जून, १९४७ को विभाजन के प्रस्ताव की अभिपुष्टि के लिए कांग्रेस पार्टी की कार्य समिति की बैठक हुई, तो समाजवादी पार्टी से आमन्त्रित के रूप में शामिल राममनोहर लोहिया ने लक्ष्य किया कि ''गाँधी ने मिस्टर नेहरू और सरदार पटेल की ओर इस हल्की-सी शिकायत के भाव से मुड़कर देखा कि उन लोगों ने विभाजन की योजना स्वीकार करने से पहले उनको इस बारे में सूचित क्यों नहीं किया था। इसके पहले कि गाँधी अपनी बात पूरी तरह से रख पाते, मिस्टर नेहरू ने किंचित् आवेशपूर्वक यह कहते हुए हस्तक्षेप किया कि उन्होंने इस बारे में उनको पूरी तरह से सूचित किया हुआ था। महात्मा गाँधी के यह दोहराने पर कि उनको विभाजन की योजना की जानकारी नहीं थी, मिस्टर नेहरू ने अपनी पिछली बात में हल्का-सा संशोधन किया। उन्होंने कहा कि नोआखाली [जहाँ गाँधी एक गाँव से दूसरे गाँव की पैदल यात्रा कर रहे थे] इतनी दूर था कि भले ही वे इस योजना के ब्योरों की जानकारी न दे सके हों, लेकिन उन्होंने गाँधीजी को विभाजन के बारे में लिखकर मोटे तौर पर जानकारी दे दी थी।''

लोहिया आगे कहते हैं : ''मैं इस प्रकरण पर महात्मा गाँधी की बात को स्वीकार करूँगा, न कि मिस्टर नेहरू की, और कौन होगा जो इसे स्वीकार नहीं करेगा? मैं नेहरू को एक झूठा कहकर ख़ारिज नहीं करता। मुद्दा यहाँ कुल मिलाकर यह है कि विभाजन की योजना को स्वयं मिस्टर नेहरू और सरदार पटेल द्वारा स्वीकार किये जाने से पहले गाँधी को उसकी जानकारी थी या नहीं थी...। मिस्टर नेहरू और सरदार पटेल ने ज़ाहिर है आपस में यह तय कर लिया होगा कि जब तक उस मसले पर पक्के तौर पर निर्णय नहीं ले लिया जाता तब तक सबसे अच्छा यही होगा उतनी दूर बैठे गाँधी को यह ख़बर देकर चौंकाया न जाय...।

इस बैठक में श्रीमान नेहरू और पटेल का रवैया गाँधी के प्रति आपत्तिजनक रूप से आक्रामक था...। जो बात उस समय विस्मय में डालती लगती थी, और जिसको आज मैं किसी हद तक बेहतर ढंग से समझ सकता हूँ, वह इन दो सर्वश्रेष्ठ शिष्यों का अपने गुरु के प्रति अत्यन्त अशिष्ट रवैया था। वह एक तरह का मनोविकारयुक्त रवैया था। उन्होंने किसी चीज़ को लेकर अपना पक्का मन बना लिया था और, जब भी उनको सन्देह होता कि गाँधी उसमें बाधा डालने की तैयारी कर रहे हैं, तो वे उन पर उग्र ढंग से चिल्लाने लगते थे''; राममनोहर लोहिया, Guilty Men of India's Partition (नई दिल्ली : रूपा, २००८), पृ. २३-२५.

१०१. गोडसे, Gandhiji's Murder and After, पृ. १७२.

१०२. नगर में दिये नारायण आप्टे के भाषण के नोट्स उसके निजी दस्तावेज़ों के बीच पाये गये थे; The Assassination of Mahatma Gandhi (बम्बई : जयको, १९६९), पृ. ८० में के.एल. गउबा द्वारा उद्धृत।

१०३. Printed Record of Mahatma Gandhi Murder (यू.एस. लाइब्रेरी ऑफ़ कांग्रेस लॉ लाइब्रेरी), I, पृ. ८२ में इक़बाली गवाह (approver) दिगम्बर आर. बडगे का साक्ष्य। गाँधी की हत्या पर दिल्ली के लाल क़िले में आयोजित मुक़दमे में हथियार विक्रेता दिगम्बर बडगे ने 'इक़बालिया गवाह' के रूप में गवाही दी थी, जिसमें उसने उसके ऊपर लगाये गये आरोप को ख़ारिज किये जाने के बदले अपने सह-षड्यन्त्रकारियों के ख़िलाफ़ राजकीय साक्ष्य उपलब्ध कराया था। अपने फ़ैसले में न्यायाधीश आत्माचरण ने बडगे को, पुष्टिकारक साक्ष्य की मानक वैधानिक ज़रूरत के अधीन, एक विश्वसनीय साक्षी पाया था। न्यायाधीश ने कहा था कि "इक़बालिया गवाह की तहक़ीक़ात और उससे की गयी जिरह २० जुलाई, १९४८ से ३० जुलाई, १९४८ तक जारी रही थी। उससे लगभग सात दिन तक जिरह की गयी। इस तरह उसके व्यवहार और गवाही देने के उसके ढंग को समझने का भरपूर अवसर उपलब्ध रहा है। उसने तथ्यों का अपना विवरण सीधे-सीधे और ईमानदार ढंग से दिया है। उसने न तो जिरह को लेकर टालमटोल की न ही किसी सवाल को टालने या उसके मामले में चालाकी बरतने की कोई कोशिश की। यह किसी भी व्यक्ति के लिए मुमकिन नहीं होता कि वह इस क़दर बिना विचलित हुए इतने लम्बे समय तक और इस क़दर तफ़सील के साथ ऐसे तथ्यों के बारे में गवाही देता जिनका कभी वजूद ही न रहा होता। इस बात की कल्पना नहीं की जा सकती कि कोई व्यक्ति किसी निराधार क़िस्से को इतने लम्बे समय तक और इस क़दर ब्योरों के साथ याद रख सकता है।" न्यायाधीश आत्माचरण ने फ़ैसला सुनाया कि बडगे की गवाही में पुष्टिकारक साक्ष्य का अभाव सिर्फ़ प्रतिवादी विनायक डी. सावरकर के सन्दर्भ में ही है (विशेष न्यायाधीश का फ़ैसला, लाल क़िला दिल्ली, खण्ड III, वही, पृ. ८९-९०)। याचिकाओं की सुनवाई करने वाले तीन न्यायाधीशों ने भी बडगे के नौकर शंकर किस्तैया, और उस डॉ. दत्तात्रेय एस. परचुरे को मुक़दमे के न्यायाधीश द्वारा सुनायी गयी सज़ाओं को ग़ैरक़ानूनी घोषित कर दिया था, जिस पर उस पिस्तौल का इन्तज़ाम करने में मदद करने का आरोप था जिसका इस्तेमाल गोडसे ने किया था। (महात्मा गाँधी हत्या प्रकरण में पूर्ण न्यायपीठ का फ़ैसला, पृ. १९६. ५५८-५९)। उच्च न्यायालय के न्यायाधीशों ने माना कि किस्तैया ने महज़ बडगे के नौकर की भूमिका निभायी थी, न कि अपराध में सहयोग करने की, और परचुरे का इक़बालिया बयान स्वैच्छिक

नहीं था (टी. ए. गाँधी, "Let's Kill Gandhi" पृ. ७२७)। जैसा कि हम देखेंगे, कपूर आयोग, जिसने १९७० में गाँधी हत्या के प्रकरण की समीक्षा की थी, ने पाया था कि सरकार के पास सावरकर के ख़िलाफ़ प्रमाणित करने वाले साक्ष्य मौजूद थे लेकिन वह इन साक्ष्यों को मुक़दमे में पेश करने में नाकामयाब रही।

१०४. मनोहर मलगोनकर, The Man Who Killed Gandhi (नयी दिल्ली : ओरिएण्ट, १९८१), पृ. २५-२७.

१०५. CWMG, XC पृ. ४१७.

१०६. बडगे की गवाही, पृ. ८२.

१०७. वही, पृ. ८४. गाँधी की स्नेहसिक्त अहिंसा ने उनके हत्यारों तक को किस हद तक प्रभावित किया हुआ था इसकी इन्तिहा इस बात में देखी जा सकती है कि ये हत्यारे जिस आदमी को मारना चाहते थे उसकी शिनाख़्त के लिए उन्होंने निरन्तर 'गाँधी जी' जैसे स्नेहिल और सम्मानजनक पद का प्रयोग किया था। चूँकि उनके ये हत्यारे उनके स्नेह को अनुभव करना जारी रखे हुए थे इसलिए वे निजी तौर पर उनको अपना शत्रु नहीं मान पा रहे थे। उन्होंने विचारधारात्मक वजहों से गाँधी की हत्या की थी, लेकिन तब भी वे गाँधी को उनका अहित चाहने वाले आदमी के रूप में देखने में असमर्थ बने रहे। सावरकर को प्रतिध्वनित करता गोडसे का दावा ग़लत था लेकिन अपने लक्ष्य की ओर उसके इंगितों में सम्मान का एक तत्त्व था : "मेरी समझ से गाँधी जी स्वयं पाकिस्तान के सबसे बड़े समर्थक और पैरोकार थे और उनके इस रवैये पर किसी भी शक्ति का कोई नियन्त्रण नहीं था। इन परिस्थितियों में हिन्दुओं को मुसलमानों के अत्याचारों से निज़ात दिलाने का एकमात्र उपाय, मेरी समझ से (ज़ोर मेरा) गाँधी को इस दुनिया से मिटा देना था।" नाथूराम गोडसे का अदालती बयान, May It Please Your Honour (दिल्ली : सूर्य भारती प्रकाशन, १९८७), पृ. १५२.

जिन लोगों ने गाँधी की हत्या की थी वे लोग तक चूँकि उनके प्रेम को महसूस करते थे, इसलिए वे अनुभव करते थे कि वे 'गाँधी जी' थे (और मरने पर भी बने रहने वाले थे)। इसलिए गाँधी को गोली मारते समय गोडसे का उनके सामने सिर नवाना महज़ एक पाखण्डपूर्ण चाल नहीं थी। यह मानते हुए भी कि उसके लिए उनकी हत्या करना अनिवार्य था, गोडसे यह जानता था कि 'गाँधी जी,' जो ख़ुद भी उसी समय उसके सामने सिर नवा रहे थे, उसको प्रेम करते थे।

१०८. डेल्टन, Mahatma Gandhi : Nonviolent Power, पृ. १४६.

१०९. पेयन, The Life and Death of Mahatma Gandhi, पृ. ५३३.

११०. प्यारेलाल, Mahatma Gandhi : The last Phase, I, Book Two (अहमदाबाद : नवजीवन, १९६६), पृ. ७. "Great Calcutta Killing" का एक सतर्क विश्लेषण करते हुए डेनिस डेल्टन ने लक्ष्य किया था : "[हिन्दुओं का] मुख्य अभियोग समुचित सुरक्षात्मक सावधानियाँ बरतने में सुहरावर्दी की नाकामयाबी को लेकर था, ।" डेल्टन, Mahatma Gandhi : Nonviolent Power, पृ. १४६.

१११. प्यारेलाल, Mahatma Gandhi : The last Phase, I, Book Two, पृ. ७-८.

११२. वही, पृ. ३३६.

११३. वही, पृ. १०४.

११४. निर्मल कुमार बोस, My Days With Gandhi (नयी दिल्ली, ओरिएण्ट लांगमेन, १९७४), पृ. १९८.

११५. वही, पृ. १९८-९९.

११६. वही, पृ. २००.

११७. प्यारेलाल, Mahatma Gandhi : The last Phase, II, पृ. ३६४.

११८. बोस, My Days With Gandhi, पृ. २२४.

११९. राजमोहन गाँधी, The Good Boatman : A Portrait of Gandhi (नयी दिल्ली : पेंग्युइन बुक्स इण्डिया, १९९७), पृ. ३५०.

१२०. वही, पृ. ३५१.

१२१. प्यारेलाल, Mahatma Gandhi : The last Phase, II, पृ. ३६७.

१२२. डेल्टॅन, Mahatma Gandhi : Nonviolent Power, पृ. १५२.

१२३. प्यारेलाल, Mahatma Gandhi : The last Phase, II, पृ. ३६९.

१२४. मनुबेन गाँधी, The Miracle of Calcutta (अहमदाबाद : नवजीवन, १९५९) पृ. ६६.

१२५. CWMG, LXXXIX पृ. १३०.

१२६. प्यारेलाल, Mahatma Gandhi : The last Phase, II, पृ. ४०४.

१२७. डेल्टन, Mahatma Gandhi : Nonviolent Power, पृ. १५४.

१२८. CWMG, LXXXIX पृ. १२९-३२.

१२९. प्यारेलाल, Mahatma Gandhi : The last Phase, II, पृ. ४०९.

१३०. वही, पृ. ४२१.

१३१. वही।

१३२. देसाई, My Life is My Message : IV, पृ. ४३३.

१३३. प्यारेलाल, Mahatma Gandhi : The last Phase, II, पृ. ४२३.

१३४. देसाई, My Life is My Message : IV, पृ. ४३५.

१३५. प्यारेलाल, Mahatma Gandhi : The last Phase, II, पृ. ४२४.

१३६. सुहरावर्दी के नाम गाँधी का २७ अक्टूबर, १९४७ का पत्र; CWMG, LXXXIX पृ. ४१८.

१३७. एम. वहीदुज़्ज़मान मानिक, "Huseyn Shaheed Sugrawardy : Glimpses of His Political Struggle," The Daily Star : Internet Edition, ५ दिसम्बर, २००७.

१३८. वही।

१३९. वही।

१४०. "Huseyn Shaheed Sugrawardy," Wikipedia.

१४१. मुहम्मद एच.आर. तालुकदार, सम्पादक, Memoirs of Huseyn Shaheed Suharawardy with a Brief Account of His Life and Work (कराची : ऑक्सफ़ोर्ड यूनिवर्सिटी प्रेस, २००९), पृ. ७१.

१४२. वही।

१४३. Kapoor Report, part I Vol. II, पृ. २२१, पैराग्राफ़ १२H.२०A.

१४४. बडगे की गवाही, पृ. ८४.

१४५. प्यारेलाल, Mahatma Gandhi : The last Phase, II, पृ. ७११.

१४६. CWMG, XC, पृ. ४२८-२९.

१४७. प्यारेलाल, Mahatma Gandhi : The last Phase, II, पृ. ७१८.

१४८. वही, पृ. ७१९.

१४९. वही, पृ. ४२०.

१५०. फ़िशर, Life of Mahatma Gandhi पृ. ४९५.

१५१. प्यारेलाल, Mahatma Gandhi : The last Phase, II, पृ. ७२२-२३.

१५२. बडगे की गवाही, पृ. ८५. टी.ए. गाँधी, "Let's Kill Gandhi!" पृ.

१६०.

१५३. बडगे की गवाही, पृ. ८५. टी.ए. गाँधी, "Let's Kill Gandhi!" पृ. १६०.

१५४. वही।

१५५. प्यारेलाल, Mahatma Gandhi : The last Phase, II, पृ. ७२६.

१५६. वही, पृ. ७२७.

१५७. वही, पृ. ७२८.

१५८. मनुबेन गाँधी, Last Glimpses of Bapu (दिल्ली : शिवलाल अग्रवाल, १९६२), पृ. १९०.

१५९. प्यारेलाल, Mahatma Gandhi : The last Phase, II, पृ. ७३०.

१६०. मनुबेन गाँधी, Last Glimpses, पृ. १९२.

१६१. प्यारेलाल, Mahatma Gandhi : The last Phase, II, पृ. ७३०.

१६२. वही, पृ. ७३१. मनुबेन गाँधी, Last Glimpses, पृ. १९९.

१६३. CWMG, XC, पृ. ४५२-५३.

१६४. बडगे की गवाही, पृ. ८७.

१६५. वही।

१६६. वही।

१६७. वही।

१६८. वही।

१६९. Kapoor Report, part I, Vol. I, पृ. ५८, पैराग्राफ़ ५-१०.

१७०. वही।

१७१. बडगे की गवाही, पृ. ९०.

१७२. वही।

१७३. मनुबेन गाँधी, Last Glimpses, पृ. २१८.

१७४. एम.के. गाँधी, Delhi Diary: Prayer Speeches from September १०, १९४७, to January ३०, १९४८ (अहमदाबाद : नवजीवन, १९४८), पृ. ३५७.

१७५. वही।

१७६. मनुबेन गाँधी, Last Glimpses, पृ. २१९.

१७७. वही। CWMG, XC पृ. ४६४.

१७८. टी.ए. गाँधी, "Let's Kill Gandhi!" पृ. ९४.

१७९. मनुबेन गाँधी, Last Glimpses, पृ. २२३.

१८०. वही, पृ. २२२.

१८१. वही।

१८२. प्यारेलाल, Mahatma Gandhi : The last Phase, II, पृ. ७५०.

१८३. जी.डी खोसला, The Murder of Mahatma Gandhi and Other Cases from a Judge's Notebook (बम्बई : जयको, १९६८), पृ. २४५. Prosecution Exhibit १२७, "Daily Hindu Rashtra," Printed Record of Mahatma Gandhi Murder Case, VII, पृ. २.

१८४. "Investigation at Delhi," Kapoor Report, part II, Vol. V, पृ. १८५.२३९.

१८५. वही, पृ. १८९.

१८६. वही, पृ. १८९, २१५, २३२.

१८७. वही, पृ. २०५.

१८८. वही, पृ. १९०.

१८९. वही, पृ. १२५, १२६, २३६.

१९०. डॉ. जगदीश चन्द्र जैन, I Could Not Save Bapu (कमाचा, बनारस : जागरण साहित्य मन्दिर, कोई तिथि नहीं), पृ. १३, १६.

१९१. वही, पृ. २१.

१९२. वही, पृ. १२.

१९३. Kapoor Report, part II, Vol. IV, पृ. ७, पैराग्राफ़ १८, २९.

१९४. मोरारजी आर. देसाई की गवाही, Mahatma Gandhi Murder Case, I, पृ. १६७.

१९५. मोरारजी देसाई ने कहा था कि उन्होंने "पटेल को, उस सिलसिले में सारी

ज़रूरी जानकारी दे दी थी जो मुझे प्रोफ़ेसर जैन द्वारा दी गयी थी और उस पर जो कार्रवाई मैंने की थी।'' वही। लेकिन कपूर आयोग के सामने प्रस्तुत हुए तीन गवाहों, जिनने पटेल जो तब दिवंगत हो चुके थे, के निकट रहकर काम किया था, जिनमें उनके सचिव वी. शंकर शामिल थे, का कहना था कि उनको तब जैन के क़िस्से की या इस क़िस्से में देसाई द्वारा अहमदाबाद में पटेल से साझा किये जाने की कोई जानकारी नहीं थी। Kapoor Report, part II, Vol. V, पृ. १२४ Paragraph २१-७; १२६, Paragraph २१-१६-१७; १२७, Paragraph २१-२५.

१९६. प्यारेलाल, Mahatma Gandhi : The last Phase, II, पृ. ७५६.

१९७. वही।

१९८. वही।

१९९. सम्माननीय सरदार वल्लभभाई पटेल से रोहिणी कुमार चौधुरी, ६ फ़रवरी, १९४८, टी.ए. गाँधी द्वारा उद्धृत और हिन्दी से अनूदित, "Let's Kill Gandhi!" पृ. ५२९.

२००. कपूर आयोग के समक्ष पुलिस के साक्ष्य के मुताबिक़ २० जनवरी को हुई बम विस्फोट की घटना के पहले बिड़ला हाउस में ''प्रार्थना-स्थल पर एक हेड कॉन्स्टेबल, एक फुट कॉन्स्टेबल मौजूद थे। बिड़ला हाउस के मुख्य द्वार पर एक हेड कॉन्स्टेबल और चार कॉन्स्टेबल थे...। बम की घटना के बाद पुलिसकर्मियों की संख्या को तत्काल बढ़ाकर उसे एक असिस्टेण्ट सब इंस्पेक्टर, दो हेड कॉन्स्टेबल, और सोलह फुट कॉन्स्टेबल कर दिया गया था। इसके अतिरिक्त वहाँ सादी वर्दीधारी पुलिसकर्मी भी थे, जिनमें एक सब इंस्पेक्टर, चार हेड कॉन्स्टेबल, और दो फुट कॉन्स्टेबल शामिल थे जिनमें से सभी के पास रिवॉल्वर थे।'' Kapoor Report, part I, Vol. II, पृ. २०७, Paragraph१२. G.२-३

२०१. मनुबेन गाँधी, Last Glimpses, पृ. २२४.

२०२. वही, पृ. २२५.

२०३. Kapoor Report, Part II, Vol. V, पृ. १३६. Paragraph२१.६०.

२०४. टी.ए. गाँधी, "Let's Kill Gandhi!" पृ. १३८.

२०५. Kapoor Report, Part II, Vol. V, पृ. २२३-२४. Paragraph २३.१७३.

२०६. वही, पृ. २२४. Paragraph २३.१७३.

२०७. बम्बई के डिप्टी पुलिस कमिश्नर जे.डी. नागरवाला ने कहा था कि उन्होंने इस अनुमान के तहत जाँच-पड़ताल की थी कि कोई एक ऐसा गिरोह था जिसका लक्ष्य "महात्मा गाँधी की हत्या करना नहीं बल्कि उनका अपहरण करना था।" वही, Part II, Vol. IV, पृ. ३१. Paragraph १८.१२७ कपूर आयोग ने नागरवाला के अपहरण-अनुमान को साक्ष्य की इसकी ग़लत व्याख्या के सन्दर्भ में 'इस क़दर विस्मयकारी' पाया कि इसका श्रेय वह नागरवाला के सम्पर्क-सूत्रों और मुखबिरों की पंजाबी भाषा की ग़लती को ही दे सका। वही, पृ. ४५. Paragraph १८.२०१.

२०८. वही, Part II, Vol. VI, पृ. ३०५, Paragraph २५-११३.

२०९. वही, Part II, Vol. V, पृ. २०९, Paragraph २३-१०९.

२१०. वही, Part I, Vol. III, पृ. २७८, Paragraph १५-११३.

२११. वही, Paragraph १५-११५.

२१२. यह बात कपूर आयोग को समझ से परे प्रतीत हुई कि यू.एच. राणा ने गाँधी की जान बचा सकने वाली मुहिम पर जाने के लिए हिन्दुस्तान के आर-पार फैला रेल का ऐसा घुमावदार रास्ता क्यों चुना। 'कपूर रिपोर्ट' ने इस बात पर भी आश्चर्य व्यक्त किया कि पुलिस महानिदेशक संजीवी ने यह मुहिम आख़िरकार किसी ऐसे पुलिस अधिकारी को क्यों नहीं सौंपी जो हवाई मार्ग से बम्बई जाकर अपने गन्तव्य तक ज़्यादा जल्दी पहुँच सकता। राणा का कहना था कि संजीवी ने ऐसा इसलिए नहीं किया क्योंकि उनको "ऐसा नहीं लगा कि षड्यन्त्रकारी इतनी फुर्ती से काम लेंगे।" वही। ऐसा लगता है कि गाँधी के ख़िलाफ़ सक्रिय षड्यन्त्रकारियों का पीछा करने की फ़ौरी कार्रवाई की ज़रूरत के अहसास का उन सारे के सारे पुलिस अधिकारियों में विचित्र क़िस्म का अभाव था जिनसे इस मामले में निर्णायक भूमिका की अपेक्षा थी। Kapoor Report, Part I, Vol. I, पृ. २८, Paragraph ३४१-४२.

२१३. वही, Part II, Vol. V, पृ. १८५, Paragraph २३-२, Paragraph २५-१७३.

२१४. वही, Part I, Vol. III, पृ. २८४, Paragraph १५-१४४.

२१५. वही, Part II, Vol. IV, पृ. ३०, Paragraph १८-१२५.

२१६. वही, Part II, Vol. V, पृ. २१६, Paragraph २३-२४१.

२१७. वही, पृ. ३१४, Paragraph २३-१३५.

२१८. वही, पृ. २२१, Paragraph २३-१६४.

२१९. वही, Part II, Vol. VI, पृ. ३०५, Paragraph २३-११३. "नागरवाला

का कहना था कि सावरकर के मकान की निगरानी करने का उद्देश्य यह देखना था कि उनसे मिलने कौन लोग आते थे। उन्होंने आगे यह भी कहा कि उन्होंने हत्या के पहले सावरकर मण्डली के सदस्यों, को इसलिए गिरफ़्तार नहीं किया था क्योंकि ऐसा करने से महाराष्ट्र क्षेत्र में न सिर्फ़ हंगामा मच जाता बल्कि विद्रोह भड़क उठता।'' वही, Part II, Vol. IV, पृ. ३७, Paragraph १८-१५५. स्वयं सावरकर से लेकर उनसे मिलने आने वाले लोगों तक को अपने विस्तार में समेटती नागरवाला की यह टिप्पणी इस बात का एक परोक्ष स्वीकार है कि बम्बई पुलिस को इन लोगों के आने-जाने के बारे में जानकारी थी; उनने सावरकर के अनुयायियों के प्रति भी वैसा ही सम्मान बरता जैसा उनके नेता के प्रति बरता था।

२२०. विन्सेण्ट शिएन, Lead Kindly Light (न्यूयॉर्क : रेण्डम हाउस, १९४९), पृ. १६८.

२२१. वही, पृ. १८३-८५. ज़ोर मूल में।

२२२. यह पैराग्राफ़ रोजर लुडविग और बर्ट सेक्स की समीक्षाओं की मदद से पूरा किया गया था। रोजर ने गाँधी द्वारा उनसे मिलने वाले सबसे ज़्यादा अशक्त लोगों के भीतर से शक्ति हासिल करने के विरोधाभास को रेखांकित किया था। बर्ट ने इस विचार का योगदान किया था : ''आप इसमें उन लोगों को शामिल कर हासिल करना चाह सकते हैं जो हिंसक क्रूरता से युक्त कृत्य करते हैं। मुझे लगता है कि दक्षि.ग अफ्रीका के जनरल स्मट्स से लेकर गोडसे और सावरकर तक से गाँधी का रिश्ता उनकी अहिंसा और सत्याग्रह का महत्त्वपूर्ण अंग है। (और हममें से ज़्यादातर के लिए सबसे कठिन चुनौती!)''

जैसा कि बर्ट का कहना है कि गाँधी ईश्वर का प्रत्यक्ष दर्शन न सिर्फ़ सबसे अशक्त व्यक्ति में करते थे, बल्कि विशेष रूप से उन लोगों में भी करते थे जो ''हिंसक क्रूरता से युक्त कृत्यों के माध्यम से'' उनकी संकल्प-शक्ति को कुण्ठित करने के लिए सबसे ज़्यादा प्रतिबद्ध थे। स्मट्स, गोडसे और सावरकर के अलावा हम इनमें उन दो राजनैतिक नेताओं को भी शामिल कर सकते हैं जो अपनी शक्ति और समर्पण के सन्दर्भ में, गाँधी के अहिंसक स्वप्न के साकार होने में सबसे बड़ी बाधाएँ साबित हुए थे : विन्स्टन चर्चिल और मोहम्मद अली जिन्ना। गाँधी ने कभी भी इनको प्रेम करना बन्द नहीं किया। इसका अर्थ इन दो आदमियों के प्रति अपना मैत्री और सहयोग का भाव बनाये रखना था, जो नितान्त अविचारित ढंग से, गाँधी के उस अहिंसक दुनिया के स्वप्न की राह में बाधा बनकर खड़े हुए थे, जिस स्वप्न को साकार करने के लिए वे हिन्दुस्तान को अहिंसक कायाकल्प के एक स्रोत के रूप में देखते थे।

चर्चिल तो गाँधी के साथ सुलह-वार्ता करने के ख़याल तक से अपमानित महसूस करते थे, जैसा कि उन्होंने अपनी इस प्रसिद्ध टिप्पणी में कहा था : "ऐसे मिस्टर गाँधी के साथ सम्राट के एक प्रतिनिधि के रूप में बराबरी के दर्जे पर बैठकर वार्ता के लिए मुलाक़ात करना भयानक और उबकाई पैदा करने वाला है, जो कभी एक उपद्रवी मिडिल टेम्पल वकील हुआ करता था और जो अब उस क़िस्म के एक फ़कीर होने का स्वाँग रचे हुए है जो पूरब में ख़ासे प्रसिद्ध हैं, जो एक तरफ़, अधनंगा होकर राष्ट्रपति निवास की सीढ़ियाँ चढ़ रहा होता है, और दूसरी तरफ़ इसी के साथ-साथ सविनय अवज्ञा की मुहिम का आयोजन और संचालन कर रहा होता है। इस तरह का तमाशा हिन्दुस्तान में अशान्ति को और वहाँ मौजूद गोरों के सामने उपस्थित ख़तरे को ही बढ़ावा दे सकता है।" ऑर्थर हर्मन, Gandhi & Churchill (न्यूयॉर्क : बेण्टम बुक्स, २००८), पृ. ३५९.

बावजूद इसके कि गाँधी चर्चिल की द्वितीय विश्व युद्ध के दौर की सरकार द्वारा जेल में डाले गये थे, उन्होंने उनको नष्ट करने की आकांक्षा रखने वाले इस आदमी की ओर मदद का हाथ बढ़ाते हुए उसको चार-वाक्य-लम्बा एक नेकदिली से भरा ख़त लिखा था (वही, पृ. ५३८) :

डियर प्राइम मिनिस्टर,

आपके बारे में ख़बर मिली है कि आप एक साधारण 'नंगे फकीर,' जैसा कि बताया जाता है कि आपने मेरा वर्णन किया है, को कुचल देने की आकांक्षा रखते हैं। मैं लम्बे समय से एक फ़कीर होने की कोशिश में लगा हुआ हूँ, और वह भी नंगा—जोकि एक मुश्किल काम है। इसलिए आपकी इस उक्ति को मैं एक प्रशंसा की तरह देखता हूँ, भले ही आपका इरादा ऐसा नहीं रहा है। तब मैं इसी रूप में आपसे सम्पर्क करता हूँ और आपसे आग्रह करता हूँ कि आप मुझ पर भरोसा करें और अपने लोगों की ख़ातिर और मेरे लोगों की ख़ातिर और उनकी मार्फ़त दुनिया के लोगों की ख़ातिर मेरा इस्तेमाल करें।

आपका सच्चा दोस्त

एम. के. गाँधी

जब रिहा होने के बाद गाँधी को पता चला कि उनको बन्दी बनाने वाले लोगों ने उनका ख़त चर्चिल को भेजा ही नहीं था, तो उन्होंने उस ख़त को सार्वजनिक कर दिया। लेकिन चर्चिल की गाँधी की इस पेशकश में कोई दिलचस्पी नहीं थी कि वे ब्रिटेन, हिन्दुस्तान और दुनिया की ख़ातिर गाँधी का उपयोग करते। बावजूद इसके कि जिन्ना पाकिस्तान बनाने की ख़ातिर हिन्दुस्तान के विभाजन के प्रति पूरी तरह समर्पित थे, गाँधी, अपने स्वयं के

स्वप्न से कोई समझौता किये बग़ैर, अँग्रेज़ों से सुलह-वार्ता करने के लिए जिन्ना के पैरोकार बन गये। वायसराय लॉर्ड लुई माउण्टबेटन को विस्मय में डालते हुए गाँधी ने अप्रैल १९४७ में उनके सामने प्रस्ताव रखा कि जिन्ना से स्वाधीन भारत का प्रधानमन्त्री बनने की पेशकश की जाय। इस अनूठी पहल के माध्यम से गाँधी—जिन्ना को समूचे हिन्दुस्तान का नेतृत्व प्रदान कर—हिन्दू और मुसलमानों की उन माँगों से उत्पन्न गतिरोध पर विजय पाने की कामना करते थे जो हिन्दुस्तान के दो टुकड़े करने का ख़तरा पैदा कर रही थीं।

गाँधी ने सुझाया कि "मन्त्रिमण्डल का चुनाव पूरी तरह से जिन्ना पर छोड़ दिया जाना चाहिये," जिनको इस मन्त्रिमण्डल के सदस्यों की ओर से इस बात की गारण्टी देनी होती कि "वे समूचे हिन्दुस्तान में अमन क़ायम करने की भरसक कोशिश करेंगे।"

गाँधी ने कहा कि "अगर जिन्ना इस पेशकश को मंज़ूर कर लेते हैं, तो कांग्रेस मुक्त मन से और ईमानदारी के साथ तब तक सहयोग करने की गारण्टी देगी जब तक कि जिन्ना के मन्त्रिमण्डल के द्वारा उठाये गये क़दम हिन्दुस्तान की समूची जनता के हित में होंगे। लॉर्ड माउण्टबेटन, अपनी निजी हैसियत में इस बात का निर्णय करेंगे कि क्या चीज़ पूरे हिन्दुस्तान के हित में है और क्या नहीं है" (CWMG, LXXXVII, i`"B, पृ. १९९)।

माउण्टबेटन ने एक रिपोर्ट में लिखा था कि गाँधी की कांग्रेस पार्टी और जिन्ना की मुस्लिम लीग के बीच के गतिरोध को तोड़ने की महात्मा की चतुराईपूर्ण योजना ने 'मुझे हक्का-बक्का कर दिया था।' मैंने पूछा था कि 'इस तरह की पेशकश के बारे में जिन्ना क्या कहेंगे?' जवाब था, 'अगर आप उनसे कहेंगे कि यह पेशकश मेरी है, तो वे जवाब देंगे, "धूर्त गाँधी।"' तब मैंने यानी, माउण्टबेटन ने, टिप्पणी की, 'और मेरा ख़याल है कि जिन्ना का कहना सही होगा?' जिस पर गाँधी ने ज़बरदस्त उत्साह के साथ जवाब दिया, 'मैं अपने सुझाव को लेकर पूरी तरह से संजीदा हूँ' (Jinnah of Pakistan न्यूयॉर्क : ऑक्सफ़ोर्ड यूनिवर्सिटी प्रेस, १९८४, पृ. ३१६ में स्टेनले वोल्पर्ट द्वारा उद्धृत)।

जब माउण्टबेटन ने गाँधी की इस पेशकश की जानकारी नेहरू को दी, तो उनको हिन्दू-मुस्लिम संकट के अपने गुरु के इस समाधान से गहरा धक्का लगा, क्योंकि इसका मतलब सत्ता में नेहरू के अपने उत्थान को नाकामयाब करना था। गाँधी की इस पेशकश से नेहरू के साथ-साथ कांग्रेस के जिन दूसरे नेताओं की सत्ता पर ख़तरा मँडरा रहा था उनने माउण्टबेटन को इस पेशकश की अव्यावहारिकता का यक़ीन दिलाने की कोशिश की और वे

इसमें सफल हुए। माउण्टबेटन ने यह पेशकश जिन्ना के सामने कभी नहीं रखी, हालाँकि वायसराय का ख़याल था कि यह क़तई मुमकिन था कि जिन्ना इसको स्वीकार कर लेते। (वही, पृ. ३१९)।

गाँधी ने अपने सबसे कटु प्रतिपक्षियों की उनकी अपनी सचाइयों पर उन्मोचक ढंग से आचरण कर सकने की क़ाबिलियत पर विश्वास करना कभी बन्द नहीं किया।

२२३. शिएन, Lead Kindly Light, पृ. १८५-८७, १८९.

२२४. वही, पृ. १९१.

२२५. वही।

२२६. वही, पृ. १९३.

२२७. वही, पृ. १७.

२२८. वही, पृ. १६.

२२९. प्यारेलाल, Mahatma Gandhi : The last Phase, II, पृ. ७६७.

२३०. वही, पृ. ७६६.

२३१. वही, पृ. ७६८.

२३२. वही।

२३३. प्यारेलाल, Mahatma Gandhi : The last Phase, II, पृ. ७६७.

२३४. वही, पृ. ७७२. मनुबेन गाँधी, Last Glimpses, पृ. ३०६.

२३५. मनुबेन गाँधी, Last Glimpses, पृ. ३०८.

२३६. वही, पृ. ३०९.

२३७. प्यारेलाल, Mahatma Gandhi : The last Phase, II, पृ. ७७३. प्यारेलाल अपनी एक टीप में यह भी जोड़ते हैं : ''उस वक्त घटनास्थल पर मौजूद पहले चश्मदीद गवाह से बेहद सावधानीपूर्वक की गयी, सम्पूर्ण पूछताछ के बाद मुझे इस बात का पक्का यक़ीन है कि जिस वक़्त गाँधी अपनी चेतना खो रहे थे उस वक़्त उनके मुँह से निकले आख़िरी शब्द 'हे राम!' नहीं बल्कि 'राम, राम' थे—कोई याचना नहीं, बल्कि महज़ नाम का जाग। (वही, पृ. ८६१. ५)।

२३८. शिएन, Lead Kindly Light, पृ. २०३-४.

२३९. डेल्टन, Mahatma Gandhi : Nonviolent Power, पृ. १६७.

२४०. टी. ए. गाँधी द्वारा उद्धृत "Let's Kill Gandhi!" पृ. १३८-३९.

२४१. वही, पृ. xviii, १३९.

२४२. कपूर आयोग के समक्ष जी.के. हाण्डू, Kapoor Report, Part I, Vol. II, पृ. २२१, Paragraph १२.१९. पृ. २२२, Paragraph १२-२३.

२४३. वही, पृ. २२१, Paragraph १२-२०, पृ. २२२, Paragraph १२-२३.

२४४. मनुबेन गाँधी, Last Glimpses, पृ. २२५.

२४५. पी.एल. इनामदार, The Story of the Red Fort Trial १९४८-४९ (बम्बई : पॉपुलर प्रकाशन, १९७९), पृ. १४२.

२४६. वही, पृ. १४१.

२४७. गोडसे, May It Please Your Honour, पृ. ६०.

२४८. इनामदार, The Story of the Red Fort Trial १९४८-४९, पृ. १४२.

२४९. वही, पृ. १४१.

२५०. टी. ए. गाँधी, "Let's Kill Gandhi!" पृ. ६०७.

२५१. गोडसे, May It Please Your Honour, पृ. १५४.

२५२. वही।

२५३. वही, पृ. ४२.

२५४. वही, पृ. ५१.

२५५. न्यायाधीश ने गोडसे को नौ घण्टे लम्बा भाषण देने की छूट देते हुए जो कुछ दिया, वह सरकार ने उसका प्रकाशन बन्द करके वापस ले लिया। सरकार को अहसास हो गया था कि न्यायाधीश गोडसे के प्रति रियायत बरतने के मामले में कुछ ज़्यादा ही आगे निकल गये थे, और इस तरह उन्होंने इस प्रकरण की राजनीति को हत्यारों के पक्ष में बहुत ज़्यादा झुका दिया था। इस भाषण के प्रकाशन पर लगे प्रतिबन्ध को तीन दशक बाद उलट दिया गया था (May It Please Your Honour, में गोपाल गोडसे की भूमिका, पृ. १५४)। इस बीच इस भाषण पर लगाये गये सरकार के प्रतिबन्ध ने इसको सावरकर के उन विचारधारात्मक वारिसों के बीच किंवदन्तीय हैसियत बनाने में मदद की, जो नाथूराम गोडसे को शहीद का और सावरकर को महान् गुरु का दर्जा देते हुए इनका जश्न मनाया करते थे।

२५६. Kapoor Report, Part II, Vol. VI, पृ. ३१७. Paragraph २५-

१६१ और २५-१६६. पृ. ३१८., Paragraph २५-१६८, २५-१७० और २५-१७३.

२५७. वही, पृ. ३१८, Paragraph २५-१७३.

२५८. वही, Part I, Vol. I, पृ. ३६, Paragraph ३-५८.

२५९. वही।

२६०. वही, Part II, Vol. VI, पृ. ३०३, Paragraph २५-१०६.

२६१. नेहरू के नाम पटेल का पत्र, २७ फ़रवरी, १९४८. Sardar Patel's Correspondence १९४५-५०, VI, सम्पादक : दुर्गादास (अहमदाबाद : नवजीवन, १९७३), पृ. ५६.

२६२. सरकार ने सावरकर के कर्मचारियों, अप्पा रामचन्द्र कासार और गजानन विष्णु दामले को गाँधी की हत्या के मुक़दमे और याचिकाओं के दौरान दो साल से ज़्यादा समय तक जेल में रखा था। उनको गवाही देने कभी नहीं बुलाया गया। जब अन्ततः वे रिहा हो गये, तो सावरकर ने उनको वापस काम पर नहीं रखा। सावरकर के जीवनीकार लिखते हैं कि कासार और दामले से "रूखे ढंग से अपना इन्तज़ाम ख़ुद देखने को कह दिया गया था।" कीर, Veer Savarkar, पृ. ४७८.

२६३. लॉरेन्को डि सल्वाडोर, Who Killed Gandhi? (लिस्बन, पुर्तगाल : निजी स्तर पर मुद्रित, कोई तिथि नहीं), पृ. १४९.

२६४. नूरानी, Savarkar and Hindutva, पृ. १३०.

२६५. वही।

२६६. मोरारजी देसाई की गवाही का नूरानी का उद्धरण The Times of India के १ सितम्बर, १९४८ के अंक से लिया गया है, जिसमें "न्यायाधीश आत्माचरण के नाम चीफ़ प्रॉसीक्यूटिव काउंसल सी.के. दफ़्तरी के पिछले दिन के आवेदन का मज़मून प्रकाशित है" (वही, पृ. १३०-३१)। देसाई ने १९७९ की अपनी आत्मकथा में अदालत में हुए वार्तालाप को धुँधले ढंग से याद किया है : "श्री सावरकर के वकील ने मेरे सामने एक सवाल पेश किया, जिसका विवरण मैं भूल गया हूँ, लेकिन मेरे मन पर कुछ ऐसा प्रभाव है कि उस सवाल का सम्बन्ध उस मामले में मेरे निजी विश्वास से था। न्यायाधीश ने मुझसे कहा था कि मैं उस सवाल का जवाब देने के लिए बाध्य नहीं हूँ। लेकिन मैंने न्यायाधीश से कहा था कि मुझे उस सवाल का जवाब देने में कोई आपत्ति नहीं है और मैंने उनसे अनुरोध किया था कि वे आरोपी से पूछें कि क्या वह वाक़ई उस सवाल का ठीक-ठीक जवाब

चाहता है। अगर वह वैसा चाहता, तो मैं जवाब देने के लिए तैयार था। जब मैंने यह कहा, तो वकील ने अपना सवाल वापस ले लिया और उसके आगे मुझसे कोई ज़िरह नहीं की।'' मोरारजी देसाई, The Story of My Life, I (ऑक्सफ़ोर्ड : पर्गमॉन प्रेस, १९७९), पृ. २६९-७०. हालाँकि सावरकर द्वारा वापस लिया गया वह सवाल देसाई के ''उस मामले में निजी विश्वास'' से ताल्लुक नहीं रखता था, जैसा कि उन्होंने याद किया था, बल्कि वह (जैसा कि सावरकर के वकील को देसाई के चेतावनी भरे जवाब से लगभग काफ़ी देर बाद समझ में आया था) उन 'पूर्ण तथ्यों' से ताल्लुक रखता था जो गाँधी की हत्या के एक षड्यन्त्रकारी के रूप में सावरकर के बारे में सरकार के पास थे।

२६७. टी. ए. गाँधी, "Let's Kill Gandhi!" पृ. ७३२-३३.

२६८. विनायक दामोदर सावरकर, Six Glorious Epochs of Indian History (नयी दिल्ली : राजधानी ग्रन्थागार, १९७१) के पहले पृ. पर "Publisher's Note."

२६९. वही, पृ. ७८.

२७०. वही।

२७१. वही, पृ. ७६.

२७२. डेविड हार्डीमेन, Gandhi in His Time and Ours : The Global Legacy of His Ideas में (न्यूयॉर्क : कोलम्बिया यूनिवर्सिटी प्रेस, २००३), पृ. १७४-७५.

२७३. सावरकर, Story of My Tranportation for life, पृ. ५२१.

२७४. वही।

२७५. वही, पृ. ५६९.

२७६. ल्यूस, In Spite of Gods पृ. १४३-४४. यहाँ तक कि आरएसएस का बीस लाख सदस्यों का चीन की कम्यूनिस्ट पार्टी के मुक़ाबले दूसरे नम्बर का आकार एक हल्के आकलन पर आधारित है। कुछ पर्यवेक्षक इसकी सदस्य-संख्या को साठ लाख के आसपास मानते हैं। आरएसएस अपने आपको विशाल और रहस्यात्मक, दोनों बनाये रख सका है। यह अपनी सदस्यता पंजियों को गोपनीय रखता है (वही, पृ. १४३)।

२७७. वही, पृ. १४३-४४.

२७८. अरुन्धति राय ने बताया है कि किस तरह भाजपा सत्ता हासिल करने की कोशिश में सावरकर की हिन्दुत्व की विचारधारा को अमली जामा पहनाती

है : "१९९० में भाजपा नेता, लालकृष्ण अडवाणी ने सारे देश की यात्रा कर अयोध्या के विवादास्पद स्थल पर खड़ी सोलहवीं सदी की एक प्राचीन मस्जिद को गिराने और उसकी जगह पर राम मन्दिर बनाने की माँग करते हुए मुसलमानों के ख़िलाफ़ नफ़रत को भड़काया था। १९९२ में अडवाणी द्वारा भड़कायी गयी उपद्रवियों की भीड़ ने उस मस्जिद को धराशायी कर दिया। १९९३ के शुरुआती दिनों में दंगाइयों की भीड़ ने मुम्बई में मुसलमानों पर हमले कर लगभग एक हज़ार लोगों को मार डाला। इस तरह भड़काये गये साम्प्रदायिक उन्माद से शक्ति हासिल कर भाजपा ने, जिसकी १९८४ में संसद में मात्र दो सीटें थीं, १९९८ में कांग्रेस को हराकर केन्द्र की सत्ता पर क़ब्ज़ा कर लिया।" अरुन्धति राय, Field Notes on Democracy : Listening to Grasshoppers (शिकागो : हेमार्केट बुक्स, २००९), पृ. ९.

२७९. ल्यूस, In Spite of Gods, पृ. १४८.

२८०. नूरानी, Savarkar and Hindutva पृ. १.

२८१. वही, पृ. ६.

२८२. आर. गाँधी, The Man, His People, and the Empire, पृ. ६२२.

२८३. India's Nuclear Bomb India's Nuclear Bomb : The Impact on Global Proliferation (बर्कले : यूनिवर्सिटी ऑफ़ कैलिफ़ोर्निया प्रेस, १९९९), में जॉर्ज पर्कोविच द्वारा उद्धृत, पृ. १४.

२८४. वही, पृ. २०.

२८५. वही, पृ. १८.

२८६. India's Nuclear Bomb में जॉर्ज पर्कोविच द्वारा उद्धृत, पृ. २०.

२८७. Mohandas Gandhi : Essential Writings (मेरीनॉल, न्यूयॉर्क : ऑर्बिस बुक्स, २००२), में जॉन डियर द्वारा उद्धृत, पृ. १४३.

२८८. "२ अप्रैल, १९५४ को प्रधानमन्त्री नेहरू ने पेशकश की कि "कम-से-कम इन वास्तविक परमाणु, विस्फोटों को एक क़िस्म के...गतिरोध की स्थिति में बनाये रखने का समझौता तो किया ही जा सकता है, भले ही उत्पादन में विराम और भण्डारण सम्बन्धी व्यवस्थाओं को लेकर सम्बन्धित प्रमुख पक्षों के बीच ज़्यादा ठोस समझौते का इन्तज़ार किया जा सकता है।" विलियम एप्सटाइन, The Last Chance : Nuclear Proliferation and Arms Control (न्यूयॉर्क : फ़्री प्रेस, १९७६), पृ. ४८-४९, २२५.

२८९. पर्कोविच, India's Nuclear Bomb, पृ. ३५. "संयुक्त राज्य अमेरिका के परमाणु निज़ाम से जुड़े आला फ़ौजी अधिकारी" के साथ १९६० में हुई एक बातचीत में (सेवानिवृत्त) मेजर जनरल, कैनेथ डी. निकोल्स, प्रधानमन्त्री नेहरू, और उनके एईसी चेयरमैन होमी भाभा ने हिन्दुस्तान की शस्त्र सामर्थ्य के सन्दर्भ में एक 'बहुत स्पष्ट दुविधा' ज़ाहिर की थी। जनरल निकोल्स ने सूचित किया था कि उनकी उस बातचीत के दौरान नेहरू ने सहसा भाभा से पूछा था :

"क्या आप परमाणु बम बना सकते हैं?" भाभा ने उनको आश्वस्त किया कि वे बना सकते हैं और समय को लेकर नेहरू के अगले सवाल के जवाब में उन्होंने हिसाब लगाकर बताया कि इस काम को करने में उनको क़रीब एक साल का समय लगेगा। मैं एक ऐसे व्यक्ति के मुँह से जिसको मैं दुनिया के सबसे ज़्यादा अमन-पसन्द नेताओं में गिनता था, इस तरह के सवाल सुनकर सचमुच हक्का-बक्का रह गया था।

इसके बाद उन्होंने मुझसे पूछा कि क्या मैं भाभा की बात से सहमत हूँ, और मैंने जवाब दिया कि मैं ऐसी कोई वजह नहीं देखता कि भाभा यह काम न कर सकते हों। उनके पास ऐसे आदमी थे जो पन्द्रह साल पहले के हमारे नौजवान वैज्ञानिकों जितने या उनसे भी ज़्यादा क़ाबिल थे। (नेहरू ने) भाभा से यह कहते हुए अपनी बात समाप्त की कि "ख़ैर, जब तक मैं आपसे न कहूँ, यह काम मत करिये।" वही, पृ. ३६.

२९०. वही।

२९१. वही, पृ. १३.४०.

२९२. स्टेनले वोल्पर्ट, Gandhi's Passion: The Life and legacy of Mahatma Gandhi (न्यूयॉर्क : ऑक्सफ़ोर्ड यूनिवर्सिटी प्रेस, २००१), पृ. २६१.

२९३. कनाडा के परमाणु अप्रसार विशेषज्ञ विलियम एप्सटाइन का विचार था कि १८ मई १९७४ को राजस्थान के रेगिस्तान में किये गये परमाणु विस्फोट ने परमाणु अप्रसार के नियमों को बदल दिया। एप्सटाइन ने लिखा था : "राजस्थान परीक्षण ने यह बात साबित कर दी कि एक अपेक्षाकृत ग़रीब विकासशील देश भूमिगत विस्फोट के लिए (जो कि वातावरण में किये जाने वाले विस्फोट के मुक़ाबले किसी क़दर ज़्यादा जटिल प्रक्रिया है) ऐसे परमाणुविक विखण्डन का इस्तेमाल कर सकता था जिसमें युद्धपरक उद्देश्यों की निश्चित सम्भावनाएँ विद्यमान थीं...। शान्तिपूर्ण उपयोगों के उद्देश्य से किये जाने वाले परमाणु विस्फोट की प्रौद्योगिकी और परमाणु युद्ध के उद्देश्य से किये जाने वाले परमाणु विस्फोट की प्रौद्योगिकी के बीच कोई

तात्त्विक भेद नहीं है...। जिन बमों ने हिरोशिमा और नागासाकी को तबाह कर दिया था वे लगभग उसी आकार के थे जिस आकार का यह हिन्दुस्तानी उपकरण था - १५ से २० किलोटन ऊर्जा उत्सर्जित करने वाला।'' एप्सटाइन, The Last Chance पृ. २२१.

२९४.हिन्द स्वराज, पृ. १६३.

गाँधी, गोडसे और सलीब

गाँधी की हत्या का एक विरोधाभास यह है कि उनके प्रिय शिष्य, जवाहरलाल नेहरू और वल्लभभाई पटेल उस सरकार के मुखिया थे जिसके प्रभुत्व के अधीन यह हत्या घटित हुई थी। उनके सरकारी सुरक्षा बल, अपनी दण्डनीय निष्क्रियता के चलते, इस हत्या में सहभागी थे। २० जनवरी को गाँधी की हत्या की कोशिश के बाद के दस दिनों में, इस सरकार ने उस आदमी के लिए अपने मानक सुरक्षा उपायों का कोई प्रबन्ध नहीं किया जिसको राष्ट्रपिता माना जाता था।[१]

क़ैदी मदनलाल पाहवा के माध्यम से, उसके नियोक्ता और पुष्टिकर्ता गवाह प्रोफ़ेसर जैन के माध्यम से, और सावरकर के मकान की निगरानी के माध्यम से पुलिस की जानकारी में वह हर चीज़ थी जो इस हत्या को रोकने के लिए आवश्यक थी। उनको जानकारी थी कि षड्यन्त्र के निशाने पर कौन था, बन्दूकधारी कौन थे, और इस साज़िश को रचने वाला सम्भावित मुख्य व्यक्ति कौन था, जैसा कि सावरकर के साथ इन आदमियों के सम्पर्क के आधार पर समझा जा सकता था। उनको मदनलाल की इस भविष्यवाणी की जानकारी थी कि ''वे फिर से वापस आयेंगे।''[२] तब भी २० जनवरी को गाँधी की हत्या की हत्यारों की नाकामयाबी के बाद बचे हुए षड्यन्त्रकारियों को फिर से एकजुट होने और वापस लौटने के लिए खुला छोड़ दिया गया। गोडसे, आप्टे और करकरे को दूसरी बार जो मौक़ा मिला उसका ३० जनवरी को गाँधी की हत्या को अंजाम देने में उन लोगों ने पूरा इस्तेमाल किया। गाँधी सरकारी सुरक्षा की रिक्ति के भीतर मारे गये।

नेहरू और पटेल गाँधी की हत्या से उजड़ गया महसूस कर रहे थे। जिस आदमी ने उनको एक अहिंसक क्रान्ति में अपना प्रतिनिधि बनाया था वह आदमी पृथ्वी पर अपने आख़िरी दिन अपने इन दोनों झगड़ते हुए शिष्यों को उस सरकार में एकजुट बनाये रखने का प्रयत्न कर रहा था जिस सरकार पर ख़ुद उसने सवाल उठाये थे। उनकी शहादत ने हिन्दुस्तान पर मिल-जुलकर शासन करने की नेहरू और पटेल की वचनबद्धता में नये सिरे से प्राण फूँके, जिसके नतीजे में तीन साल बाद पटेल की मृत्यु होने तक दोनों ने इस वचनबद्धता को निभाया।

लेकिन गाँधी की मृत्यु का एक अन्य परिणाम यह भी था कि उसने प्रधानमन्त्री और गृहमन्त्री को उनकी नयी राज्य-शक्तियों पर पड़ते उनके गुरु की अन्तरात्मा के दबाव से मुक्ति दिला दी। यह राज्य गाँधीवादी नहीं था। अँग्रेज़ों ने जो सरकार सौंपी थी उसका तालमेल एक अहिंसक स्वाधीनता आन्दोलन के मुक़ाबले साम्राज्यवादी शासन-पद्धति से ज़्यादा बैठता था। कांग्रेस पार्टी के नेता अब सेना, अदालतों और पुलिस के ठीक उन्हीं ढाँचों के मुखिया बन चुके थे जिनने उनको और १००,००० से ज़्यादा अन्य सविनय अवज्ञाकारियों को क़ैद किया था। इन हिंसक ढाँचों के भीतर मौजूद तत्त्व विशेष रूप से उनके नेता, गाँधी के प्रति शत्रुता का भाव रखते थे।

गाँधी के हत्यारों की जाँच-पड़ताल (उस दौरान भी जब उन्होंने अपराध की तैयारी की थी), (उसके बाद) उनकी गिरफ़्तारी, और उन पर मुक़दमा चलाने की कार्रवाई एक ऐसी न्याय-व्यवस्था द्वारा की गयी थी जो अप्रत्यक्ष ढंग से सावरकर और उनके पीछे सक्रिय ताक़तों की राजनैतिक शक्तियों को प्रतिबिम्बित करती थी। हत्या के पहले पुलिस सावरकर को गिरफ़्तार नहीं करती। उनको राजनैतिक प्रतिक्रिया का भय था। हत्या के मुक़दमे के दौरान अभियोजन पक्ष सावरकर के ख़िलाफ़ उपलब्ध साक्ष्यों से परहेज़ करता रहा। सावरकर को दोषी ठहराना तो दूर की बात थी, सरकार उनके ख़िलाफ़ पूरा प्रकरण पेश करने की ज़िम्मेदारी से पीछे हट गयी। जैसा कि बम्बई के तत्कालीन गृहमन्त्री मोरारजी देसाई ने (न्याययिक प्रक्रिया के तहत हटा दी गयी) अपनी गवाही में कहा था, ''क्या मैं पूरे तथ्य सामने रखूँ?... बेहतर होगा कि इसका फ़ैसला वे सावरकर, ही करें,' कि देसाई उनके ख़िलाफ़ कौन-से साक्ष्य पेश करें।[3] हत्या के पहले और फिर

मुक़दमे के दौरान सरकारी अधिकारियों ने उस ताक़त के सामने घुटने टेक दिये जिसको वे इस षड्यन्त्र के पीछे देख सकते थे। नतीजतन गाँधी की हत्या हो गयी और सचाई को ढक दिया गया।

व्यवस्था के भीतर, गाँधी की हत्या के लिए उग्र विचारधारात्मक जनमत से लैस हत्यारों से सहानुभूति रखने वाले लोग मौजूद थे। विभाजन के उन्माद में हिन्दुस्तान के सुरक्षा-तन्त्र के भीतर सशक्त गाँधी-विरोधी प्रवृत्तियाँ विकसित हो गयी थीं। नेहरू और पटेल सरकार के मुखिया ज़रूर थे, लेकिन वे सरकार के समूचे तन्त्र को नियन्त्रित नहीं करते थे। यह राष्ट्रीय सुरक्षा की एक विकासशील नौकरशाही के तहत सत्ता को स्वीकार करने के लिए चुकायी गयी एक और क़ीमत थी—अकथनीय अपराधों में सहभागिता की ओर धीरे-धीरे सरकते जाना, जैसा कि नेहरू, पटेल और परमाणु हथियारों से लैस उनके उत्तराधिकारियों ने किया।

गाँधी की अहिंसा पर रोशनी डालने वाला जितना बड़ा तथ्य यह हो सकता था कि हिन्दुस्तान के शासकों के रूप में नेहरू और पटेल उससे दूर चले गये थे, उससे कहीं ज़्यादा बड़ा तथ्य इस अहिंसा पर अदालत के कक्ष में नाथूराम गोडसे द्वारा किया गया प्रहार था। गोडसे के लिए, जैसे कि उसके रहनुमा सावरकर के लिए, गाँधी की दैहिक हत्या करना भर पर्याप्त नहीं था। उनका इससे गहरा उद्देश्य गाँधी-चेतना को नष्ट करना था। उनकी दृष्टि में, गाँधी की अहिंसा का अर्थ था हिन्दुस्तान की मृत्यु।

सावरकर, सीआईए के शब्दों में 'सत्याभासी अस्वीकार[४]' की मुद्रा क़ायम रखते हुए, गोलियाँ दागने वाले मदनलाल धींगड़ा (लन्दन में) और नाथूराम गोडसे (दिल्ली में) की परछाइयों के पीछे छिपे रहे। गोडसे का अदालती बयान गाँधी की अहिंसावादी दृष्टि का सावरकरवादी खण्डन था। गोडसे और सावरकर ऐसे किसी प्रभाव को ख़त्म कर देना चाहते थे जो गाँधी अपनी मृत्यु के बाद डाल सकते थे।

गाँधी की हत्या करने की वजह का खुलासा करते हुए गोडसे ने कहा था :

> मेरा दृढ़ विश्वास है कि निरपेक्ष 'अहिंसा' का गाँधी का अत्यधिक प्रचार हिन्दू समाज को अत्यन्त निर्बल बना देगा और अन्त में यह समाज ऐसा भी नहीं रह जायेगा कि वह दूसरी जातियों के, विशेषकर मुसलमानों के अत्याचारों को प्रतिरोध दे सके...।

> १९४६ या उसके आसपास सुहरावर्दी के सरकारी संरक्षण में मुसलमानों ने हिन्दुओं पर जो अत्याचार किये थे उनसे हमारा ख़ून खौल गया था। हमारी शर्म और घृणा से भरे हुए क्रोध की उस वक़्त कोई सीमा नहीं रही जब हमने देखा कि गाँधी उसी सुहरावर्दी को बचाने के लिए आ गये थे।[५]

सावरकर का बचाव करते हुए गोडसे ने यह नहीं बताया कि गाँधी के साथ-साथ सुहरावर्दी और नेहरू भी दरअसल हत्या के निशाने पर थे, जिसका आदेश सावरकर ने दिया था कि तीनों को 'समाप्त' कर दिया जाय।[६] लेकिन गोडसे का अदालती बयान लगातार गाँधी द्वारा सुहरावर्दी की मदद के आगे आने के लांछन की ओर अँगुली उठाता रहा, जिसको गोली दागने वाला यह व्यक्ति हत्या की वजह की तरह देखता था।

गोडसे ने कहा :

> पण्डित नेहरू द्वारा हिन्दुस्तान की अस्थायी सरकार में, पदभार सँभाले जाने के दो सप्ताह से कुछ ही ज़्यादा समय पहले कलकत्ता में हिन्दुओं के जनसंहार की अचानक शुरुआत हुई थी जो बेरोक-टोक तीन दिन तक जारी रहा था...। उसी समय यह विचार मन में आया था कि ऐसी सरकार को उखाड़ फेंक देना चाहिये जो अपने नागरिकों पर इस तरह के अत्याचार की छूट देती है; वास्तव में ऐसे सुझाव आये थे कि श्री सुहरावर्दी की सरकार को बरख़ास्त कर दिया जाना चाहिये...। लेकिन गाँधीजी कलकत्ता गये और उन्होंने इन जनसंहारों के कर्ता-धर्ता के साथ एक अजीबोग़रीब दोस्ती गाँठ ली।[७]

इतिहास की ओर मुड़कर देखते हुए गोडसे ने दावा किया कि गाँधी ने दक्षिण अफ्रीका से हिन्दुस्तान लौटने पर देश को स्वाधीनता की दिशा में ले जाने की बजाय दरअसल इस दिशा में सम्भावित उपलब्धियों को विलम्बित किया था :

> गाँधीजी १९१४-१५ में हिन्दुस्तान आये थे। इसके लगभग आठ साल पहले क्रान्तिकारी आन्दोलन भारत के बड़े हिस्से में फैल चुका था...। गाँधीजी के आने और सत्य तथा अहिंसा की उनकी सनकों के बाद इस आन्दोलन को ग्रहण लगना शुरू हो गया था।[८]

गोडसे का मानना था कि भारत की स्वतन्त्रता की दिशा में प्रगति आतंकवाद के रास्ते हुई होती : "१९०६ से १९१८ तक एक के बाद एक अँग्रेज़ों

और उनके हिन्दुस्तानी पिट्ठुओं को क्रान्तिकारी राष्ट्रवादियों द्वारा गोलियों से उड़ाया जाता रहा था, और अँग्रेज़ अधिकारी अपने अस्तित्व मात्र पर मँडराते भय से काँपने लगे थे।''[९]

इसके बाद गोडसे ने हिंसक क्रान्ति और हत्या के अनेक हिन्दुस्तानी समर्थकों को श्रद्धांजलि दी, जिस दौरान उसने विशेष रूप से सावरकर के लन्दन के ज़माने के शिष्य मदनलाल धींगड़ा का उल्लेख किया जिसने सर कर्ज़न विली की हत्या की थी। ये ''विदेशी दमनकारी शासकों के ख़िलाफ़ हिन्दुस्तानी नौजवानों के जीवन्त प्रतिरोध'' के सच्चे उदाहरण थे। इन लोगों ने स्वाधीनता के झण्डे को ऊँचा उठाकर हवा में फहराया था, जिनमें कुछ नौजवान उस समय के थे जब गाँधी का नाम तक कोई नहीं जानता था।''[१०]

लेकिन बीती बातों को निराशाजनक ढंग से याद करते हुए गोडसे ने कहा कि गाँधी ने क्रान्तिकारी हिंसा की इस लहर की दोटूक ढंग से निन्दा की : ''गाँधी जी ने हर मंच और अख़बार के माध्यम से इसकी सार्वजनिक रूप से निन्दा की।''

गोडसे ने दावा किया कि ''और महात्मा ने देश की आज़ादी की लड़ाई में बलप्रयोग की जितनी ही भर्त्सना की वह उतना ही लोकप्रिय होता गया।''[११]

साम्प्रदायिक हिंसा के मुद्दे पर वापस लौटते हुए गोडसे ने गाँधी पर मुसलमानों के ख़िलाफ़ हिन्दुओं के स्वाभाविक और अनिवार्य प्रतिशोध को हतोत्साहित करने का आरोप लगाया :

> गाँधी जी के लिए ज़रूरी था कि वे इस बात को समझते कि हिन्दुओं के दिमाग़ में प्रतिहिंसा की जो आकांक्षा पैदा हो रही थी वह महज़ एक स्वाभाविक प्रतिक्रिया थी...बिहार में और दूसरी जगहों पर हिन्दुओं ने जो बदले की कार्रवाइयाँ की थीं वे दूसरे प्रान्तों में दिल दहला देने वाले अत्याचारों की वजह से हिन्दुओं द्वारा अनुभव की गयी घृणा के अपरिहार्य परिणाम थे। इस तरह की अनुभूति ऐसे अवसरों पर उतनी ही आध्यात्मिक और स्वाभाविक होती है जितनी दयालुता की अनुभूति होती है।''[१२]

गाँधी की हत्या को गोडसे ने समाज की व्यापक सुरक्षा के एक अंग के रूप में चित्रित किया :

अगर पापी तानाशाहों के ख़िलाफ़ भड़कते असन्तोष, प्रतिकार और प्रतिशोध की ऐसी भावनाएँ न होतीं, तो समाज पर पापी शासन का अन्त करना सर्वथा असम्भव हो जाता।[१३]

इसके अतिरिक्त, सावरकर के धर्म-मत का अनुसरण करते हुए उसने तर्क दिया कि गाँधी की हत्या भारतीय पौराणिकता, आधुनिक युद्ध और मानवीय प्रकृति के आधार पर न्यायसंगत ठहरती थी :

रामायण और महाभारत में चित्रित भारतीय इतिहास की घटनाएँ, या जर्मनी और जापान के विरुद्ध इंग्लैण्ड और अमेरिका के अपेक्षाकृत अधिक आधुनिक युद्ध भी इसी तरह की क्रिया और प्रतिक्रिया की ओर संकेत करते हैं। चाहे ये अच्छा हो या बुरा हो। मनुष्य की प्रकृति ऐसी ही है।[१४]

गाँधी की हत्या का जश्न मनाती अपनी धुनों को गोडसे ने इस गर्वपूर्ण दावे के साथ पेश किया कि इतिहास उसके पक्ष में था। उसकी कार्रवाई को नामंज़ूर करने वालों से उसने कहा कि हो सकता है कि इस ख़ास प्रकरण में हम इस बात को स्वीकार न करना चाहें लेकिन इतिहास उसके सिद्धान्तों को न्यायसंगत सिद्ध करता है :

(१) अहिंसा आक्रामकता को प्रतिरोध देने में अक्षम है। अगर यह सरकारी नीति बन जाती है, तो यह देश को बरबाद कर देगी।

(२) हमारे लोगों पर अत्याचारों के लिए ज़िम्मेदार सुहरावर्दी जैसे शत्रु से दोस्ती करना ग़लत है। शत्रु को मार दिया जाना चाहिये।

(३) स्वतन्त्रता हासिल करने या उसकी रक्षा करने के लिए हत्या की जानी चाहिये, जिसमें आधुनिक राजनैतिक वध और आधुनिक युद्ध की अन्य युक्तियाँ शामिल हैं।

(४) पापी के अत्याचारों के प्रतिकार में हिंसा करना मनुष्य की सहज प्रवृत्ति है। प्रतिशोध दरअसल समाज पर शासन को सम्भव बनाता है।

गोडसे यह कहने की कोशिश कर रहा है कि गाँधी की हत्या को अंजाम देने के लिए उसने अपने इन सिद्धान्तों का जिस ढंग से प्रयोग किया उस ढंग को हम अगर अमान्य भी कर दें, तो भी हम उसके इन विश्वासों में साझा कर सकते हैं। अगर हत्यारे का जूता आपके नाप का है, तो उसे

पहन लीजिये यानी, अगर आपको लगता है कि हत्यारे की बात में दम है, तो उसको स्वीकार कीजिये और उसे एक चेतावनी की तरह लीजिये।

क्या हमारे लिए गोडसे के मुक़ाबले गाँधी की आस्थाओं में ज़्यादा साझा कर पाना मुमकिन है? अँग्रेज़ों से यह कहते हुए कि उनका साम्राज्य ग़लत था, गाँधी यह भी कहने की कोशिश कर रहे थे कि उनकी ईसाइयत के मर्म में ऐसी आस्थायें मौजूद थीं जो दुनिया को अहिंसक ढंग से रूपान्तरित कर सकती थीं।

लन्दन में आयोजित दूसरी गोलमेज़ कॉन्फ्रेंस से हिन्दुस्तान लौटने पर सुबह की प्रार्थना में शामिल ईसाइयों ने उनसे एक अनुरोध किया था। वह १९३१ की क्रिसमस का दिन था। उन ईसाइयों ने अपने इस हिन्दू दोस्त गाँधी से अनुरोध किया कि वे ईसा मसीह के बारे में कुछ बोलें।

गाँधी ने कहा :

> मैं आपको बताता हूँ कि न्यू टेस्टामेण्ट में कही गयी ईसा की कहानी का मेरे जैसे बाहरी आदमी पर क्या असर हुआ था। बाइबल के साथ मेरे परिचय की शुरुआत चवालीस साल पहले हुई थी, और वह न्यू टेस्टामेण्ट की मार्फ़त हुई थी...। जब मैं न्यू टेस्टामेण्ट और सर्मन ऑन द माउण्ट पर पहुँचा, तब मैंने ईसाई शिक्षा को समझना शुरू किया, और सर्मन ऑन द माउण्ट के उपदेश में मुझे बचपन में सीखी गयी एक ऐसी चीज़ की अनुगूँज सुनायी दी जो मुझे मेरे अस्तित्व का हिस्सा प्रतीत होती थी...
>
> यह शिक्षा थी पाप के बदले पाप न करने या पाप का प्रतिरोध न करने की। जो भी चीज़ें मैंने पढ़ी हैं, उनमें से जो चीज़ मेरे साथ हमेशा बनी रही वह यह थी कि ईसा ने एक लगभग नया विधान प्रदान किया था—हालाँकि, निश्चय ही, उनका कहना था कि वे कोई नया विधान पेश करने नहीं आये थे, बल्कि मूसा के प्राचीन विधान में कुछ जोड़ना भर चाहते थे। बहरहाल, उन्होंने उसको इस तरह बदल दिया कि वह एक नया विधान बन गया—आँख के बदले आँख, और एक दाँत के बदले एक दाँत नहीं, बल्कि जब आपको एक तमाचा मारा जाये, तो दो तमाचे सहने के लिए तैयार हो जाना, और जब आपसे एक मील चलने को कहा जाये, तो दो मील चलने के लिए तैयार हो जाना...।

जैसे-जैसे वास्तविक ईसाइयों के साथ, यानी, उन लोगों के साथ जो ईश्वर की महिमा में आस्था और इस कृतज्ञतापूर्ण बोध के साथ जीवन जीते हैं कि केवल उसी में हमारा चित्त पूर्ण शान्ति पा सकता है, मेरा सम्पर्क बढ़ता गया, वैसे-वैसे मैंने जाना कि सर्मन ऑन द माउण्ट में उस व्यक्ति के लिए ईसाइयत का सब कुछ मौजूद है जो एक ईसाई जीवन जीना चाहता है। यही वह उपदेश है जिसने ईसा के प्रति मेरे मन में प्रेम जगाया...।

सर्मन ऑन द माउण्ट की रोशनी में पूरी कहानी पढ़ते हुए मुझे लगता है कि ईसाइयत को तब तक पूरी तरह से नहीं जिया जा सकता जब तक कि कोई यह नहीं कहता कि ईसाइयत वहीं है जहाँ असीम प्रेम है और जहाँ किसी तरह की बदला लेने की भावना नहीं है। लेकिन तब यह तमाम हदों और किताबी उपदेशों के परे निकल जाती है। तब यह एक ऐसी चीज़ बन जाती है जो अपरिभाषेय है, जो इनसानी उपदेश की सामर्थ्य से परे है, और जिसको एक ज़ुबान से दूसरी ज़ुबान तक नहीं बल्कि एक हृदय से दूसरे हृदय तक ही पहुँचाया जा सकता है। लेकिन ईसाइयत को आमतौर से इस रूप में समझा नहीं गया है।

किसी तरह, ईश्वर की छत्रच्छाया में, तथाकथित ईसाइयों द्वारा बाइबल को नष्ट होने से बचाये रखा गया...। मुमकिन है कि दो हज़ार साल एक जीवन्त आस्था की आयु के सन्दर्भ में कोई मानी न रखते हों। क्योंकि भले ही हम गाते हैं कि ''ईश्वर की महिमा का उत्कर्ष हो और पृथ्वी पर शान्ति हो,'' लेकिन आज न तो ईश्वर की महिमा कहीं दिखायी देती है न पृथ्वी पर कहीं शान्ति दिखायी देती है।

जब तक एक भी भूख अतृप्त बनी रहती है, जब तक ईसा का जन्म नहीं हो जाता, तब तक हमें उनका इन्तज़ार करना होगा। जब सच्ची शान्ति स्थापित हो जायेगी, तब हमें उसके दिखावे की ज़रूरत नहीं रह जायेगी, बल्कि उस शान्ति की अनुगूँज हमें अपने जीवन में सुनायी देगी, व्यक्तियों के जीवन में ही नहीं बल्कि सामूहिक जीवन में भी। तब हम कहेंगे कि ईसा जन्म ले चुके हैं। जो गीत हमने गाया है मेरे लिए उसका यही अर्थ है। तब हम साल के किसी ख़ास दिन को ईसा के जन्मदिन की तरह नहीं देखेंगे, बल्कि उनका जन्मदिन एक ऐसी निरन्तर घटित होने वाली घटना होगी जिसको हरेक के जीवन में अभिव्यक्ति मिल सकेगी...।

इसलिए, जब कोई 'हैपी क्रिसमस' में निहित अर्थ को समझे बिना यह शुभकामना देता है, तो वह एक खोखली औपचारिकता से ज़्यादा कुछ नहीं रह जाती। और जब तक हम समस्त जीवन की शान्ति की कामना नहीं करते, तब तक हम अपने लिए शान्ति की कामना नहीं कर सकते। यह युक्लिड के सूत्र-वाक्यों की ही तरह का एक स्वतःसिद्ध सूत्र-वाक्य है कि जब तक किसी व्यक्ति के मन में सर्वत्र शान्ति की प्रबल आकांक्षा नहीं जागती तब तक वह व्यक्ति शान्ति प्राप्त नहीं कर सकता। आप घोर कलह के बीच भी निश्चय ही शान्ति का अनुभव कर सकते हैं, लेकिन ऐसा तभी होता है जब उस कलह को ख़त्म करने के लिए आपने अपना पूरा जीवन नष्ट कर दिया होता है, जब आप स्वयं को सलीब पर लटका देते हैं।

और इसलिए, जिस तरह वह चमत्कारपूर्ण जन्म एक शाश्वत घटना है, उसी तरह झंझावातों से भरे इस जीवन में सलीब भी एक शाश्वत घटना है। इसलिए हमें सलीब पर मरे बिना जीवन के बारे में सोचने का दुस्साहस नहीं करना चाहिये। जीते-जागते ईसा का अर्थ है जीता-जागता सलीब, जिसके बिना जीवन एक जीती-जागती मृत्यु है।[१५]

द्वितीय विश्व युद्ध की पूर्व-सन्ध्या पर, १९३८ की शरद ऋतु के आख़िरी दिनों में, मद्रास में ईसाइयों का एक अन्तरराष्ट्रीय समूह 'ईसा के सन्देश की रोशनी में'[१६] निर्णय लेने की सम्भावित प्रक्रिया पर चर्चा करने के लिए एकत्र हुआ। उनमें से अनेक लोगों ने अतिरिक्त दूरी पार करते हुए इसलिए एक यात्रा की ताकि वे "एक हिन्दू नेता, मिस्टर गाँधी के चरणों में बैठ सकते। उनका उद्देश्य उनसे इस बारे में परामर्श प्राप्त करना था कि वे ईसा का बेहतर ढंग से अनुसरण करना किस तरह सीख सकते थे।"[१७]

उन ईसाइयों से हुई बातचीत में गाँधी ने सबसे पहले धन के बारे में ईसा के दृष्टिकोण पर बात की। उन्होंने कहा :

मैं समझता हूँ कि आप ईश्वर और दौलत, दोनों की एक साथ उपासना नहीं कर सकते...। मुझे हमेशा लगता रहा है कि जब किसी मज़हबी संगठन के पास ज़रूरत से ज़्यादा पैसा हो जाता है, तो उसके सिर पर ईश्वर में अपनी आस्था खोने और पैसे के साथ अपनी आस्था जोड़ने का ख़तरा मँडराने लगता है। आपके लिए उस पर निर्भर करना भर बन्द कर देना ज़रूरी है।

> दक्षिण अफ़्रीका में जब मैं सत्याग्रह अभियान पर निकला था, तब मेरी जेब में एक धेला भी नहीं था, और मैं निश्चिन्त भाव से आगे बढ़ता रहा। मेरे समर्थन में ३,००० लोगों का कारवाँ था। "कोई डर नहीं," मैंने कहा था। "अगर ईश्वर की मरज़ी होगी, तो वह इसे आगे ले जायेगा।" इसके बाद हिन्दुस्तान से पैसे की बरसात शुरू हो गयी। मुझे इसे रोकना पड़ा, क्योंकि जैसे ही पैसा आया, वैसे ही मेरी विपत्तियाँ शुरू हो गयीं...। तथ्य यह है कि जिस क्षण वित्तीय स्थिरता सुनिश्चित हो जाती है, उसी क्षण आध्यात्मिक दिवालियापन भी सुनिश्चित हो जाता है। (ज़ोर गाँधी का)[१८]

उन ईसाइयों ने गाँधी से पूछा कि उनको 'आततायी राष्ट्रों' के साथ क्या करना चाहिये। उनके दिमाग़ में जर्मनी, इटली और जापान के उनके धमकाऊ प्रतिद्वन्द्वी थे, हालाँकि हिन्दुस्तानियों और दूसरे पराधीन समाजों की नज़रों में अँग्रेज़ी साम्राज्य भी इस पदवी के सर्वथा योग्य था।

गाँधी ने कहा :

> सैन्य बल का प्रयोग, फिर वह कितने ही न्यायसंगत ढंग से क्यों न किया गया हो, अन्ततः उसी दलदल की ओर ले जायेगा जिस ओर हिटलर और मुसोलिनी का सैन्य बल ले जा रहा है। सिर्फ़ मात्रा का फ़र्क़ होगा। जो लोग अहिंसा में विश्वास रखते हैं उनको इस संकट की घड़ी में उसी का इस्तेमाल करना चाहिये। हमें आततायियों के दिलों को भी छूने की उम्मीद नहीं छोड़नी चाहिये, भले ही फ़िलहाल हम एक अन्धी दीवार पर सिर फोड़ते क्यों न लग रहे हों।"[१९]

उन ईसाइयों के समक्ष की गयी गाँधी की युद्ध-पूर्व टिप्पणी अपने सार रूप में ठीक वैसी ही थी जैसी उन्होंने युद्ध के बाद परमाणु हथियारों की दौड़ के रूप में सामने आये युद्ध के परिणामों को लेकर विन्सेण्ट शिएन की बेचैनी के जवाब में की थी : "युद्ध में, आपके लक्ष्य भले ही अच्छे रहे हों लेकिन आपके साधन बुरे थे। ये सत्य का मार्ग नहीं है।"

युद्ध के बाद गाँधी ने शिएन से कहा था, जैसा कि उन्होंने उन ईसाइयों से भी कहा था कि "एक अच्छे परिणाम के लिए अहिंसा परम आवश्यक है।"[२०]

गाँधी अनुभव के आधार पर बात कर रहे थे। मृत्यु की हद तक किये गये सत्य के साथ अपने प्रयोगों से गाँधी ने एक सार्वभौम सत्य को हासिल

किया था। वे उन ईसाइयों से कह रहे थे कि वे उसको पहचान सकते थे। वास्तविकता का नैतिक ढाँचा न तो जर्मनी, इटली, जापान के शासकों के सिद्धान्तों से मेल रखता था, और न ही अँग्रेज़ी साम्राज्य के सिद्धान्तों से। उन्होंने इस बात को समझा था कि ब्रह्माण्डीय वास्तविकता की जड़ें उस सत्य में थीं जिसको उन्होंने 'सलीब' कहा था।

जैसा कि उन ईसाइयों के साथ गाँधी के संवाद के बारे में एक रिपोर्टर ने कहा था, ''गाँधी सलीब के पुनराविष्कार की ओर उसे एक धर्ममत मानकर नहीं, बल्कि बुराई, युद्ध और हिंसा को ख़त्म करने का एक शाश्वत सिद्धान्त मानकर'' संकेत कर रहे थे।[२१]

गाँधी अहिंसा और विश्व के पीछे कार्यरत बल के बीच एक सम्पूर्ण समीकरण देखते थे। उन्होंने राजपुरुषों से कहा था :

> मेरी राय में अहिंसा किसी भी रूपाकार में निष्क्रियता नहीं है। अहिंसा, जैसा कि मैं उसे समझता हूँ, संसार का सर्वाधिक क्रियाशील बल है...। अहिंसा सर्वोच्च नियम है। अनुभव की अपनी आधी सदी के दौरान, मुझे अभी तक किसी ऐसी परिस्थिति का सामना नहीं करना पड़ा जब मुझे कहना पड़ा हो कि मैं असहाय हूँ, कि मेरे पास उस परिस्थिति का कोई अहिंसापरक निदान नहीं है।[२२]

गाँधी ने इस बात को भी समझा था कि लोगों के भीतर बची हुई शक्ति उस चीज़ से बहुत आगे निकली हुई थी जिसको ईसाई नेता अपने निर्णयों का आधार मानते थे। उन्होंने पर्सी बिस्ख़े शैली की कविता 'मास्क ऑफ़ एनार्की' की पंक्तियाँ उद्धृत की थीं जिनका समापन इस तरह होता था :

> उठो जैसे झपकी लेने के बाद शेर उठते हैं
> अपराजेय समूह में—
> अपनी उन बेड़ियों को झटककर ज़मीन पर गिरा दो, ओस की भाँति
> जो नींद में तुम्हारे ऊपर आ गिरी थीं—
> तुम्हारी संख्या बहुत है, वे मुट्ठी-भर हैं।[२३]

गाँधी से मिलने आये उन लोगों के जाने से पहले, उन्होंने उन लोगों को अहिंसा के अपने अभिप्राय का एक महत्त्वपूर्ण उदाहरण दिया। यह उदाहरण मुस्लिम जगत् के उस हिस्से से आया था जो इक्कीसवीं सदी में संयुक्त राज्य अमेरिका के ड्रोन और विशेष सैन्य बलों के सैन्य-

योजनाकारों को सारे समय हत्यारे हमलों को लेकर चिन्ता में डाले रहने वाला था। गाँधी ने बताया कि उन्होंने अब्दुल ग़फ़्फ़ार ख़ाँ के नेतृत्व में हिन्दुस्तान के उत्तर-पश्चिमी सरहदी प्रान्त (जो कि विभाजन के बाद पाकिस्तान का हिस्सा बन गया) में अहिंसक मुसलमान सैनिकों के बीच क्या देखा था :

> जो कुछ मैंने देखा उसके लिए मैं तैयार नहीं था। वे चीज़ों को लेकर बहुत गम्भीर हैं, और उनके दिलों में ईमानदारी बहुत गहरे पैठी हुई है। वे स्वयं ही अहिंसा में प्रकाश और उम्मीद देखते हैं...। इसके पहले कि सब कुछ अँधेरे में डूब जाये। ऐसा एक भी परिवार नहीं था जिनके बीच ख़ूनी झगड़े नहीं थे। वे माँद में रहने वाले शेरों की भाँति रहते थे। हालाँकि पठान हमेशा चाकुओं, छुरों और राइफ़लों से लैस हुआ करते थे, तब भी वे इस बात को लेकर अपने से बड़े अधिकारियों से भयभीत रहते थे कि कहीं उनकी नौकरियाँ न चली जायें। यह सब कुछ अब हज़ारों लोगों के स्तर पर बदल चुका है। ख़ूनी लड़ाइयाँ अब उन पठानों के बीच अतीत की घटनायें बनती जा रही हैं जो खान साहब के अहिंसक आन्दोलन के प्रभाव में आ गये हैं।[२४]

उन ईसाइयों को दिया गया गाँधी का अन्तिम वक्तव्य प्रार्थना के बारे में था :

> हम सुबह ४.२० बजे और शाम ७ बजे मिल-जुलकर उपासना करते हैं। यह सिलसिला वर्षों से चला आ रहा है। हम गीता और दूसरे मान्य ग्रन्थों के श्लोक पढ़ते हैं और सन्तों के भजन गाते हैं, संगीत के साथ भी और बिना संगीत के भी। व्यक्तिगत उपासना को शब्दों में बयान नहीं किया जा सकता। यह निरन्तर और यहाँ तक कि अवचेतन में भी जारी रहती है। ऐसा एक पल नहीं होता जब मैं उस एक साक्षी की उपस्थिति को अनुभव नहीं कर रहा होता हूँ, जिसकी नज़रों से कुछ भी छिपा नहीं रहता, और जिसके साथ मैं हमेशा तालमेल बिठाकर रखता हूँ। मैं उस तरह प्रार्थना नहीं करता जिस तरह ईसाई दोस्त करते हैं, इसलिए नहीं कि मुझे उसमें कुछ ग़लत लगता है; बल्कि इसलिए कि शब्द मुझ तक नहीं आते। मेरा ख़याल है कि यह आदत का मसला है...। ईश्वर हमारी ज़रूरतों को समझता और उनका पूर्वानुमान करता है। देवता को मेरे अनुनय-विनय की ज़रूरत नहीं होती; लेकिन एक अधूरे इनसान के रूप में मुझे उसके संरक्षण की उसी तरह ज़रूरत है जिस तरह एक बच्चे को अपने पिता के

संरक्षण की होती है...। मैंने कभी महसूस नहीं किया कि उसने मेरी इस ज़रूरत के प्रति उदासीनता बरती हो। जब मुझे दूर-दूर तक सबसे ज़्यादा अन्धकार महसूस हुआ—जेलों की अपनी अग्नि-परीक्षाओं के दौरान जब मेरा आत्मविश्वास डगमगा रहा होता था—तब-तब मैंने उसको अपने सबसे क़रीब पाया।

मुझे अपने जीवन का कोई भी ऐसा पल याद नहीं आता जब मुझे ईश्वर द्वारा तज दिये जाने का अहसास हुआ हो।[२५]

अहिंसा के बारे में गाँधी की बुनियादी आस्था उसके शहीद वारिस मार्टिन लूथर किंग जूनियर द्वारा दुहराया गया था, जब उन्होंने कहा था कि ''हमें इस बात को समझना चाहिए कि नैतिक विश्व का चाप लम्बा ज़रूर है लेकिन वह न्याय की ओर झुका हुआ है।''[२६]

मार्टिन लूथर किंग ने गाँधी के बुनियादी प्रश्न को भी हमारे सामने एक सम्भाव्य भविष्यवाणी के रूप में रखा था :

आज विकल्प हिंसा और अहिंसा के बीच चुनाव का नहीं है। विकल्प एक ही है—अहिंसा या अस्तित्व की समाप्ति।[२७]

इसका चुनाव हम पर है।

टिप्पणियाँ :

१. 'कपूर आयोग' के समक्ष अपनी गवाही में प्रधानमन्त्री नेहरू के सरकारी सुरक्षा-प्रभारी जी.के. हण्डू, Kapoor Report, Part I, Vol. II, पृ. २२१, Paragraph १२-१९: पृ. २२२, Paragraph १२-२३.

२. "Investigation at Delhi," Kapoor Report, Part II, Vol. V, पृ. १२५, Paragraph २१-१३ पृ. १२५, Paragraph २१-१३; पृ. १२६, Paragraph २१-१८; पृ. २३६, Paragraph २३-२४३.

३. ए.जी.नूरानी, Savarkar and Hindutva : The Godse Connection (नयी दिल्ली : लेफ़्ट वर्ड बुक्स, २००२), पृ. १३०.

४. संयुक्त राज्य अमेरिका की नेशनल सिक्यूरिटी काउन्सिल द्वारा १८ जून, १९४८ को जारी किये गये आदेश में साम्यवाद के विरुद्ध शीत युद्ध में विजय हासिल करने के लिए कुप्रचार, भितरघात, आर्थिक जिहाद, और

राजनैतिक हत्या जैसी गुप्त कार्रवाइयों को मंज़ूरी दी गयी थी। एनएससी १०/२ के मुताबिक़, सीआईए द्वारा समन्वित संयुक्त राज्य अमेरिका की संस्थाओं द्वारा की जाने वाली इन गुप्त कार्रवाइयों की शर्त यह थी कि इनकी "योजना और क्रियान्वयन इस तरह किया जाये कि...अगर ये उजागर हो जायें, तो संयुक्त राज्य अमेरिका की सरकार सत्याभासी ढंग से इनकी ज़िम्मेदारी से अपना पल्ला झाड़ सके।" इस सत्याभासी खण्डन के सीआईए के उस्ताद इसके दीर्घकालीन निदेशक एलेन ड्यूलस थे, जिनकी पीटर ग्रॉस द्वारा लिखी गयी जीवनी Gentleman Spy (न्यूयॉर्क : हटन मिफ़िन, १९९४), पृ. २९३ से एनएससी १०/२ को उद्धृत किया गया है। एलेन ड्यूलेस और उनका सीआईए तन्त्र राजनैतिक हत्याओं से स्वयं को दूर रखने और दूसरी गुप्त कार्रवाइयों का सत्याभासी ढंग से खण्डन करने के लिए 'कट-आउट' के नाम से ज्ञात बिचौलियों का गुप्त ढंग से इस्तेमाल करता था। कट-आउट का इनाम अक्सर अन्त में वहीं होता था जो उस व्यक्ति का होता था जिसको इस तरह की कार्रवाइयों का निशाना बनाया गया होता था, जैसा कि सेण्ट्रल इण्टेलिजेंस ग्रुप के तत्कालीन मुखिया जनरल होइट एस. वेण्डनबर्ग ने १९४७ में एक हाउस कमेटी ऑन एक्सपेण्डीचर के समक्ष स्पष्ट किया था : "अगर कोई (कट-आउट) मुसीबत में फँस जाता है, तो हम उससे अपना पल्ला झाड़ लेते हैं। इसी वजह से उसको अच्छा-ख़ासा भुगतान करना होता है, क्योंकि उसकी गर्दन कट जाती है और हम उसकी ज़िम्मेदारी लेने से इनकार कर देते हैं, और हम कह देते हैं कि हम उसके बारे में कुछ नहीं जानते।" (Gentleman Spy में पृ. २७७ पर ग्रॉस द्वारा उद्धृत)। सावरकर लन्दन से लेकर दिल्ली तक सत्याभासी खण्डन करने के मामले में उस्ताद थे, वह भी तब जबकि उनके पास सीमित साधन थे और उससे कम सुरक्षा-कवच था जितना सीआईए के निदेशक के पास था।

५. नाथूराम गोडसे, May It Please Your Honour, (दिल्ली : सूर्य भारती प्रकाशन, १९८७), पृ. १५४.

६. Printed Record of Mahatma Gandhi Murder (यू.एस. लाइब्रेरी ऑफ़ कांग्रेस लॉ लाइब्रेरी), I, पृ. ८४ में इक़बाली गवाह दिगम्बर आर. बडगे का साक्ष्य।

७. गोडसे, May It Please Your Honour, पृ. ९८.

८. वही, पृ. १११.

९. वही, पृ. ११३-१४.

१०. वही, पृ. ११४.

११. वही, पृ. ११५.

१२. वही, पृ. १३०-३१.

१३. वही, पृ. १३१.

१४. वही, पृ. १३१-३२.

१५. एम. के. गाँधी, "The Jesus I Love," What Jesus Means to me (अहमदाबाद : नवजीवन, १९५९), पृ. १३-१६.

१६. Mahatma Gandhi : Essays and Reflections on His Life and Work, सम्पादक: एस. राधाकृष्णन (बम्बई : जयको, १९५६), में जॉन एस. होयलैण्ड, "Gandhi's Satyagrah and the Way of the Cross," पृ. ९८. इस बैठक के एक स्वतन्त्र ब्योरे के तहत प्यारेलाल ने सूचित किया था कि गाँधी के ये मुलाक़ाती हिन्दुस्तान में उस इण्टरनेशनल मिशनरी कॉन्फ्रेस में शरीक होने को आये थे जिसका उद्घाटन १२ दिसम्बर, १९३८ को हुआ था। Collected Works of Mahatma Gandhi (इलेक्ट्रॉनिक बुक्स) LXXIV में ९ सितम्बर, १९३८ - २९ जनवरी, १९३९ (''१२ दिसम्बर, १९३८ के पूर्व'' दिनांकित) में प्यारेलाल की इस प्रविष्टि का शीर्षक है "Discussion with Christian Missionaries."

१७. होयलैण्ड, "Gandhi's Satyagrah."

१८. वही, पृ. ९८-९९.

१९. वही, पृ. १००.

२०. विन्सेण्ट शिएन, Lead Kindly Light (न्यूयॉर्क : रेण्डम हाउस, १९४९), पृ. १८६, १८९.

२१. होयलैण्ड, "Gandhi's Satyagrah." पृ. १०२.

२२. वही, पृ. १०५.

२३. वही, पृ. १०७, गाँधी ने कथित रूप से पर्सी बिस्शे शेली की कविता Mask of Anarchy से पाँच बन्ध एकदम सही-सही उद्धृत किये थे :

> तुम शान्त और अटल खड़े रहो
> एक जंगल की तरह गम्भीर और नि:शब्द,
> बँधे हुए हाथों और उन निगाहों के साथ जो
> हथियार हैं अपराजित युद्ध के।
>
> और अगर आततायी दुस्साहस करें,

तो उनको आने दो घोड़ों पर सवार अपने बीच
मारकाट, और छुरेबाज़ी, और अंग-भंग, और चीरफ़ाड़—
जो भी वे करना चाहें, करने दो उन्हें।
बँधे हाथों और स्थिर नेत्रों से,
निर्भीक और चकराये बिना,
वध करते उन लोगों की तरफ़ टकटकी लगाये देखते रहो
जब तक कि उनका क्रोध शान्त न हो जाये।
तब वे शर्मिन्दा होकर लौट जायेंगे
उसी जगह जहाँ से आये थे वे,
और इस तरह बहाया गया ख़ून बोलेगा
उनके गालों की तप्त अरुणिमा में।

उठो जैसे झपकी लेने के बाद शेर उठते हैं
अपराजेय समूह में—
अपनी उन बेड़ियों को झटककर ज़मीन पर गिरा दो, ओस की भाँति
जो नींद में तुम्हारे ऊपर आ गिरी थीं—
तुम्हारी संख्या बहुत है, वे मुट्ठी-भर हैं।

२४. वही, पृ. ११४.

२५. वही, पृ. ११५. गाँधी के महान् मुसलमान शिष्य अब्दुल गफ़्फ़ार खाँ, और उनके खुदाई ख़िदमतगारों का अनूठा क़िस्सा डी.जी. तेन्दुलकर द्वारा Abdul Ghaffar Khan : Faith is a Battle (बम्बई : पॉपुलर प्रकाशन, १९६७); और एकनाथ ईश्वरन द्वारा Nonviolent Solder of Islam : Badshah Khan, A Man to Match His Mountains (टोमालेस, सीए : नीलगिरि प्रेस, १९९९) में कहा गया है।

२६. मार्टिन लूथर किंग, जूनियर, A Testament of Hope : The Essential Writings of Martin Luther King, Jr. में "Where Do We Go From Here?" सम्पादक जेम्स एम. वाशिंगटन (सैन फ्रांसिस्को : हार्पर एण्ड रो, १९८६), पृ. २५२.

२७. मार्टिन लूथर किंग, जूनियर, A Testament of Hope : The Essential Writings of Martin Luther King, Jr. में "Pilgrimage to Nonviolence," पृ. ३९.

आभार

मैंने भूमिका की शुरुआत यह कहते हुए की थी कि मैंने गाँधी के बारे में पुस्तक लिखने की योजना कभी नहीं बनायी थी। लेकिन अन्त के इस बिन्दु से वापस मुड़कर देखने पर मुझे लगभग उस हर चीज़ में गाँधी की उपस्थिति को स्वीकार करना होगा जो मैंने आधी सदी के दौरान लिखी है। विषय भले ही ईसा की अहिंसा का रहा हो, लेकिन ईसा तक पहुँचने की मेरी राह गाँधी ही रहे हैं।

गाँधी की खोज मैंने १९५० के दशक में सान्ता क्लारा यूनिवर्सिटी में अपने अध्ययन के दौरान की थी। जैसे ही विश्वविद्यालय की उपाधि प्राप्त करने के बाद ईसा की अहिंसक सलीब मेरे लेखन के केन्द्र में आयी वैसे ही जिसे गाँधी ने 'सत्य के साथ प्रयोग' की संज्ञा दी थी वह ईसा को समझने का मेरा ढंग बनता गया। अनुसन्धान, लेखन और इन सबसे ऊपर अपनी पत्नी शेली के साथ मिलकर चलायी गयी अहिंसक गाँधीवादी मुहिमें और अनेक प्रेरणादायी समुदाय प्रयोगशालाएँ बन गये। जैसा कि गाँधी ने कहा था, ''सत्य ही ईश्वर है।'' और जैसा कि ईसा ने घोषणा की थी, ''ईश्वर का शासन सन्निकट है।'' ईश्वर की संकल्प-शक्ति का प्रभाव हमारे हाथ भर से ज़्यादा दूर नहीं है। यह ईसा की प्रार्थना के केन्द्र में है : ''तेरा पृथ्वी पर उसी तरह होगा जिस तरह वह स्वर्ग में है।''(''दाइ विल बी ऑन अर्थ एज़ इट इज़ इन हैवन।'') अपने हाथ जोड़कर प्रार्थना करना, अपनी अहिंसक आस्था के सत्यों के साथ क्रमशः प्रयोग करते जाना, बड़ी-छोटी इन तमाम चीज़ों में गाँधीवादी ढंग प्रतिबिम्बित है। इसलिए शुक्रगुज़ार हूँ आपका मोहनदास कि आपने उन सचाइयों पर चलने के

अपने रूपान्तरकारी ढंग में मेरे साथ साझा किया जो हमारे अन्दर बहुत गहरे पैठी हुई हैं।

गाँधी की हत्या की सचाई की खोज का अर्थ था जीवन को उन लोगों की निगाह से देखना जो उनको जानते थे। मैं गाँधी के सचिव महादेव देसाई के पुत्र नारायण देसाई की निगाहों का आभारी हूँ। गाँधी की आत्मा को साकार करते नारायण से मेरी और शेली की मुलाक़ात १९८० के दशक में तब हुई थी जब हम सिएटल के क़रीब ट्राइडेण्ड पनडुब्बी छावनी से लगे ग्राउण्ड ज़ीरो सेण्टर फ़ॉर नॉनवायलेण्ट एक्शन के भ्रमण पर गये थे। नारायण की चार खण्डों में लिखी गयी गाँधी की जीवनी, 'माइ लाइफ़ इज़ माइ मैसेज़' और उनकी उनके पिता महादेव की जीवनी, 'द फ़ायर एण्ड द रोज़' ने मुझे मृत्यु के साथ गाँधी और उनके शिष्यों की मुठभेड़ को समझने के अत्यन्त शिक्षाप्रद रास्ते सुझाये। महादेव देसाई ने एक शिष्य के रूप में स्वयं अपने जीवन का उत्सर्ग कर, जिस तरह गाँधी को अकाल मृत्यु के हाथों ख़ुद को सौंप देने के चरम प्रलोभन से विमुख किया था, उस क़िस्से से मुझे विशेष रूप से बहुत कुछ सीखने को मिला।

मैं जॉन डियर को धन्यवाद देता हूँ जिन्होंने अरुण गाँधी की, उनके दादा की हत्या से सम्बन्धित जानकारी के बारे में मुझे बताकर मेरी इस तीर्थयात्रा की शुरुआत की। जब मैंने अरुण से पूछा कि गाँधी की मृत्यु के बारे में वे किसका लेखन पढ़ने की सलाह देंगे, तो वे मुझे अपने बेटे तुषार गाँधी के पास ले गये। मैंने तुषार की विशालकाय कृति 'लेट्'स किल गाँधी' को उसकी भूलभुलैया में प्रवेश का रास्ता बनाते हुए पैराग्राफ़-दर-पैराग्राफ़ पढ़ा। मैं अरुण और तुषार को उन साक्षात्कारों के लिए भी धन्यवाद देता हूँ, जिनने आगे की यात्रा को सुनिश्चित किया।

मैं अपने उन दोस्तों का भी अत्यन्त आभारी हूँ जिन्होंने इस कृति को लेखन के दौरान धीरज के साथ पढ़ा और उसकी समीक्षा की : बॉब और जानेट एल्ड्रिज, फ्रैंक बोग्नर, डेनिस डाल्टन, नारायण देसाई, अरुण गाँधी, एमिट जारेट (उसकी मृत्यु के पहले महान् उदारता के साथ), रिचर्ड जॉन्सन, रोजर लुड्विग, विलियम हार्ट मैकनिकोल्स, क्रिस मूरे—बैकमान, डॉन मोस्ले, माइकेल नेग्लर, रेण्डाल म्यूलिन्स, शेरॉन पावेल्डा, लॉरी रेमण्ड, बर्ट साक्स, माइकेल सोनलेइटनर, माइकेल ट्रयू, लुई विताली, पैट्रिक वाल्श, और जेरी ज़वादा।

फ्रैंक बोग्नर और उनके परिवार ने पूरे समय अपना सम्बल देते हुए थामे रखा। फ्रैंक, मेरी एन, बॉबी, होली और निक के माध्यम से ऐसी अनेक दुर्लभ पुस्तकें मेरे मेलबॉक्स में पहुँचती रहीं जो अन्यथा मेरी पहुँच से बाहर थीं। फ्रैंक ने अनुसन्धान सम्बन्धी मेरी अनेक जिज्ञासाओं के मामले में मुझे परामर्श दिया और संसाधन मुहैया कराये।

जिस दौरान मैं यू.एस. लाइब्रेरी ऑफ़ कांग्रेस में गाँधी की हत्या के मुक़दमे से सम्बन्धित साक्ष्यों का अध्ययन कर रहा था उस दौरान मेरी बर्गर और जूली पोल्टर ने वाशिंगटन डीसी में, और मेरी सलहज और साढ़ू जोआन हाल तथा लेरी मैककॉर्मिक ने अलेक्ज़ेण्डरिया, वर्जीनिया में मुझे आत्मीय आतिथ्य उपलब्ध कराया। लॉ लाइब्रेरी ऑफ़ कांग्रेस के संग्राहक डॉ. मेरिड्थ शेड-ड्रिस्केल ने मेरे काम को आगे बढ़ाने में मदद करते हुए मुझे 'प्रिण्टेड रिकॉर्ड ऑफ़ द महात्मा गाँधी मर्डर केस' के वे आठ खण्ड उपलब्ध कराये थे जो गाँधी के हत्यारे नाथूराम गोडसे की मौत की सज़ा की अपील के दौरान उसके स्वामित्व में रहे थे। कैथोलिक कार्यकर्ता कैथी बॉयलन मुझे फ़ोटोग्राफ़र टॉनी डिक्रिस्टोफ़ोरो के सम्पर्क में लाये जिन्होंने हत्या के मुक़दमे की गवाही के सैकड़ों पृष्ठों की स्पष्ट तस्वीरें लेने के लिए मुझे अपना वक़्त और विशेषज्ञता उपलब्ध करायी। रायन हैमिल्टन-शुमाख़ेर ने बिर्मिंघम, अलाबामा से मेरे प्रस्थान से पहले धीरज के साथ इस दुर्लभ पुस्तक पर फ़ोटोग्राफ़िक काम की बुनियाद तैयार की। मेरी घर-वापसी पर जॉन फ़िएवेट ने कृपापूर्वक तस्वीरों का डिजिटल वर्क और मुद्रण का काम पूरा किया। डीसी की इस समूची यात्रा के दौरान मैंने बहुत ही अच्छी और कारगर सहयोगी मण्डली की कृपा का अनुभव किया।

जबसे मैंने अपना रॉयल पोर्टेबल टाइपराइटर त्याग दिया था तभी से रिक एम्ब्रॉस, जॉन फ़िवेट और जैरी लेविन ने इलेक्ट्रॉनिक भूलभुलैया में रास्ता तलाशने में मेरी मदद की। स्रोतों सम्बन्धी शोध के लिए रिक की इण्टरनेट रिसर्च जेएफ़के और गाँधी, दोनों पर मेरे काम के सिलसिले में निर्णायक महत्त्व की रही है। पृथ्वी पर अपने अन्तिम महीनों के दौरान रिक ने इस पुस्तक की अन्तर्दृष्टिपूर्ण समीक्षा भी की।

२४ जून, २०११ को, रिक की मृत्यु के दो दिन पहले, हम लोग गाँधी के बारे में बात कर रहे थे।

''मैं तो सिर्फ़ गाँधी के बारे में लिख रहा हूँ,'' मैंने कहा था। ''तुम उनसे मिलने वाले हो।''

''हाँ,'' रिक ने कहा, ''और मुझे उम्मीद है यह मुलाक़ात जल्दी ही होगी।''

मैंने यह पुस्तक रिक को समर्पित की है, इस प्रार्थना के साथ कि वह सन्त समागम में रहते हुए मेरी और भी ज़्यादा मदद करे।

रॉबर्ट एल्सबर्ग मेरे अद्भुत रूप से धैर्यवान सम्पादक और प्रकाशक हैं। जब रॉबर्ट ने देखा कि गाँधी पर मेरे अध्याय मार्टिन लूथर किंग और मैल्कम एक्स के क़िस्सों के बारे में मेरी अभीष्ट भूमिका के परे निकले जा रहे थे, तो उन्होंने मुझसे धीरे-से पूछा कि कहीं इसका मतलब यह तो नहीं कि यह स्वयं गाँधी पर एक पुस्तक की शक्ल लेने जा रहे हों। मैंने कहा नहीं, लेकिन रॉबर्ट का कहना सही था। वे इस बारे में अक्सर मुझसे कहीं ज़्यादा जानते हैं कि शब्द क्या दिशा ले रहे हैं, और उनके माध्यम से एक बेहतर पुस्तक कैसे रची जा सकती है। रॉबर्ट, तुम्हारे मार्गदर्शन के लिए एक बार फिर से तुम्हारा शुक्रिया अदा करता हूँ।

शेली मेरी जानकारी में आज भी श्रेष्ठतम लेखक हैं। इस वजह से उसने उन बहुत से वाक्यों में मेरे विवेक की भूमिका निभायी है जो मेरे नियन्त्रण से बाहर निकल जाने का ख़तरा पैदा कर रहे थे। इससे भी ज़्यादा महत्त्वपूर्ण चीज़, हम दोनों के इकतालीस वर्षों के साथ के दौरान उसकी आँखों में, अँधेरे और उजाले में, हमारी अपनी आस्था की सचाइयों के साथ हमारे प्रयोगों के माध्यम से उत्पन्न ईश्वर की उम्मीद और आनन्द की उपस्थिति रही है।